JN111882

TOEFL iBT® TEST 入門完全パッケージ

単語＋セクション別攻略＋模試

杉原 充 著

はじめに

TOEFL® TEST が日本で受けられるようになって長い期間が経ち，その形式を iBT (INTERNET-Based Test) に移行してからもすでに 14 年が経とうとしています。その間，多くの方が海外留学などを目標に，その審査基準の 1 つとなる TOEFL を受験してきました。

TOEFL iBT® TEST の特徴として，リーディング，リスニングだけでなく，スピーキングやライティングを取り入れ，4 技能をアカデミックな分野で総合的に測ることが挙げられます。日本人にとって，特にスピーキングやライティングは苦手な分野ではないでしょうか。英語を「話したり」「書いたり」するためには，まずは英語を「読む」「聞く」力が不可欠です。読めない，聞こえない英語は話すことも書くこともできません。つまり，1 つの分野の力だけを伸ばせばよいということにはならない英語において，4 技能を密接に結びつけてテストする TOEEL は英語力を高めるとてもよい練習の機会でもあります。

本書は，長くご愛読いただいた『はじめて受ける TOEFL® TEST 攻略×アプローチ［改訂版］』を 2019 年 8 月からの TOEFL 新形式に対応し，改訂したものです。特徴としては，新形式に対応し，問題・解説を改良したことに加えて，TOEFL において重要な要素となる語彙学習を充実させました。具体的には語源リスト新設し，また重要語句も追加し見やすくしました。また，音声を充実させ，語彙トレーニング，Reading 問題，Writing 解答にも新たに音声を収録しました。さらに，試験情報，学習情報，学習者が誤りやすいポイントの解説も最新の状況にあわせてアップデートしました。

本書は TOEFL 対策の入門に必要なことを，完全に網羅していると自負しております。最初は時間がかかっても構いませんので，じっくりと取り組んで自分の解答の「根拠」を明確にしながら進めて行きましょう。時間をかけて身に付けるからこそ本当の価値があると私は思っております。

この本の改訂にあたってお世話になった吉田晴奈さんをはじめ，Z 会の方々にこの場を借りてお礼を申し上げます。心から感謝いたします。

最後に，本書を通じて学ぶことにより本物の英語力を身に付け，一人でも多くの方がそれぞれの夢や目標を実現できたら，こんなに嬉しいことはありません。

2020 年夏　杉原充

目次

Listening Section

Speaking Section

Writing Section

模試　解答・解説

模試　問題【別冊】

本書の構成と利用法

本書は，語彙トレーニングとセクション別攻略，模試1回を収録し，TOEFLの基本から実戦まで万全の対策ができるよう，構成されています。

■ 語彙トレーニングページの構成

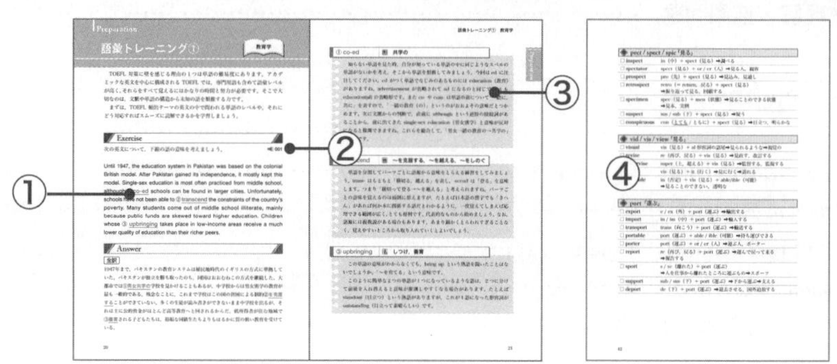

① TOEFL 頻出テーマの英文

まずはTOEFLで出題されやすいテーマの英文に慣れながら，語彙力を強化するための練習問題です。大意の把握と同時に，番号のついた単語の意味がわかるかどうか，和訳を参考にしながら確認しましょう。

② 音声ファイル番号

各英文の音声を収録しています。繰り返して聞くことで，文字・意味だけではなく，発音も一緒に習得しましょう。

③ 語彙の解説

各英文で取り上げた単語の意味の解説と，その語義にたどり着くためのヒントを掲載しています。英文中で未知の単語に出くわした時，同様に語義を類推できるよう，考え方を学びましょう。

④ 語源リスト

代表的な語根を一覧で示しています。語彙を増やす一助としてください。

■ Reading, Listening, Speaking, Writing ページの構成

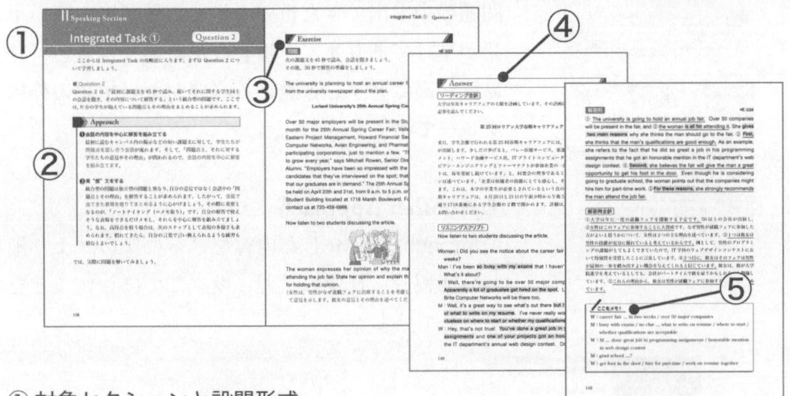

① 対象セクションと設問形式
学習するセクションと設問の形式が示されています。

② **Approach**
設問の形式ごとの特徴や傾向を理解しながら，TOEFL の攻略法をつかみます。TOEFL に特有の「読み方」，「聞き方」，そして「解き方」を基礎から学習します。

③ **Exercise**
TOEFL 本番と同じ形式・レベルの例題に取り組むことで実戦力を身につけます（英文の長さ・設問数は Exercise 用に短縮しています）。適宜，メモも取りながら解答しましょう。解説では，どこをメモすべきかが掲載されているものもありますので，自分の取ったメモと比較してみてください。なお，本番のテストで音声がある Listening, Speaking, Writing の問題以外に，練習用として Reading の英文や Writing の解答なども，音声を収録しています。音声なしで問題を解いた後，復習の際に耳を鍛えるために利用してください。

④ **Answer**
解いた問題の解答解説を確認しましょう。解説では各設問の解答根拠に加え，別の問題でも応用できる知識にも触れています。あわせて確認することで幅広い問題への対応力をつけましょう。

⑤ ここをメモ！
実際の試験の時にメモすべきポイントを簡潔にまとめています。重要な情報を正しくつかみとれているかを確認するための参考にしてください。

⑥ **Vocabulary**
問題の中で出てきた重要な単語，難易度の高い単語が挙げてあります。重要な単語の枠は青色，難易度が高く必ずしも覚える必要がない単語の枠はグレーで示しています。

⑦ **Another Approach**
Approach で紹介した内容をさらに深め，より細かい情報や，普段の学習に役立ててほしいことをまとめています。

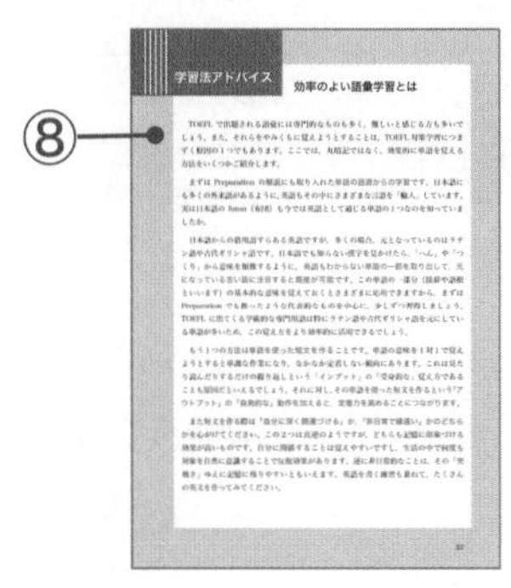

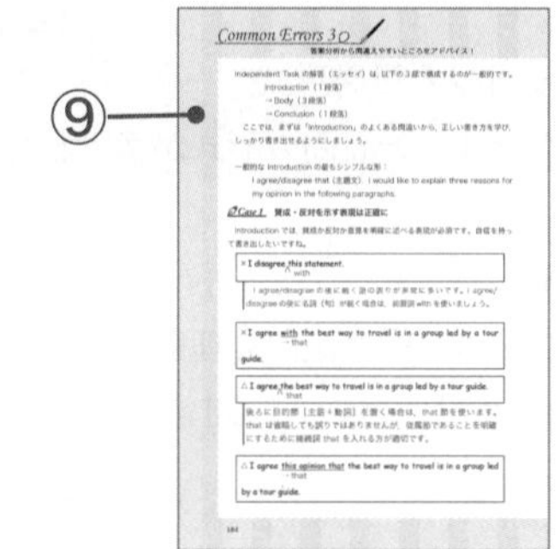

⑧ 学習法アドバイス
学習者の伸び悩みポイントを踏まえて，効果的な学習法を紹介しています。
⑨ **Common Errors**
学習者の答案を分析して，間違えやすいところに絞って解説しています。

■模試

最後の仕上げに模試を収録しています。問題は別冊になっていますので，切り離して使用してください。各設問の時間配分を確認しながら，本番のテストの分量を経験しましょう。解き終わったら，解説を読んでしっかりと復習してください。

【音声ファイルについて】

・音声は以下の URL から音声ファイルを無料でダウンロードできます。
　https://service.zkai.co.jp/books/zbooks_data/dlstream?c=5355
・音声のファイル番号は 001 のマークで確認することができます。
・ダウンロード以外にストリーミング再生も可能です。

TOEFL iBT® TEST 概要

TOEFL® iBT テストとは

TOEFL® テスト（Test of English as a Foreign Language）は，英語を母語としない人々の英語力を測るためのテストです。ETS（Educational Testing Service）により開発されました。アメリカ，カナダ，イギリス，ニュージーランド，オーストラリアなどの世界中の大学や大学院への正規留学の際に，入学審査基準の１つとしてスコアの提出が要求されています。利用機関は世界150カ国で11,000以上にのぼり，世界中での受験者は3,500万人を突破しました。日本でもその需要は高まり，学内単位認定や入試優遇，海外派遣選考の目安として利用されるようになっています。

1 試験の概要

英語における**「読む」「聞く」「話す」「書く」の４技能の力を判断するテスト**です。４分野それぞれに問題が出されます。以前の形式では「文法」というセクションがありましたが，現在は主に Reading Section, Writing Section で間接的に問われます。よって，**特定の分野にかたよることなく，総合的に英語を運用する能力が必要**です。

解答の際には**すべてコンピュータを用います**。

試験の構成は以下のとおりです。（2019年８月より）

セクション	問題数	試験時間
Reading	30問または40問	54分または72分
Listening	28問または39問	41分または57分
（休憩）		（10分）
Speaking	６問	17分
Writing	２問	50分

トータルの試験時間は約３時間となるため，この間に集中力を切らさずにいることも高得点獲得のための１つの重要な要素です。

スコアは各セクションごとに０～ 30点で採点され，トータルスコアは０～120点となります。

◆さらに詳しく

Q. 受験日，場所に決まりはありますか

A. **ETSの定める試験日に，テストセンターでの受験が可能**です。日本には100箇所以上のテストセンターがありますが，全テスト日に全センターで開催されるわけではないため，ETSのWebページなどで確認してください。また，**受験間隔は中3日（受験日は含まない）空ける必要があることに注意**し，受験スケジュールを組みましょう。

Q. 休憩はありますか

A. 試験はReading Sectionから始まり，Listening Sectionの次に10分間の休憩時間が入ります。軽い飲食なども可能です。ここで集中力を持ち直しましょう。

Q. どんな問題が出題されますか

A. 英語圏の大学への留学などを主目的としたテストであることから，英文のテーマは**アカデミックなものや，キャンパスライフに関するものが多く出題**されます。特定分野の高度な専門知識は必要ないレベルですが，文理を問わずさまざまな分野の一般教養を身につけているとよいでしょう。

Q. Reading Section，Listening Sectionの問題数にはなぜ違いがあるのですか

A. この2つのセクションでは，どちらか一方にスコアに影響を与えない設問が含まれる場合があります。それに応じて，問題数や試験時間が変化します。スコアに関係のない問題かどうかは受験者には判断できないため，出された問題にはすべて答える必要があります。

Q. TOEICとの違いは何ですか

A. TOEIC（Test of English for International Communication）は英語によるコミュニケーション能力を測ることを目的とし，題材には**日常生活やビジネスに関する話題**が多く取り上げられます。また，ReadingとListeningの力を測るTOEIC Reading & Listening TestとSpeakingとWritingの力を測るTOEIC Speaking & Writing Testsに分かれています。

2 試験の特徴

TOEFLの内容面での大きな特徴はやはり英語4技能の「総合力」を問うテストである点です。これを象徴するのがSpeaking SectionとWriting Sectionで課される

Integrated Task（統合型問題）でしょう。Speaking Section では**「英文を読む→聞く→話す」**タイプと**「英文を聞く→話す」**タイプの２種類の Integrated Task があります。Writing Section では**「英文を読む→聞く→書く」**タイプで出題されます。純粋なスピーキングやライティングの力を問う Independent Task（独立型問題）とあわせて，特定分野にかたよらない英語力を養成しましょう。

解答方法では，**すべてがコンピュータ上で解答する形式**であるのも大きな特徴です。選択式の問題もマークシートではなく，**マウスを使って正解の選択肢をクリックやドラッグして解答**します。Speaking Section は対話形式ではなく，**ヘッドセットのマイクに向かって問題に解答**し，その音声がインターネットを通じて採点者に送られます。Writing Section では**キーボードを使ったタイピング**になります。したがって，限られた時間の中で速く正確にタイプする練習も必要です。

◆さらに詳しく

Q．Integrated Task は複雑そうで心配です

A．複数の技能について同時に問われる Integrated Task ですが，問題を通してテーマは一貫していますから，形式をつかんでいれば困ることはありません。各タスクの詳細については後ろの攻略法ページで学習しましょう。また，**試験中にはメモを取ることが可能**ですから，練習を積めば解答のコツがつかめるはずです。

Q．コンピュータならではの機能はありますか

A．Reading Section においては Review と Glossary の機能があります。前者は設問一覧を表示させ，未解答の問題を確認できる機能です。解ける問題に先に取り組むなどの効果的な時間配分や，解き忘れを防止することができます。後者は下線が引かれている語句の解説が表示される機能です。特に高度な専門用語などに参考情報として与えられます。

Q．コンピュータで解答するイメージがつかめません

A．Speaking Section では設問の後，解答の準備時間が与えられます。その後，ヘッドセットのマイクに向かって制限時間以内で話すことになります。相手のいない状況での発話には慣れが必要ですから，**一人で声に出して英語を話す練習を必ずしておきましょう**。Writing Seciton ではキーボードを使って解答を打ち込んでいきます。日常的にコンピュータを使っている場合は，通常の文書作成をイメージしてください。ただし，**キーボードの配列がアメリカ式**であることには注意が必要です。大きくは異なりませんが，記号の配置などが違います。なお，ETS の公式サイトでは，サンプル問題も掲載されているので，画面イメージなどを確認しておきましょう。

3 スコア

スコアは**4つのセクションそれぞれ0～30 点で採点され，トータルスコアは0～120点**となります。Speaking Section，Writing Section では，複数の採点者によって採点され，その素点の平均点が 30 点満点に換算されます。採点基準の詳細は攻略法ページを参照してください。スコアレポートには，Test Date スコアと *MyBest*™ スコアの２種類のスコアが表示されます。Test Date スコアはテスト日の試験結果です。*My Best*™ スコアは受験者の過去２年間の有効なすべての TOEFL iBT® テストスコアから各セクションの最も高いスコアを組み合わせたスコアです。2019 年８月１日以降に発行される全ての TOEFL iBT® テストスコアレポートには，毎回，各テスト日の試験結果（Test Date スコア）と *MyBest*™ スコアが自動的に掲載されます。*MyBest*™ スコアの取り扱いは，スコア受取先の大学・機関によって異なります。出願の際には必ず出願先の募集要項やホームページで要件を確認してください。

受験者本人に送付されるスコア控えである Test Taker Score Report は事前に送付手続をしている場合は，テスト日の約 11 日後に米国 ETS より発送されます。郵送での受取を希望する場合は，受験申込時のスコア通知設定で「オンライン上でのスコアレポートと郵送されたコピー（Online score report and a paper copy mailed to you)」を選択する必要があります。こちらを選択しない場合は，郵送されませんので，注意が必要です。テスト日から約８日後に My TOEFL Home 上で Test Taker Score Report の PDF 版のダウンロードが可能です。**オンラインでは試験から約６日後以降にスコアを確認することができます。**なお，**スコアの有効期限は２年間**です。

◆さらに詳しく

Q．何点ぐらいのスコアを目指せばよいですか

A．一般大学レベルは 61 ～ 80 点，難関大学・大学院レベルは 80 ～ 100点，超難関校レベルであれば105点以上と考えるとよいでしょう。しかしこれらはあくまでも目安ですから，より高いスコアを要求される場合もあります。**志望大学や専門分野など，自分の目的や目標に応じて必要なスコアを確認しておきましょう。**

Q．４セクションの点数はどんな配分で取ればよいのでしょうか

A．個人によって各技能に得意・不得意がありますから，一概には言えませんが，一般に日本人は Listening Section，Speaking Seciton の点数が出にくい傾向にあるため，残りの２セクションでその分を埋められるように考えておくとよいでしょう。もちろん，「聞く」「話す」のほうが得意な場合には逆となります。参考として，**日本人の平均点（2017 年）はトータルで70，分野別では Reading・**

Listening・Writing Section が18，Speaking Section が17という統計が発表されています。TOEFL 初受験でスコア60程度を目指す場合であれば，慣れが必要な Speaking Section の目標を低めに10程度とし，Reading Section, Listening Section を17～18, Writing Section を15程度と設定するのも一案です。

4 申し込み手続き

まずは **TOEFL® Information Bulletin（受験要綱）を入手し，受験に関する情報を熟読してください**。また，ETS の Web ページにも受験方法が詳しく記載されているので，確認しましょう。

申し込み方法はオンライン，郵送，電話の３種類がありますが，支払い方法によって利用に制限があります。

◆さらに詳しく

Q．申し込みの際に注意することは何ですか

A．申し込み日からテスト日までの日数に応じて受験料が異なります。各会場にも定員がありますから，**締め切りに余裕をもって申し込みましょう**。また，受験当日には ETS の定める身分証明書を持参する必要があります。申し込みの際に確認しましょう。

5 TOEFL® テストに関する問合せ先

Educational Testing Service : ETS

https://www.ets.org/toefl

TOEFL®テスト日本事務局

https://www.toefl-ibt.jp/

<Customer Support Center in Japan>

TEL : 0120-981-925

Eメール : TOEFLSupport4Japan@ets.org

Z会キャリアアップコース　TOEFL ページ
https://www.zkai.co.jp/ca/toefl/
最新の試験情報や学習法，講座・書籍を紹介しています。

全セクション共通攻略法

1 ノートテイキングをしっかりとする

TOEFL® iBT テストでは全セクションでメモを取ることが可能です。このメモを取るという行為（＝ノートテイキング）を効率的にすることが高得点への重要な鍵です。

では，どのようにノートテイキングすれば解答に役立つのでしょうか。もちろん，ただ闇雲にメモを取ればよいというわけではありません。しっかりと情報をまとめ，内容が理解できるようにメモが取られていないと，設問に答えられなくなってしまいます。したがって，有益な情報をメモできるようにしていきましょう。

以下にノートテイキング形式の例を挙げます。

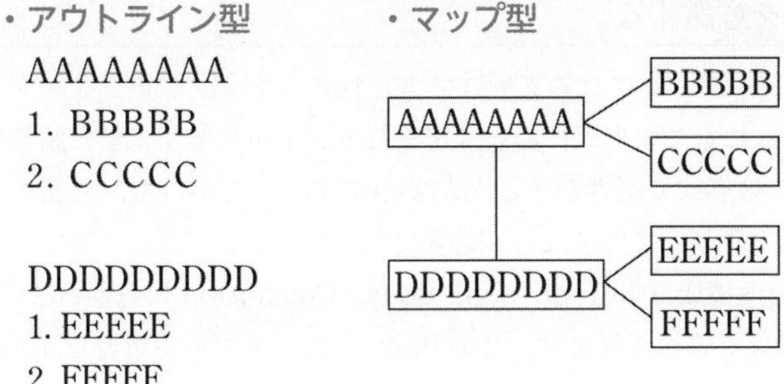

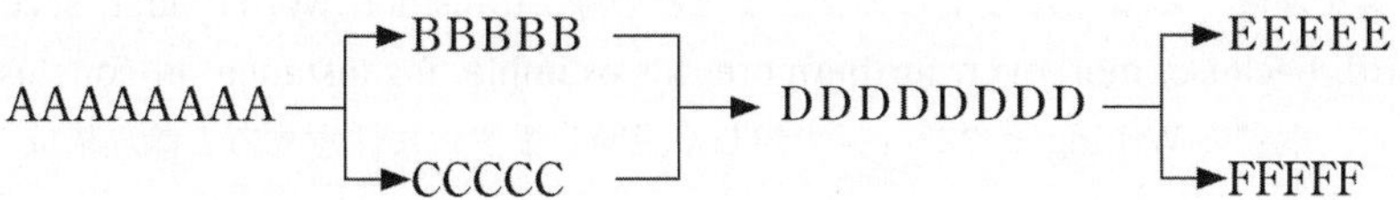

また，メモを取る際に意識しておくとよいのは以下の２点です。

・全部を書き取ろうとしない

文ではなく，**キーワードやキーフレーズ**のみを書き取るようにしましょう。全部を書き取れるだけの時間的な余裕はありません。また書くことに気を取られている間に重要な情報を聞き逃す恐れがあります。集中して聞きながら，重要な情報のみメモするようにしましょう。日頃から，文章を聞きながらメモを取る練習をしておくことをお勧めします。

・記号や図を使う

すべてを英文で書くよりも**記号や図**を使うほうが早い場合もあります。例えば，percentage は「%」などの記号を用いたほうが早く書けるでしょう。また，プラスの内容には「○」，マイナスであれば「×」など，内容が一目でわかるように書いておくと，後でまとめる際にも便利ですね。

2 文全体の概要をとらえるようにする

すべてのセクションにおいて，出題されている**英文の主題は何か**を考えながら問題を解くようにしましょう。その英文の主題を理解することで設問内容が理解しやすくなり，解ける問題も多くなります。また，英文の細部がわからなかったとしても，主題から導き出される方向性と照らし合わせると解答できる場合もあります。

3 英文の論理構成を意識する

TOEFL で出題されるリーディングは論文形式で書かれています。リーディングだけでなく，Essay Writing にもこの形式に沿って書くことが不可欠です。また講義形式のリスニング等でもこの形式で話されることが多いです。したがって，英語の論文の論理構成をしっかりと理解しておくことが必要です。

この論文の基本的な論理構成は Introduction, Body, Conclusion に分かれます。重要な情報は Body の部分で述べられます。この Body では，まず一番重要な Topic を述べてから，その Topic に関する説明が加えられます。その説明は言い換えの場合もあれば，具体例が挙げられる場合もあります。この説明の部分で，しっかりと内容を理解するようにしましょう。またその際，transition words（first, second, third, because, moreover, furthermore, for example, for instance, in conclusion など。本書の Writing セクションで詳しく説明します）に注意すると論理構成がつかみやすくなります。

4 「分ける」ことを心がける

TOEFL で出題される英文には，かなりの量の情報が含まれます。**その情報をいかに整理できるか**が重要です。つまりどの部分が重要で，どの部分が重要ではないか，また分類されている場合，どのように分類されているのか，その分類のポイントは何かなどを把握することが高得点の鍵になります。

例えば，重要度については，基本的に譲歩表現の部分には重要な情報は来ないので，譲歩の表現にはこだわらないことも一つの方法です。また分類されている場合は，first, second, next などの表現に気を配るようにするとしっかりと分けることができるでしょう。

5 消去法を効率よく使う

TOEFL では判断の難しい選択肢を含む問題も多く出されます。「どれがあっているか」だけに注目していると解きにくい問題もあるでしょう。このような場合に有効なのが消去法です。つまり，**「あっているものを探す」のではなく，「明らかに間違っているものを消していく」**という方法です。間違っている選択肢を除いていけば，最終的には最も可能性のある選択肢が残るはずです。普段の学習においてもこの方法を用いて解くように心がけると，時間を有効に使って解き進めることができるでしょう。

6 画面の操作方法に慣れておく

すべてコンピュータ上での解答となるため，その操作方法は先に把握しておくとよいでしょう。ETS のサイトでは，無料のサンプルが掲載されていますので，活用しましょう。

MEMO

Preparation

語彙トレーニング①

TOEFL 対策に壁を感じる理由の 1 つは単語の難易度にあります。アカデミックな英文を中心に構成される TOEFL では，専門用語も含めて語彙レベルが高く，それらをすべて覚えるにはかなりの時間と努力が必要です。そこで大切なのは，文脈や単語の構造から未知の語を類推する力です。

まずは，TOEFL 頻出テーマの英文の中で問われる単語のレベルや，それにどう対応すればスムーズに読解できるかを学習しましょう。

Exercise

次の英文について，下線の語の意味を考えましょう。 001

Until 1947, the education system in Pakistan was based on the colonial British model. After Pakistan gained its independence, it mostly kept this model. Single-sex education is most often practiced from middle school, although ①co-ed schools can be found in larger cities. Unfortunately, schools have not been able to ②transcend the constraints of the country's poverty. Many students come out of middle school illiterate, mainly because public funds are skewed toward higher education. Children whose ③ upbringing takes place in low-income areas receive a much lower quality of education than their richer peers.

Answer

全訳

1947年まで，パキスタンの教育システムは植民地時代のイギリスの方式に準拠していた。パキスタンが独立を勝ち取ったのち，同国はおおむねこの方式を継続した。大都市では①男女共学の学校を見かけることもあるが，中学校からは男女別学の教育が最も一般的である。残念なことに，これまで学校はこの国の貧困による制約②を克服することができていない。多くの生徒が読み書きができないまま中学校を出るが，それは主に公的資金がほとんど高等教育へと回されるからだ。低所得者が住む地域で③養育される子どもたちは，裕福な同級生たちよりもはるかに質の低い教育を受けている。

① co-ed　形 共学の

知らない単語を見た時，自分が知っている単語の中に同じようなスペルの単語がないかを考え，そこから単語を類推してみましょう。今回は ed に注目してください。ed がつく単語でなじみのあるものには education（教育）がありますね。advertisement が省略されて ad になるのと同じで，ed も education(al) の省略形です。また co- や com- は単語の前について「一緒に，共に」を表すので，「一緒の教育（の）」というのがおおよその意味だとつかめます。次に文脈からの判断で，直前に although という逆接の接続詞があることから，前に出てきた single-sex education（男女別学）と意味が反対になると推測できますね。これらを総合して，「男女一緒の教育の→共学の」が正解です。

② transcend　他 ～を克服する，～を越える，～をしのぐ

単語を分割してパーツごとに語源から意味をとらえる練習をしてみましょう。trans- はもともと「横切る，越える」を表し，-scend は「登る」を意味します。つまり「横切って登る→～を越える」と考えられますね。パーツごとの意味を覚えるのは面倒に思えますが，たとえば日本語の漢字でも「きへん」があれば何か木に関係する語だとわかるように，一度覚えてしまえば応用できる範囲が広く，とても便利です。代表的なものから始めましょう。なお，語源には複数説がある場合もあります。あまり細かくとらわれすぎることなく，覚えやすいところから取り入れていくとよいでしょう。

③ upbringing　名 しつけ，養育

この単語の意味がわからなくても，bring up という熟語を聞いたことはないでしょうか。「～を育てる」という意味です。

このように簡単な２つの単語が１つになっているような語は，２つに分けて前後を入れ替えると意味が推測しやすくなる場合があります。たとえば standout（目立つ）という熟語がありますが，これが１語になった形容詞が outstanding（目立って素晴らしい）です。

語彙トレーニング②

Exercise

次の英文について，下線の語の意味を考えましょう。 

Often the thought of removing ① toxic chemicals from the body implies a rigorous diet or some sort of medical procedure. However, there are foods we can eat on a daily basis that serve to ② cleanse our bodies of harmful substances. Common vegetables such as cucumbers and broccoli can flush out toxins, while green tea contains ③ antioxidants called catechins that enhance liver function. Grapefruit is also said to be unique among citrus fruits in its ability to lower cholesterol, aid in digestion, and keep kidney stones from forming. Sunflower seeds are a good snack for detoxification, though organic seeds are recommended as chemicals in standard storebought seeds may have the opposite effect.

Answer

全訳

①有毒な化学物質を体から取り除こうと考えれば，過酷な食事制限や，あるいは何らかの医療処置を含むことが多い。しかし，私たちが毎日のように食べることができる食べ物で，体内から有害な物質②を取り除くのに役立つものがある。キュウリやブロッコリーといったありふれた野菜は毒素を追い出してくれ，また緑茶は肝臓の機能を高めるカテキンと呼ばれる③酸化防止物質を含んでいる。グレープフルーツもまた，コレステロールを下げ，消化を助け，さらに腎臓結石ができるのを防ぐその機能においては，かんきつ系の果物の中では特異な存在であると言われている。ヒマワリの種は解毒作用に優れたおやつだ。もっとも普通の市販の種に入っている化学物質は逆の影響を及ぼすかもしれないので，有機栽培の種が推奨されているのであるが。

① toxic 形 有毒な

この単語で使われている tox は「毒」を意味します。ここでは形容詞で「有毒な」の意味です。「デトックス」などの言葉も聞いたことがあるでしょう。デトックスは detox と書き，de- と tox に分けることができます。de- は down の意味をもちます。つまり detox とは「毒を落とす，毒を体から排除する」ということですね。あわせて de- についても確認しておきましょう。例えば decrease（減る，減らす）などが浮かぶのではないでしょうか。これも数などが down するイメージがとらえやすいでしょう。このように，1つの単語がもつ要素からさまざまな方向に関連づけて単語をまとめていくと記憶に残りやすくなりますね。

② cleanse 他 ～を清潔にする，～を取り除く

この語句は clean（きれいな）と形がよく似ているため，語のイメージが推測しやすいかもしれません。また，すでに日本語にも定着している「クレンザー」や「クレンジング」などの言葉を思い出すと，「何かをきれいにする」という意味をもっていることがわかるでしょう。また文の流れから判断しても，1文目の removing toxic chemicals from the body と cleanse our bodies of harmful substances はよく似た形ですね。remove と cleanse，toxic chemicals と harmful substances の対応関係がつかめると，意味を理解する糸口となります。

③ antioxidant 名 酸化防止物質

日本語でも，嫌いなものや反対していることを示す時に「アンチ」という言葉が使われますが，anti- には「反対の，異議のある」という意味があります。ox- は「酸素」を指します。酸素の元素記号は oxygen の頭文字である O で，二酸化炭素（CO_2）を意味する carbon dioxide にも ox- が含まれています。また，oxide は「酸化物」という意味です。このように，まとまりで考えていると難しく見える語でも，部分ごとに見ていくと類推可能なものから構成されています。自分の知識の中でうまく連想を働かせましょう。

語彙トレーニング③

Exercise

次の英文について，下線の語の意味を考えましょう。

The fall of the city of Detroit was a major shock to the world. It was once one of the powerhouses of American industry. But in July 2013 it became the largest U.S. city to announce that it could no longer pay its bills and would have to go ① bankrupt. Detroit had suffered a gradual decline due to changes in the economy and the loss of manufacturing jobs. But the challenge it faced in its recovery from bankruptcy was how to ② allocate the funds that were being supplied by the federal government to bring its economy back to life. In the past, money for projects had been lost due to ③ corruption by untrustworthy public officials.

Answer

全訳

デトロイト市の衰退は，世界に大きな衝撃を与えた。同市はかつてアメリカ産業界の中心的存在の1つだった。ところが2013 年7月，同市はこれ以上の支払いが不可能であるため，①破産せざるを得ないと発表したアメリカの都市としては最大の都市となった。デトロイトは，経済の変動や製造業の雇用喪失が原因で段階的な衰退に見舞われていた。しかし，同市が破産からの回復期に直面した課題は，同市の経済をよみがえらせるためにどのように連邦政府によって供給されていた資金②を割り当てるかということだった。過去に，事業のための資金が，信頼できない官僚らによる③汚職のせいでなくなってしまったことがあったのだ。

① bankrupt　形　破産した

　ここでは単語の構造だけではなく，文脈から考えてみましょう。この語を含む would have to go bankrupt と並列の関係で結ばれているのは could no longer pay its bills（これ以上支払いが不可能である）という表現です。つまり，それと同様の意味や，その結果どうなるのかを推測するとよいでしょう。英語の文章ではこのように，重要なことを強調するため，同じ意味になることを違う単語や表現方法で頻繁に言い換えます。未知の単語が出てきた場合には，違う単語を使って似たような意味を表現している文を探すと推測しやすくなるでしょう。

② allocate　他　～を割り当てる，～を分配する

　これまでの解説でも扱ったような，他の語の頭について意味を追加するものを接頭辞と言います。この単語では al- が接頭辞で，「～の方へ」という意味をもちます。残りの locate は location などでなじみがあるかと思います。「場所」を表す時に使いますね。locate は動詞で「～を（場所に）定める」という意味があり，「～を場所の方へ定める→～を割り当てる」となります。locate, location に近い単語には local（地域の）もありますね。辞書をひく際には，このように周りの単語も確認する習慣をつけるとより多くの語彙を身につけることができます。

③ corruption　名　汚職，買収，贈収賄，不正

　最初の cor- は**語彙トレーニング①**では「一緒に」という意味で使われていた co-, com-, con- と同じ接頭辞で，他に「完全に」という意味ももっています。-rupt はこのページの① bankrupt の意味からもわかるように，「壊す，壊れる，破裂する」といった意味です。あわせて「完全に壊れる」→「堕落・不正行為」「汚職不正」の意味になります。-rupt を使った語を他にも挙げると，erupt（噴火する）というものがあります。今度は e- が頭についていますが，e- や ex- には「外」の意味があり，「壊して破って外に出る→噴火する」ととらえましょう。

語彙トレーニング④

Exercise

次の英文について，下線の語の意味を考えましょう。

GPS devices, such as those used in car navigation systems, are extremely useful in locating businesses, ① residences, and other places of interest. However, especially in the case of those used while driving, there is growing concern that such devices serve to ② distract drivers, taking their attention away from ③ maneuvering their automobiles. Modern systems in particular are believed to give too much information about a driver's whereabouts, mostly in an attempt to advertise local businesses. When drivers need vital information, such as in times of emergency, this data can prove to be useful. But if it's only to get a driver to stop at a local restaurant or convenience store, perhaps other, less distracting methods of advertising would be better.

Answer

全訳

自動車のナビゲーションシステムに利用されているような GPS 装置は，会社や①住居，さらにその他の興味のある場所を見つけるのにきわめて便利である。ところが，とりわけ運転中に利用される場合，そのような装置が運転者の気②を散らして，自動車の③操作から彼らの注意を奪う要因になるという懸念が高まっている。特に現在のシステムでは，大部分はローカルビジネスを宣伝しようとして，運転者の所在に関する情報を提供し過ぎていると考えられている。運転者が緊急時などのきわめて重要な情報を必要とする場合は，このデータは役に立つとわかる。しかし，運転者を地元のレストランやコンビニエンスストアに停車させるためだけなら，宣伝は他のもっと気が散らない方法でするほうがよいだろう。

① residence　名 住居，居住，在住

接頭辞の re- は「再び，戻る，逆に，後ろに」の意味です。語の中心となっている sid や set には「座る，腰かける」の意味があります。よって，「再び座る」と理解しましょう。日本語にも「腰を落ち着ける」という表現がありますが，一定の場所に留まることを表しますね。この日本語とも関連づけると residence（居住，住居）の意味が覚えやすいでしょう。

また，この set の語源から，多義語である settle が理解しやすくなるでしょう。settle は「定住する，（問題を）解決する」などさまざまな意味で使うことができますが，大元は set の「腰を落ち着ける，落ち着かせる」という意味でおさえておきましょう。人が腰を落ち着ければ「定住する」になり，問題などが落ち着けば「解決する」ということですね。

② distract　他 ～をそらす，～を紛らす，～を散らす

接頭辞の dis-，dif- は「離れて，別々に」の意味です。different という語から想像できるでしょう。後半の -tract は「引っ張る，引きつける」という意味をもっています。あわせると，「違う方へ引っ張る」というイメージですね。よって，引っ張って「気をそらす」時などに使われます。

-tract を使った動詞には attract などがあります。at は目標を示し，「～の方へ引っ張る→引きつける，魅了する」という意味となります。

③ maneuver　他 ～を巧みに操作する，～を動かす

man-，manu- には「手」の意味があります。それに関連するものを考えてみましょう。たとえば，manual（手動の）という語も手に関係しています。ここで後ろにとっている目的語を確認すると automobiles（自動車）とあるのがわかります。このような関係から，「物に対し，手を使って働きかける→操作する」と類推できるでしょう。

man-，manu- を使った語では，手の爪に塗る manicure（マニキュア）なども身近ではないでしょうか。また，手を表す man- や manu- に対して，足を表すのは ped- です。あわせて覚えておきましょう。

語彙トレーニング⑤

Exercise

次の英文について，下線の語の意味を考えましょう。  005

The Aboriginal people have occupied Australia for over 40,000 years. However, surprisingly little is known about the social and cultural changes that have occurred over this long time. Aborigines are thought to have been ① nomads, living in primitive conditions and searching the land for food. They were later subject to ② hostility from British settlers who began arriving in the late 1700s. This ③ inhumane treatment continued well into the 20th century, with textbooks calling them "jungle creatures" and official records not even counting them as part of the population. It wasn't until the civil rights movement of the 1970s that Aboriginal history was given serious consideration.

Answer

全訳

アボリジニの人々はオーストラリアに4万年あまりの間居住してきた。ところが驚いたことに，この長い期間にわたって起こった彼らの社会的また文化的な変化についてはほとんど知られていない。アボリジニたちは，原始的な状況で生活し，食べ物を求めて土地を探し回る①遊牧民であったと考えられている。彼らはのちに，1700年代後半にやって来はじめたイギリスの入植者らからの②敵対行為にさらされた。この③非人道的な処遇は20世紀になってもしばらく続き，教科書では彼らを「ジャングルの生き物」と呼び，さらに公式記録では彼らを人口の一部として数に入れさえしなかった。1970年代に公民権運動が起きて初めて，アボリジニの歴史が真剣に考慮されたのだ。

① nomad　名　遊牧民，流浪の民

文脈からこの単語の意味を考えてみましょう。すぐ直後にきている，living以降の「食べ物を求めて土地を探し回る」という表現がこの単語の説明であり，そういった人々を nomad と呼ぶという構図がわかるでしょう。なお，このように，-ing 形や過去分詞を副詞的に用いる形は分詞構文と呼ばれます。

② hostility　名　敵対行為，敵意

英文の大意をつかみたい時，使われている単語がプラスかマイナスか，といった大きなくくりでとらえてみることも重要です。little is known（ほとんど知られていない），primitive conditions（原始的な状況），calling them "jungle creatures"（彼らを「ジャングルの生き物」と呼び），not even counting them as part of the population（彼らを人口の一部として数に入れさえしなかった）といった表現からは否定的なニュアンスが感じ取れるでしょう。さらに，この語の意味を類推するための大きなヒントは前にある be subject to ～ です。これは「～に隷属する，～に従う，～にさらされる」などの意味で使います。つまり be subject to ～の後ろにくるものは，上からの圧力のようなマイナスの意味をもつ語であることが多いと考えておきましょう。明確な意味がつかめずとも，その他の英文全体に見られるマイナスな表現から，この語もマイナスな何かを示していると考えられればよいでしょう。

③ inhumane　形　非人道的な

impossible（不可能な）などの語からわかるように，in- や im- は否定の意味をもちます。humane は human ととても似た形であることに気づくでしょう。「人間」を否定しますから，「非人道的な」という意味を比較的簡単に類推できるはずです。

語彙トレーニング⑥

Exercise

次の英文について，下線の語の意味を考えましょう。 006

① Pollination is essential for the lifecycle of flowering plants. It is the means by which the cells of a male flower are transferred to a female flower, thus ensuring ② reproduction. Insects such as bees play a key role in transferring the pollen and helping plants reproduce. However, while the process is life-giving for plants, it can be deadly for the pollinators when a virus starts to go around. The colonies of honeybees may have suffered collapse due to ③ infection by a virus that spreads through pollen. While scientists are still studying the matter, they believe that the virus may be affecting not only honeybees, but other species of insect as well.

Answer

全訳

①授粉は花をつける植物の生活環にとって必要不可欠である。それは雄花の細胞が雌花へと移されることで②生殖を確実にする方法だ。ハチなどの昆虫が，花粉を運び，植物の生殖を助ける際に，重要な役割を果たしている。しかし，この過程が植物にとっては生命を与えてくれるものである一方で，ウイルスがまん延し始めると，花粉媒介者たちにとっては命取りになりかねない。ミツバチの群れは，花粉を通して広がるウイルスに③感染したために崩壊してしまったかもしれないのだ。科学者たちは依然としてこの問題を研究中だが，そのウイルスはミツバチだけでなく，他の種類の昆虫にも同様に影響を与えている可能性があると彼らは考えている。

① pollination　名　授粉

後ろの文にある pollen（花粉）という語を知っていれば，それに関連するとすぐにわかるでしょう。ただし pollen もわからない場合には，別の方法で類推する必要があります。今回の場合は続く文で It is the means by which the cells of a male flower are transferred to a female flower, thus ensuring reproduction（それは雄花の細胞が雌花へと移されることで生殖を確実にする方法だ）とあり，it が pollination を指すことから意味をつかむことができますね。このように，英語では大切なことをまず伝え，後から具体的に説明を加えていくという表現方法がよくとられます。わからない単語に出くわしても，続く文が意味をつかみとるヒントになるはずです。

② reproduction　名　生殖，繁殖，再生

接頭辞の re- は**語彙トレーニング④**でも紹介しましたが，「再び，戻る」を意味します。produce は「生産する」という基本的な動詞ですね。あわせると，「再び生産する」がこの単語のもつイメージです。ここでこの英文のテーマを考慮すると，植物の話であることから「植物が再び生産する→繁殖する」ととらえるのが自然ですね。まずは単語を構成する要素からイメージをつかみ，文脈に照らし合わせて適切な意味を推測するとよいでしょう。

③ infection　名　感染

周りにある語句との関係から意味を考えます。直後にある by a virus より，「ウイルスによって」引き起こされることです。すると「感染」や「発病」など，何か病気に関係しそうだと見当がつきますね。語源から考える場合は，fect- に注目するところから始めましょう。fec-，fac-，fic- などは「作る」という意味をもちます。他の身近な例を挙げると，factory（工場＝作る場所），fiction（フィクション＝作り話）などがあります。in- は前置詞としての意味からもわかるように「内側の，中に」を指しますから，infection は「からだの中で病気が作られる→感染」と連想できます。

語彙トレーニング⑦

Exercise

次の英文について，下線の語の意味を考えましょう。 007

Parkinson's disease is a nervous system disorder that affects 4 million people worldwide. Most cases are the result of ① numerous factors in the person's environment and genetic makeup, and happen in individuals with no history of nervous disorder in their families. However, approximately 15% of Parkinson's patients do have a family history of the disease. For those who ② inherit the disease from family members, there is a wide range of genetic patterns, most of which involve an altered gene. Because so many cases of Parkinson's still go ③ undiagnosed, scientists are searching for the genes that can be tested to detect and possibly prevent the disease.

Answer

全訳

パーキンソン病は，世界中で400 万人の人々がかかっている神経系の疾患である。ほとんどの症例は，その人の環境や遺伝子構造にある①数多くの要因によるものであり，また家系に神経疾患の経歴がない人々に起きている。ところが，およそ15 パーセントのパーキンソン病の患者には，家族にこの病気の経歴がある。血縁者からこの病気②を受け継いだ人々に関しては多様な遺伝型があり，その大部分には改変遺伝子が含まれている。パーキンソン病は非常に多くの症例がいまだ③診断未確定のままになっているため，科学者たちはこの病気を検出し，さらにできる限り予防するために，検査し得る遺伝子を探し求めている。

① numerous　形　数多くの

この単語に含まれる numer- は数（number）を意味します。数に関する判断基準には，多い，少ないなどがありますが，numerous は「数多くの」という意味です。

同じ形容詞でも numeric(al) は「数の，数に関する」を意味します。numer- が含まれる単語には innumerable などもあります。in- に「否定」の意味があることは**語彙トレーニング⑤**でも扱いました。-able は「可能」の意味を表しますから，すべてをあわせると「数えられない」，また「数えられないくらい多い」という意味になります。

② inherit　他　～を引き継ぐ，～を遺伝的に受け継いでいる

接頭辞の in- は「中」の意味です。her- はこの部分だけでも「受け継ぐ」という意味をもちます。したがって，この単語はまず「体の中に受け継いでいる」というイメージでとらえてみましょう。つまり，自分が持っている性質や遺伝子に関係があると考えるとわかりやすいでしょう。

her- を含む単語では heritage なども覚えておくとよいですね。world heritage といえば「世界遺産」です。「その土地や家などが受け継いでいるもの」が「遺産」ですね。

③ undiagnosed　形　診断未確定の

接頭辞の un- は「否定」の意味，語幹の dia- は現在の英語では across の意味があり，「越える，渡る，横断する」というイメージから「完全」という意味ももちます。また gno- は現在の英単語にすると know です。これらの語源を総合したこの単語のイメージは「全体に渡って知られていない」となります。「病気や病状について知られていない→診断未確定の」と覚えましょう。

「診断する」という意味の単語は un- をとって動詞の形に戻した diagnose ですから，それも覚えておきましょう。gno-（gni-）を使った単語には ignore や recognize など，よく目にしているものもあるはずです。いずれも「知る」ことに関連していることを確認できるでしょう。

語彙トレーニング⑧

Exercise

次の英文について，下線の語の意味を考えましょう。 008

There has been a great deal of ① controversy over what is widely considered to be the overuse of selective serotonin reuptake inhibitors (SSRIs). These drugs have traditionally been taken to treat ② depression and other mental health conditions. They were once reserved for only the most severe cases, but today they are given out to almost anyone with very little screening by doctors. Though SSRIs can have therapeutic effects on patients, their use has also been associated with increased ③ suicidal risk, especially among patients who quit taking the drug after it has been prescribed.

Answer

全訳

選択的セロトニン再取り込み阻害薬（SSRIs）の過剰使用であると広く考えられていることについて，これまでたくさんの①議論がされてきた。これらの薬剤は，従来は②うつ病やその他の精神疾患を治療するために摂取されてきたものだ。かつては最も重篤な症例のためだけにとっておかれたが，今日では医師がほとんど検査しないまま，ほぼ誰にでも与えられている。SSRIs は患者に対して治療効果のある場合もあるが，この薬剤の使用はとりわけこの薬剤が処方されてきた後でその摂取を中止する患者の間で，③自殺の危険が増すこととも関連づけられてきている。

① controversy　名　議論，論争

この単語の contro-, contra- は現在の英単語では counter にあたるもので，「反対」を表します。また vers- は「回す，変わる，向く」を意味します。「反対して向く（向いている）」状態で話をしますから，「議論，論争」という意味になります。

② depression　名　うつ病，不況

接頭辞の de- には down の意味があることは，語彙トレーニング②でも紹介しました。press は日本語で「プレス」と言ってもわかるかと思いますが，「押す, 押しつける」というのが元々のイメージです。そこから depression は「下に押す，押しつける」ため，マイナス方向の単語であることがわかります。

press を使った他の単語に impress（印象づける）がありますが，この場合は「心の中に押しつける」というイメージから考えましょう。また suppress という単語もあります。sup- や sub- は under の意味をもちます。地下鉄のことを subway と言いますね。よって suppress は「下に押しつける」というところから「抑圧する」という意味になります。このように接頭辞が変わるだけで単語の意味も大きく変わります。まずは大きなイメージで分類して，意味をとらえられるようになっていきましょう。

③ suicidal　形　自殺の

sui- は現在の英語でいうと self（～自身）にあたります。-cid には「殺す」という意味があり，「自身を殺す→自殺」と推測できます。

-cid を使った他の単語には pesticide（殺虫剤）や homicide（殺人，他殺）などがあります。このように，新しい接辞に出会ったらグループにまとめて覚える習慣をつけると，だんだんと単語の構造をつかむ感覚が磨かれてきます。最初はあまり見当がつかなくても，続けてみてください。

語彙トレーニング⑨

Exercise

次の英文について，下線の語の意味を考えましょう。 009

Have you ever heard someone tell a story about an event they experienced that you are sure never really happened? That person may have been committing what psychologists call a ① verbal confabulation, or a spoken false memory. This is a type of memory disorder in which a person relates a supposed memory that isn't true. The story may be quite ② elaborate, with great amounts of detail. Friends or loved ones of those who produce these types of false memories may become frustrated. But it should be noted that such episodes are not intentional attempts to lie or deceive, but signs of a disability such as memory loss that should not be ③ ignored.

Answer

全訳

あなたは，絶対に起きなかったに違いないと思うようなできごとを，誰かが経験したと話すのを聞いたことはないだろうか。そのような人は，心理学者が呼ぶところの①言葉による作話，すなわち誤った記憶を話すことをずっとしてしまってきたのかもしれない。これは記憶障害の一種で，人が事実ではない仮想の記憶を物語るものだ。その話はなかなか②凝っていて，限りなく細部に及んでいることがあるかもしれない。このような種類の偽りの記憶を作り出す人々の友人や愛する者たちは，苛立ちをつのらせることだろう。しかし，そうした話は嘘をつこうとか，だまそうといった意図的な企てではなく，③看過されてはならない記憶喪失（障害）のような障害の前触れであることに注目すべきである。

① verbal　形　言葉の，言葉による

verb- の語源は word と同じで，意味には「話す，言葉」などがあります。今回の英文では後ろに続く confabulation も難易度の高い語ですが，what psychologists call a verbal confabulation, or a spoken false memory（心理学者が呼ぶところの言葉による作話，すなわち誤った記憶を話すこと）とあることから，a verbal confabulation と a spoken false memory が同じ意味だとわかります。さらに a person relates a supposed memory that isn't true（人が事実ではない仮想の記憶を物語る）と説明が続いていることからも，意味が類推できるでしょう。

② elaborate　形　念入りな，手の込んだ

この単語の頭にある e-，ex- には**語彙トレーニング③**でも紹介したように「外」という意味があります。また labor は「仕事，労働」という意味です。大きなイメージは「仕事，労働が外から見えるくらい」という程度だとつかみましょう。そこから「手の込んだ」という意味につながります。あるいは文脈から考えても，これは後ろに続く with great amounts of detail（限りなく細部に及んでいる）と同じような意味だろうと推測することもできるでしょう。

③ ignore　他　～を見過ごす，～を無視する

ignore には**語彙トレーニング⑦**でもふれましたが，さらに細かく見ていきましょう。接頭辞の i- は in- と同じで「否定」を意味します。また gno- は現在の英単語でいう know だと紹介しました。know のつづりにある発音しない k は，元々この gno- の g が k に変わったものです。gni- の形になることもあり，たとえば cognitive（認識した，認識力のある）などをあわせて覚えておくとよいでしょう。

語彙トレーニング⑩

Exercise

次の英文について，下線の語の意味を考えましょう。 010

Trans fats were invented to address a need in the processed food industry. As supermarket shelves filled up with various kinds of processed foods, consumers wanted foods that offered both longer shelf life and fuller, "fresher" tasting flavors. Manufacturers needed a way to ① moisten foods so that they would still taste fresh even after months on store shelves. Trans fats were created when scientists ② hydrogenated liquid oils so that they would last longer. However, the problems with these oils from a nutritional perspective quickly became clear, as they were linked to heart disease and other ailments. As a result, governments around the world have asked manufacturers to ③ reduce the trans fats in their products or eliminate them altogether.

Answer

トランス脂肪は，加工食品産業におけるニーズに対応するために発明された。スーパーマーケットの棚がさまざまな種類の加工食品で埋まるにつれて，消費者たちはもっと長い保存期間と，よりしっかりした「新鮮な」風味の両方を提供してくれる食品を求めたのだ。メーカーは店の棚に数カ月置かれた後でもまだ新鮮な味がするように，食べ物①を湿らせる方法が必要だった。トランス脂肪は，科学者が液体油脂に長持ちするように②水素添加した時に作り出されたものである。ところが，そうした油脂が心臓病やその他の疾患と結び付けられるにつれて，これらの油脂に関連する栄養学的な観点からの問題が，またたく間に明らかになった。その結果，世界各国の政府がメーカーに対し，製品に含まれるトランス脂肪③を減らすか，あるいは完全に取り除くよう求めるようになっている。

① moisten　他　～を湿らせる，～を濡らす，～を潤す

この単語は moist に -en がついた形ですね。形容詞の語頭，もしくは語尾に en-, -en がつくと「～にする，～くする」という動詞になります。この単語も「湿り気があるようにする→湿らせる」ということです。

他の単語では enlarge（大きくする→拡大する），worsen（より悪くする→悪化させる）などを覚えておいてください。

② hydrogenate　他　～に水素添加する，～を水素と化合させる

hydro- や hydra- は「水」を意味します。また後ろについている -gen は「生む，作る」を表します。これをあわせた単語が hydrogen（水素）ですね。hydrogenate は，その動詞形です。

語彙トレーニング②では酸素の元素記号 O を扱いましたが，水素の元素記号は hydrogen の頭文字を取り，H を使用します。また dehydration という単語もありますが，これは「脱水症状」を意味します。接頭辞の de- が down を表すということはこれまでのトレーニングでも紹介しました。よって，「水が落ちていく，流れ落ちていく」というイメージを思い浮かべると覚えやすいでしょう。ちなみに，水を表す他の語源には aqua もあります。あわせて覚えておくと語彙の幅が広がりますね。

③ reduce　他　～を減らす

接頭辞の re- もこれまでに紹介してきました。「再び，後ろに，逆に」という意味がありましたね。後半の -duce には「導く，引く」という意味があります。よって「逆の方向に導く，引く」ということから「減らす」という意味を関連づけて覚えましょう。

-duce を使った他の単語には, たとえば introduce（紹介する）があります。intro- は「中に」を意味するので「中に導く→導入する，紹介する」と考えると意味がとらえやすいですね。未知の語に出会った場合にはまずはイメージでとらえる工夫をし，文脈によって推測を深めることで意味を理解していきましょう。

語源リスト

ここでは，語彙トレーニングでも触れた「語源」をさらに深く学習します。語源を元に覚える利点は，以下の２点があります。

語源からその単語の持つ本来の意味をイメージしやすくなります。これは漢字と同じようなものであると考えるとわかりやすいかもしれません。知らない漢字があっても，木へんがあると何か木に関係する意味である，さんずいがあると水に関係する意味であるとイメージしやすいですよね。英語の語源もそれと同じであると考えてください。

また，多義語を語源から学ぶと覚えやすくなります。例えばadoptという単語がありますが，この単語の主な意味に，「採用する」と「養子にする」があります。一見すると全然違う意味に思えます。しかしこれを語源から考えると理解しやすくなります。この単語の中心の語源はoptです。これは「選ぶ」という意味です。カタカナ語でおなじみのオプション（option）という単語を思い浮かべると連想しやすいでしょう。ではadoptに当てはめて考えると，何か考えや案を「選ぶ」と「採用する」という意味になり，子どもを「選ぶ」と「養子にする」という意味になります。このように考えられる単語はたくさんあるので，語源から単語を学ぶ利点であると言えます。

語源には，主に単語の頭につく「接頭辞」，意味の中核となる「語根」，主に語尾につく「接尾辞」の３つの種類があります。まずは，頻出の接頭辞と接尾詞から覚えてみましょう。今後，何度も出会うことになりますよ。

【接頭辞】

- □ **re** 再び，戻る
- □ **co / con / com** とても，完全に / ともに，一緒に
- □ **se** 離れた
- □ **e / ex** 外
- □ **in** 中
- □ **dis / dif** 離れた
- □ **pre** 前もって
- □ **post** 後
- □ **pro** 前，先(未来)
- □ **de** 下（down）
- □ **sus / sub** 下（under）

【接尾辞】

□ **-tion**	名詞の語尾
□ **-ary**	形容詞の語尾，場所を表す語尾
□ **-ible/able**	形容詞の語尾
□ **-ous**	形容詞の語尾
□ **-al**	形容詞の語尾
□ **-ly**	副詞の語尾
□ **-ate**	動詞の語尾，形容詞の語尾

それでは，さまざまな単語の語源を見てみましょう。まずは，見出しの語根の意味を覚えて，その具体例の単語でイメージを膨らませてください。なお，語源には諸説ありますので，すべてをこの形で覚える必要はありません。単語の源，パーツについての興味を持って，語彙力増強の助けとしてください。

◆ man / manu / mani 「手」

□ **manicure**	mani（手）＋ cure（ケア）➡マニキュア
□ **manual**	手引き，マニュアル，手動の
□ **manacle**	手錠
□ **manuscript**	manu（手）＋ script（書く）➡手書き，手書きの，原稿
□ **manipulate**	操作する
□ **manufacture**	manu（手）＋ fac（作る）➡製造する
□ **emancipate**	e / ex（外）＋ man（手）＋ cip（取る） ➡手にあるものを取り出す➡解放する

◆ ped / pedo「足」「歩く」

□ **pedicure**	ped（足）＋ cure（ケア）➡ペディキュア
□ **pedestrian**	ped（歩く）＋ ian（人）➡歩行者
□ **pedometer**	ped（歩く）＋ meter（メーター）➡万歩計，歩数計
□ **expedition**	e / ex（外）＋ ped（歩く）➡外まで足を伸ばす➡冒険
□ **pedal**	ペダル

◆ spect / spic「見る」

□ **inspect**	in（中）＋ spect（見る）➡調べる
□ **spectator**	spect（見る）＋ or / er（人）➡見る人，観客
□ **prospect**	pro（先）＋ spect（見る）➡見込み，見通し
□ **retrospect**	retro（＝ return，戻る）＋ spect（見る） ➡振り返って見る，回顧する
□ **specimen**	spec（見る）＋ men（状態）➡見ることのできる状態 ➡見本，実例
□ **suspect**	sus / sub（下から）＋ spect（見る）➡疑う
□ **conspicuous**	con（とても / ともに）＋ spect（見る）➡目立つ，明らかな

◆ vid / vis / view「見る」

□ **visual**	vis（見る）＋ al（形容詞の語尾）➡見られるような➡視覚の
□ **revise**	re（再び，戻る）＋ vis（見る）➡見直す，改訂する
□ **supervise**	super（上，超える）＋ vis（見る）➡監督する，監視する
□ **visit**	vis（見る）＋ it（行く）➡見に行く➡訪れる
□ **invisible**	in（否定）＋ vis（見る）＋ able/ible（可能） ➡見ることのできない

◆ port「運ぶ」

□ **export**	e / ex（外）＋ port（運ぶ）➡輸出する
□ **import**	in / im（中）＋ port（運ぶ）➡輸入する
□ **transport**	trans（向こう）＋ port（運ぶ）➡輸送する
□ **portable**	port（運ぶ）＋ able / ible（可能）➡持ち運びできる
□ **porter**	port（運ぶ）＋ or / er（人）➡運ぶ人，ポーター
□ **report**	re（再び，戻る）＋ port（運ぶ）➡運んで戻って来る ➡報告する
□ **sport**	s / se（離れた）＋ port（運ぶ） ➡人を仕事から離れたところに運ぶもの➡スポーツ
□ **support**	sub / sus（下から）＋ port（運ぶ）➡下から運ぶ➡支える
□ **deport**	de（下）＋ port（運ぶ）➡退去させる，国外追放する

◆ fac / fic / fec「作る」

□ factory	fac（作る）＋ ary / ory（場所）➡工場
	※ library（図書館）　observatory（天文台）　laboratory（研究所）
□ fiction	fic（作る）＋ tion（名詞の語尾）➡作られたもの➡作り話
□ perfect	per（完全に）＋ fec（作る）➡完全に作られたもの，完璧な
□ defect	de（下）＋ fec（作る）➡欠陥
□ sacrifice	sacri（神聖な）＋ fic（作る）➡神聖なものにする➡犠牲にする

◆ ten / tan / tin / tain「保つ」「維持する」

□ sustain	sus（下から）＋ tain（保つ）➡下から保つ➡支える，支持する
□ contain	con / com（とても / ともに）＋ tain（保つ）➡含む
□ detain	de（分離）＋ tain（保つ）➡拘留する，遅らせる，保留する
□ tenacious	ten（保つ）＋ ious（形容詞の語尾）➡粘り強い
□ impertinent	in / im（否定）＋ per（完全に）＋ tin（保つ） ➡完全に保つことのできない➡無礼な
□ retain	re（再び，戻る）＋ tain（保つ）➡保持する

◆ tac / tact / tach / tang「触れる」

□ contact	con / com（とても / ともに）＋ tact（触れる）➡連絡を取る
□ intact	in / im（否定）＋ tact（触れる） ➡触れられていない，手つかずの，ありのままの
□ tangible	tang（触れる）＋ able / ible（可能） ➡触れることのできる，実体のある
□ intangible	in / im（否定）＋ tang（触れる）＋ able / ible（可能） ➡触れることのできない，実体のない
□ tangent	tang（触れる）＋ ent（名詞の語尾）➡接線
□ detach	de（下）＋ tach（触れる）➡切り離す

◆ mot / mob / mov「動く」「動かす」

□ motive	動かすもの，動機
□ mobile	持ち運びできる
□ remove	re（再び，戻る）＋ mov（動く，動かす）➡取り去る，はがす
□ demote	de（下）＋ mot（動く，動かす）➡降格する
□ emotion	e / ex（外）＋ mot（動く，動かす）➡感情

◆ cap / cep / cept / ceive「取る」「つかむ」

□ perception	per（完全に）＋ cept（取る，つかむ）＋ ion（名詞の語尾） ➡理解，認識
□ participate	part（一部）＋ cip（取る，つかむ）➡参加する
□ receive	re（再び，戻る）＋ ceive（取る，つかむ）➡受け取る
□ except	e / ex（外）＋ cept（取る，つかむ）➡取り出す➡例外
□ susceptible	sus（下から）＋ cept（取る，つかむ）＋ able / ible（可能） ➡影響を受けやすい，感染しやすい

◆ scrib / scrip「書く」

□ describe	de（下）＋ scrib（書く）➡描写する
□ inscribe	in（中）＋ scrib（書く）➡彫る，刻む
□ prescribe	pre（前もって）＋ scrib（書く）➡処方する
□ postscript	post（後）＋ scrip（書く）➡追伸，PS
□ scribble	ぞんざいに書く

◆ gen / gin「生まれる」「生」

□ progeny	pro（先（未来））＋ gen（生まれる）➡子孫
□ gene	遺伝子
□ generate	生み出す
□ hydrogen	hydro（水）＋ gen（生まれる）➡水素
□ oxygen	oxy（酸）＋ gen（生まれる）➡酸素
□ genealogy	gen（生まれる）＋ logy（学問）➡血統学，系図学
□ autogenetic	auto（自動）＋ gen（生まれる）➡自然発生的な

◆ tract「引く」「引っ張る」

□ tractor	トラクター
□ attract	at（～の方へ）＋ tract（引く，引っ張る） ➡魅了する，引き付ける
□ abstract	ab（～から）＋ tract（引く，引っ張る） ➡抽出する，抜粋する，引き出す，抽象的な
□ distract	dis（離れた）＋ tract（引く，引っ張る） ➡引き離す，気をそらす
□ subtract	sub（下から）＋ tract（引く，引っ張る）➡減ずる，引き算する
□ extract	e / ex（外）＋ tract（引く，引っ張る）➡引き出す
□ contract	con / com（とても / ともに）＋ tract（引く，引っ張る） ➡契約，契約する，収縮する

◆ duc / duct「導く」

□ **introduce**	intro（(inter) 間）＋ duc（導く）➡紹介する
□ **reduce**	re（再び，戻る）＋ duc（導く）➡戻る方へ導く➡減らす
□ **induce**	in（中）＋ duc（導く）➡誘い込む
□ **seduce**	se（離れた）＋ duc（導く）➡異性を誘惑する
□ **conductor**	con / com（とても / ともに）＋ duct（導く）＋ or（人） ➡車掌，指揮者，伝導体
□ **educate**	e / ex 外＋ duc 導く➡教育する，指導する

◆ ject「投げる」

□ **reject**	re（再び，戻る）＋ ject（投げる）➡投げ返される ➡拒否する，拒絶する
□ **inject**	in（中）＋ ject（投げる）➡注射する
□ **object**	ob（反対）＋ ject（投げる）➡反論する
□ **eject**	e / ex（外）＋ ject（投げる）➡吐き出す，追い出す，排出する
□ **projector**	pro（前，先）＋ ject（投げる）＋ or（人，もの） ➡映写機，プロジェクター
□ **dejected**	de（下）＋ ject（投げる）➡下に投げられた➡落胆した

◆ pos / posit / pon / pound「置く」

□ **position**	配置，ポジション
□ **expose**	e / ex（外）＋ pos（置く）➡さらす，暴露する
□ **postpone**	post（後）＋ pon（置く）➡延期する
□ **impose**	in（中）＋ pos（置く）➡押し込む➡課す
□ **compose**	con / com（とても / ともに）＋ pos（置く） ➡構成する，作曲する
□ **decompose**	de（分離）＋ compose（構成する）➡腐る，腐敗する
□ **disposable**	dis（離れた）＋ pos（置く）＋ able / ible 可能➡使い捨ての
□ **opposite**	ob / op（反対）＋ pos（置く）➡反対の
□ **deposit**	de（下）＋ pos（置く）➡預金，預入金

◆ her / hes「くっつく」

□ hesitate	hes（くっつく）＋ ate（動詞の語尾）➡ためらう，躊躇する
□ adhere	ad（〜の方へ）＋ her（くっつく）➡付着する
□ cohesion	con / com（とても / ともに）＋ hes（くっつく）＋ ion（名詞の語尾）➡結合
□ inherit	in（中）＋ her（くっつく）➡受け継ぐ
□ hereditary	her（くっつく）＋ ary（形容詞の語尾）➡遺伝的な
□ heritage	her（くっつく）＋ age（行動，結果，状態を表す接尾辞）➡遺産

◆ clud / clus / clos「閉める」「閉じる」

□ exclude	e / ex（外）＋ clud（閉める）➡閉めだす，排除する
□ include	in（中）＋ clud（閉める）➡含む
□ seclude	se（離れた）＋ clud（閉める）➡隔離する
□ preclude	pre（前もって）＋ clud（閉める）➡防止する
□ enclose	en（中）＋ clos（閉める）➡同封する

◆ luc / lus / lum / lun / lux「光」「明るい」「明らかな」

□ lucid	わかりやすい
□ elucidate	e / ex（外）＋ lucid（わかりやすい）＋ ate（動詞の語尾）➡はっきりと説明する，わかりやすく説明する
□ luminous	光を発する，明るい
□ luxurious	lux（明るい）＋ ous（形容詞の語尾）➡豪華な，ぜいたくな
□ lunar	月の

Reading Section

概要

テストの流れ

❶英文を読む

まず，右の画面のように，英文が表示されます。この時点では，まだ設問は表示されていません。英文をスクロールすると，画面上の表示が Beginning → More Available → End と変わります。End になったら CONTINUE をクリックして設問に進みます。End にならないと，設問には進めません。

❷選択問題

４つの選択肢から正しいものを１つ選ぶ問題では，右側に英文が，左側に設問が表示されます。正しい選択肢の⬭をクリックして解答します。次の問題に進むためには NEXT を，前の問題に戻るためには BACK をクリックします。ほとんどの設問がこのタイプの４つの選択肢から１つを選ぶ問題です。語句問題，詳細問題，パラグラフの内容を問う問題、推測問題などが出題されます。

❸文挿入問題

英文の適切な箇所に文を挿入する問題です。左側に設問が表示され，右側の英文の■をクリックすると，そこに文が挿入されたものが表示されます。別の■をクリックすることで，解答を変更することもできます。■は４つあり，その中から文が入るのに適切な場所を選びます。

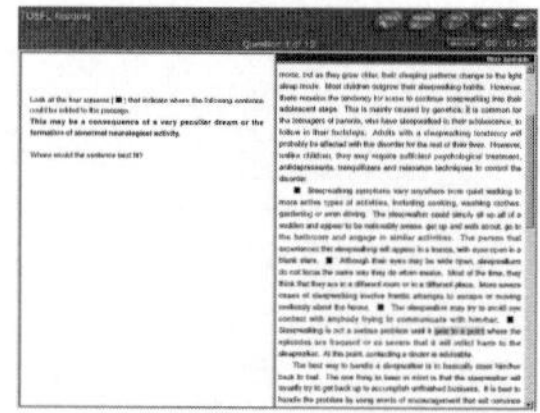

❹要約問題

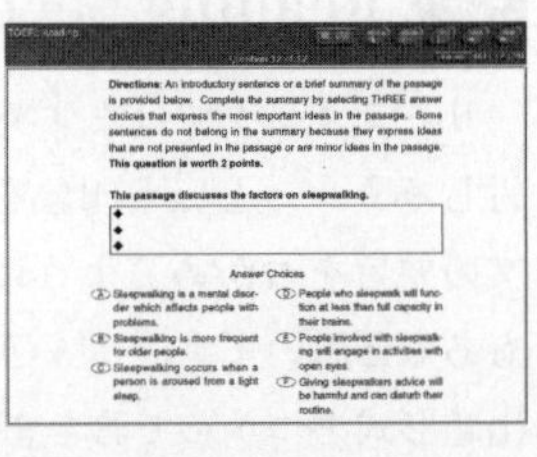

パッセージの要約を複数の選択肢の中から選んだり，適切な項目に分類したりする問題です。正解の選択肢を解答欄へドラッグして解答します。この種の問題では英文は表示されないので，英文を参照する場合には **VIEW TEXT** をクリックします。すべての設問に解答したら，**CONTINUE** をクリックして終了します。

❺その他の機能

リーディングセクションでは、**Review** と **Glossary** の機能があります。

Review：問題一覧を表示し，未回答の問題を確認できます。解き忘れを防止するのに利用できます。

Glossary：下線が引かれている語句の解説を表示します。

※すべてのパッセージに **Glossary** が設けられているわけではありません。

設問形式

問題数	３題または４題
設問数	１題あたり 10 問
解答時間	54 分または 72 分（１題あたり 18 分）
パッセージの長さ	700 語前後

Reading Section 共通攻略法

リーディングではまず英文がすべて表示されます。とても長く，「読み切るのに苦労しそう…」という印象を受けるかもしれません。最終的には全体を速読して，英文の要旨をつかめるようになれるのが理想ですが，制限時間もある中，難しい部分もあると思います。 長い英文に取り組む方法はいくつかあります。まず，TOEFL の出題形式をつかんでおきましょう。

TOEFL のリーディングにおいてまず覚えていてほしいのが，**基本的には各設問は英文の上から順番に対応して出題されている**ということです。つまり英文を上から**順番に読んでいけば，そのままの順番で問題を解ける**のです。この形式をうまく利用すれば，要点をおさえてスムーズに解答することができます。また，最後まで読んでから最初の設問に戻ったため，その設問に関係する箇所の内容を忘れてしまった，といった事態も防ぐことができるでしょう。

これをふまえた上で，各設問にはどのように取り組むのがよいのでしょうか。ここでは，２つの方法を紹介します。どちらにもよい点，気をつけるべき点がありますので，対策もまとめました。

① 段落ごとに読む

段落ごとに読んでいき，１つの段落が終わったところで，その段落に対応している問題を解きます。

⇒この場合，内容をしっかり理解しながら解けるのですが，②の方法よりも時間がかかることに注意しましょう。

⇒**普段の学習では英文をたくさん読み，量を確保しましょう。長い英文に慣れることによって，速読力を上げておくことが重要です。**

② 設問から先に読む

設問において問われている内容を把握し，その情報が書かれている箇所までを中心に読み，解いていきます。解けたらまた次の設問を確認し，英文を読み進めます。

⇒この場合，①よりも時間がかからないのは利点ですが，内容を細切れにとらえすぎ，理解が十分でなくなってしまう場合もあります。

⇒**普段は英文の内容を正確に理解する精読の訓練に重点を置きましょう。その際には，単語と文法のしっかりとした理解が不可欠です。**

どちらの読み方も試してみて，自分にあった方法を選ぶのがよいでしょう。

MEMO

語句問題

まずは語句に関する選択問題を攻略しましょう。言うまでもなく，読解問題において語句の正確な理解はとても重要です。頻出の問題ですが，それほど難易度の高くないものが多いので，得点源にできるよう学習を重ねましょう。

Approach

❶単数か複数かを確認する

問われている語句が関係詞の場合，必ず最初に指示対象が単数か複数かを確認します。関係詞だけでは単複を判断できませんが，後ろにある動詞で判別できることもあります。

❷代名詞は必ず前に出てきた語を指す

代名詞はそれよりも前に出てきた語を指します。したがって，問われている語の後ろにしか出てこない語は選択肢から外して考えましょう。選択肢をさらに絞り込むためには，前後の文脈もヒントにしましょう。

❸前後の文脈から判断する

文のつながりが順接か逆接かを見抜くことで，その語句がプラスの意味を表すのか，マイナスの意味を表すのかを判断できます。順接であれば同じような意味，逆接であれば対になるような意味の語句であるはずです。また，その部分だけで判断するのが難しい場合には，その前後にある言い換え表現を探しましょう。

では，実際に問題を解いてみましょう。

Exercise

次の英文を読んで，問題に解答しましょう。 011

Down syndrome is triggered by the presence of an extra chromosome. Chromosomes are structures within each cell which contain genetic information. Normally, people have 46 chromosomes **that** are arranged in 23 pairs, but **those** with Down syndrome will have an extra one, for a total of 47 chromosomes. Characteristics of an individual born with Down syndrome include small ears, flat face, almond-shaped eyes, larger tongue and mental disabilities. Many experience health problems, ranging from heart defects, intestinal problems and lung infections to leukemia. Down syndrome transcends all nationalities and class. There is no treatment, and it is a permanent health **affliction**.

1 The word **that** in the passage refers to

- (A) cell
- (B) people
- (C) information
- (D) chromosomes

2 The word **those** in the passage refers to

- (A) chromosomes
- (B) characteristics
- (C) structures
- (D) people

3 The word **affliction** in the passage is closest in meaning to

- (A) flavor
- (B) order
- (C) catastrophe
- (D) disorder

Answer

全訳

ダウン症は過剰な染色体が存在することによって引き起こされる。染色体は遺伝的情報を持つ，個々の細胞内にある構造体である。一般的に人は**23の対を成す46の染色体**を持つが，ダウン症の人々は1つ余分な染色体を持ち，全部で47の染色体がある。**ダウン症を持って生まれてくる人**の特徴は，小さい耳，平面的な顔，アーモンドのような形の目，普通の人より大きな舌，精神障害である。心臓疾患，腸の問題，肺感染症から白血病に及ぶ**健康の問題**を経験する人も多い。ダウン症はすべての国籍，社会階層の人々にわたって存在する。**治療法はなく，その病気は生涯続く**。

1 正解 Ⓓ

thatは何を指していますか。

Ⓐ 細胞　Ⓑ 人々　Ⓒ 情報　Ⓓ 染色体

解説　関係詞 that の後ろが are arranged となっているため，この that が指すものは複数形の名詞だとわかります。that are arranged（配列される）と受身であり，文脈から考えて，配列されるものは「人」ではなく「染色体」なので，正解は Ⓓ になります。

2 正解 Ⓓ

those は何を指していますか。

Ⓐ 染色体　Ⓑ 特徴　Ⓒ 構造体　Ⓓ 人々

解説　Ⓑ 以外は代名詞 those より前に出てきた語なので，その中に正解があります。さらに選択肢を絞り込むために，前後の文脈に注意しましょう。この部分には those with Down syndrome のように，with があります。with の意味は「所有」なので，その意味をこの文に当てはめると，「ダウン症を持つもの」となります。ダウン症を持つのは「染色体」や「構造体」ではなく「人」なので，正解は Ⓓ です。

3 **正解** **Ⓓ**

この文章の affliction という単語に最も近い意味はどれですか。

Ⓐ 風味　Ⓑ 順序　Ⓒ 大惨事　**Ⓓ** 不調

解説 affliction の前を見ると，**and という順接を表す語があります**。and の前にある There is no treatment はマイナスの意味なので，affliction も同様にマイナスの意味だと判断でき，Ⓒ か Ⓓ に絞れます。前に health があることから，affliction は「健康」に関する語であるとわかります。本文の最後から3文目に health problems とあるので，affliction は problem の言い換え表現として，同じ意味で使われていると考えられ，Ⓓ が正解です。

Vocabulary

- ☐ **syndrome** ＝ 症候群
- ☐ **chromosome** ＝ 染色体
- ☐ **genetic** ＝ 遺伝子の
- ☐ **disability** ＝障害
- ☐ **range from A to B** ＝ **A** から **B** の範囲に及んでいる
- ☐ **intestinal** ＝ 腸の
- ☐ **lung** ＝ 肺
- ☐ **infection** ＝ 感染，感染症，伝染病
- ☐ **leukemia** ＝ 白血病
- ☐ **transcend** ＝ ～を越える
- ☐ **affliction** ＝ 苦痛，悩みの種

Another Approach

語句を問う問題への対応力をさらに強化するには，**単語同士の関係性からの類推，判断も鍵を握ります**。単語には一緒に使われやすい組み合わせがあり，そこから連想を広げて考えるのも 1 つの方法です。

問われている語が動詞であれば，前にある主語や後ろの目的語がヒントになります。これは単純な例ですが，後ろに book という目的語があれば，動詞は write や read など，本に関係しそうな意味の単語がくるのが自然です。単語のレベルが上がっても，同じことです。同様に形容詞の場合は，修飾する名詞がヒントになります。たとえば results といった名詞に対しては important など，やはり関係のありそうな形容詞がくることが推測できます。このように選択肢を眺めてみると，正解にたどり着きやすいでしょう。

詳細問題

ここでは詳細情報を問う問題を攻略しましょう。詳細情報を問う問題は，最初に扱った語句の問題と並んで頻繁に出題されるパターンの1つです。この種の問題では，本文のどこでその情報について述べられているかを見つけることが重要です。その箇所さえ見つけてしまえば，半分は解けたも同然です。

また，いわゆる NOT 問題や EXCEPT 問題も，本文の内容と一致しない選択肢を選ぶため，詳細情報を問う問題の一種だと言えます。慣れていないと時間がかかってしまうため，対策をしっかりと行い，問題を解くスピードを身につけることも心がけましょう。

Approach

❶設問文からキーワードを探す

設問文からキーワードを探すと，本文のどこを重点的に見るべきかがわかります。正解はこのキーワードの近くに書かれているので，この前後をよく読むことが大切です。

❷消去法で解く

選択肢のうち，本文に該当しないものを選び取る NOT 問題や EXCEPT 問題では，選択肢を1つ1つ本文の内容と照らし合わせ，消去法で正解を導きます。この際，本文で述べられていなかった新しい情報が含まれている選択肢は正解である可能性が高いので注意しましょう。また，all, never など極端な程度を表す単語が使われている選択肢も部分的にしか本文の内容に沿っていないことが多いので，慎重に検討しましょう。

では，実際に問題を解いてみましょう。

Exercise

次の英文を読んで，問題に解答しましょう。 012

From the moment you smell the aroma of food, your brain sends signals to your salivary glands, which will then produce saliva. This process prepares you for food consumption and instigates digestion. Your teeth and tongue then rip through the food and the saliva moistens it into a paste, allowing ease of swallowing while breaking down the food for nutritional purposes. Swallowing maneuvers food into the throat, where it travels down the esophagus. Subsequently, muscular contractions thrust the food into the stomach, where acids break it down further for digestion. The result is a gooey paste which is squeezed into the small intestine for absorption of nutrients. Thereafter, the remaining water and undigested food travel to the large intestine for removal of the remaining water, forming stools for excretion.

1 According to this passage, what is the purpose of saliva?

- (A) To send the signals to the brain
- (B) To make it easy to swallow food
- (C) To help the tongue
- (D) To clean the teeth

2 According to this passage, which of the following is NOT true?

- (A) The scent will induce a person to salivate prior to the consumption of food.
- (B) Swallowing carries the food into the throat and from there into the esophagus.
- (C) The digested food always goes through two absorption stages before it reaches the large intestine.
- (D) The acids in the stomach help further digestion.

Answer

全訳

食べ物の匂いを嗅いだ瞬間から，脳は唾液腺に信号を送り，そうすると唾液が分泌される。この過程により食べ物の摂取への準備ができ，消化が促される。その後，歯や舌が食べ物の中を動き，唾液が食べ物を湿らせ，ペースト状に変える。これによって，栄養を摂取できるように，食べ物を分解するのと同時に飲み込みやすくする。飲み込むことによって食べ物は喉に送られ，そこから食道へ行く。その後，筋肉の収縮が食べ物を胃へと押しやる。そこで酸が消化のためさらに食べ物を分解する。その結果，食べ物はねばねばしたペースト状になり，栄養を吸収するため小腸へと搾り出される。続いて，残っている水分や消化されなかった食べ物は，残っている水分を取り除かれ，排泄に向けて便を形成するため大腸へと移る。

1 正解 Ⓑ

本文によると，唾液の目的は何ですか。

Ⓐ 脳に信号を送ること
Ⓑ 食べ物を飲み込みやすくすること
Ⓒ 舌を助けること
Ⓓ 歯をきれいにすること

解説　設問文のキーワードは purpose と saliva です。saliva は本文の第 1，3 文で登場し，第 3 文では allowing ease of swallowing（飲み込みやすくする）と説明していることから，正解は Ⓑ です。

2 正解 Ⓒ

本文によると，正しくないものはどれですか。

Ⓐ 食べ物の摂取の前に，匂いは人に唾液を分泌させる。
Ⓑ 飲み込むことにより，食べ物は喉へ運ばれ，そこから食道へ行く。
Ⓒ 消化された食べ物は大腸に到達するまでに，常に２つの吸収過程を経る。
Ⓓ 胃酸はさらなる消化のための働きをする。

解説 (A) 本文第1文の内容と一致します。(B) 本文第4文の内容に一致します。(C) always というような**極端な程度を表す語**が使われています。通常，このように100パーセントを表す語や never などの0パーセントを表す語が含まれる場合は，そこまで本文で断定的に述べられているか注意して検討する必要があります。また，この選択肢には two absorption stages（2つの吸収過程）という**新しい情報（本文では述べられていない情報）**があります。本文では大腸に行く前に小腸に行くと述べられており，大腸に行く前に2段階の過程を経るとは述べられていません。よって，この選択肢が本文と当てはまらないため，正解になります。(D) 本文第5文の内容と一致します。

Vocabulary

- □ **salivary** = 唾液の，つばの
  → **saliva** = [名] 唾液，→ **salivate** = [自] 唾液を出す
- □ **gland** = 腺
- □ **instigate** = ～をうながす
- □ **rip through** = ～の中を通過する
- □ **moisten** = ～を湿らせる
- □ **maneuver** = ～を動かす
- □ **esophagus** = 食道
- □ **subsequently** = 後で，その後
- □ **muscular** = 筋肉の
- □ **contraction** = 収縮
- □ **thrust** = ～を押す，押しつける
- □ **gooey** = ねばねばした
- □ **intestine** = 腸
- □ **absorption** = 血中への養分の吸収
- □ **thereafter** = それから先は
- □ **stool** = 大便
- □ **excretion** = 排泄，排泄物

パラグラフの内容

パラグラフ全体の趣旨を問う問題を攻略しましょう。この種の問題を解く力が伸びると，パラグラフの趣旨を的確に把握しながら効率よく英文を読み進められるようになり，速読で大量の英文を読みこなせるようになります。この力はTOEFL 対策としてだけでなく，たとえば留学をして実際に海外の大学の授業を受ける際にも不可欠な力と言えます。

Approach

❶トピックセンテンスに注目

各パラグラフでは基本的に１文目や２文目にトピックセンテンスがきます。つまり，パラグラフの趣旨を述べていますから，この内容がそのまま答えの選択肢となる可能性が高いです。重要なポイントですから，集中して読みましょう。英語のエッセイではパラグラフの最初の方でそのパラグラフの趣旨を述べることが多いです。最初の方でまずは大切なことを述べるのですが，それだけでは読み手に伝わらないおそれがあるため，その後の文で具体例などを使って詳しく説明し，補足します。これが英語のエッセイの基本的な形式です。この流れは自分がライティングをする際にも当てはまりますから，他のセクションでも意識しましょう。

❷パラグラフ全体に共通するものを選ぶ

指定されているパラグラフ全体に一貫している内容が述べられている選択肢を選びましょう。逆に，パラグラフの一部分や細かい情報だけに言及している選択肢は不適切です。

では，実際に問題を解いてみましょう。

Exercise

次の英文を読んで，問題に解答しましょう。 013

Stephen Hawking is a renowned scientist with amyotrophic lateral sclerosis, also known as Lou Gehrig's disease. His father intended for him to be a doctor, but Stephen preferred Mathematics, which was not available at University College, Oxford, during his studies, so he settled on Physics instead. After acquiring his doctorate, Stephen wrote a bestseller, *A Brief History of Time*, describing his ground-breaking research in cosmology. By questioning whether the beginning of time existed and pondering about the likelihood of an end, Stephen endeavored to explain the origins and fate of the universe. He created further controversy by challenging the existence of God.

What is the main purpose of this passage?

Ⓐ To marvel on the life of Stephen Hawking and his bestseller
Ⓑ To contrast Stephen Hawking's discovery with the real fate of the universe
Ⓒ To describe the dedication of Stephen Hawking to cosmology research
Ⓓ To challenge Stephen Hawking's beliefs on the non-existence of God

Answer

全訳

スティーブン・ホーキングは筋萎縮性側索硬化症，いわゆるルーゲーリック病を患う著名な科学者である。彼の父親は彼が医者になることを望んでいたが，スティーブンは数学の方が好きだった。彼が学んでいた頃のオックスフォード大学のユニバーシティカレッジでは数学を専攻することができなかったので，彼は代わりに物理を学んだ。博士号の取得後，スティーブンは**ベストセラーである『ホーキング，宇宙を語る』を書き，宇宙科学に関する革新的な研究について記述した**。時間の始まりは存在するのかを疑い，終末の可能性について考えたりすることによって，スティーブンは**宇宙の起源や運命を説明しようと努めた**。彼は神の存在について異議を唱えることにより，さらなる論争を巻き起こした。

正解 **Ⓒ**

本文における主要な目的はどれですか。

Ⓐ スティーブン・ホーキングの人生と彼のベストセラー作品について驚くこと

Ⓑ スティーブン・ホーキングの発見と宇宙の真の運命を比較すること

Ⓒ 宇宙研究に対するスティーブン・ホーキングの献身ぶりを記述すること

Ⓓ 神は存在しないというスティーブン・ホーキングの信念に異議を唱えること

解説 Ⓐ marvel は「驚く」という感情を表す動詞ですが，本文はスティーブン・ホーキングについて客観的事実を紹介しており，筆者の感情を表す表現は一切使われていないので不適切です。Ⓑ fate of the universe(宇宙の運命)は，本文第4文の文末にありますが，何かと比較しているわけではないため，不適切です。Ⓒ **本文全体に共通した広い内容**が示されているので，これが正解です。Ⓓ the non-existence of God は本文の最後の文でしか述べられていません。また，異議を唱えているわけではないため，不適切です。

Vocabulary

- □ **amyotrophic lateral sclerosis** = 筋萎縮性側索硬化症
- □ **available** = 利用可能な
- □ **settle on** = ～に決める
- □ **doctorate** = 博士号，学位
- □ **cosmology** = 宇宙論，宇宙科学
- □ **ponder** = じっくりと考える
- □ **likelihood** = 可能性
- □ **endeavor** = 努める
- □ **controversy** = 論争

学習法アドバイス

効率のよい語彙学習とは

TOEFL で出題される語彙には専門的なものも多く，難しいと感じる方も多いでしょう。また，それらをやみくもに覚えようとすることは，TOEFL 対策学習につまずく原因の1つでもあります。ここでは，丸暗記ではなく，効果的に単語を覚える方法をいくつかご紹介します。

まずは Preparation の解説にも取り入れた**単語の語源からの学習**です。日本語にも多くの外来語があるように, 英語もその中にさまざまな言語を「輸入」しています。実は日本語の futon（布団）も今では英語として通じる単語の1つなのを知っていましたか。

日本語からの借用語すらある英語ですが，多くの場合，元となっているのはラテン語や古代ギリシャ語です。日本語でも知らない漢字を見かけたら，「へん」や「つくり」から意味を類推するように，**英語もわからない単語の一部を取り出して，元になっている古い語に注目すると類推が可能**です。この単語の一部分（接辞や語根といいます）の基本的な意味を覚えておくとさまざまに応用できますから，まずは Preparation でも扱ったような代表的なものを中心に，少しずつ習得しましょう。TOEFL に出てくる学術的な専門用語は特にラテン語や古代ギリシャ語を元にしている単語が多いため，この覚え方をより効率的に活用できるでしょう。

もう1つの方法は**単語を使った短文を作る**ことです。単語の意味を1対1で覚えようとすると単調な作業になり，なかなか定着しない傾向にあります。これは見たり読んだりするだけの繰り返しという「インプット」の「受身的な」覚え方であることも原因だといえるでしょう。それに対し, その単語を使った短文を作るという**「アウトプット」の「自発的な」動作を加えると，定着力を高めることにつながります。**

また短文を作る際は**「自分に深く関連づける」**か，**「非日常で縁遠い」**かのどちらかを心がけてください。この2つは真逆のようですが，どちらも記憶に印象づける効果が高いものです。自分に関係することは覚えやすいですし，生活の中で何度も対象を自然に意識することで反復効果があります。逆に非日常的なことは，その「突飛さ」ゆえに記憶に残りやすいともいえます。英語を書く練習も兼ねて，たくさんの英文を作ってみてください。

文挿入

英文に与えられた空所のいずれかに文を挿入する問題を攻略しましょう。これは文の流れや論理性がつかめているかどうかを問う問題です。この形式に慣れないうちは難易度が高いように感じられるかもしれませんが，落ち着いて考えると難しくはない問題です。

Approach

❶挿入する文にある代名詞に注目する

問題に提示されている挿入文に代名詞があったら，それは重要なヒントとなります。まず注目すべきは代名詞の単複です。複数を表す代名詞があれば，その前の文章で必ず複数形の名詞が使われていることがわかります。挿入する候補となる■の前を探す際，対応する名詞が見つからなければ，その場所には入れることができません。あるいは単数の this や it などは前に出てきた単数表現を受けているはずです。これが指す対象が前に明確に示されているかどうかを必ず確認しましょう。

❷前後の文脈から挿入位置を判断する

パラグラフの中にある４つの挿入箇所の候補では，英文の前後関係を注意して読み進めましょう。挿入箇所の前後に接続詞があれば，それも大きなヒントです。文と文の間の関係が順接なのか，逆接なのかを判断することでも挿入箇所を絞り込むことができます。特に逆接の接続詞があると，文の流れがこれまでとは逆に進むため，挿入すべき文がその前後どちらにくるかの大きなヒントとなります。しっかり注目しましょう。

では，実際に問題を解いてみましょう。

Exercise

次の英文を読んで，問題に解答しましょう。 014

Historically, Indonesia's political arena has been plagued with corruption. Indonesia was dominated by the Portuguese and English and later by the Dutch. For three centuries the Dutch ruled, until the Japanese took over. ■ Years of hostility followed, as the Indonesians fought for independence. ■ Finally, in 1949, the United Nations recognized Indonesia as an independent republic, after which Sukarno was elected President. ■ Therefore, Sukarno's reign was overwhelmed with corruption. He withdrew Indonesia from the United Nations, was openly antagonistic to the United States and flirted with communism. ■ In 1967, he was ousted from power by General Suharto. The Suharto administration then continued for thirty years.

Look at the four squares [■] that indicate where the following sentence can be added to the passage.

Due to this position, he controlled the country according to his own policies.

Where would the sentence best fit?

Answer

全訳

歴史的に，インドネシアにおける政治の舞台は腐敗に悩まされてきた。インドネシアはポルトガル人やイギリス人，後にオランダ人によって支配された。3世紀の間オランダ人が支配し，その後日本人が支配権を得た。■インドネシア人は独立を求めて戦ったので，何年も戦争状態が続いた。■ 1949年，ついに国連がインドネシアを独立国家と定め，その後，**スカルノが大統領として選ばれた**。■ **したがって**，スカルノの治世は腐敗に満ち溢れていた。彼はインドネシアを国連から脱退させ，公にアメリカ合衆国に対して敵意をあらわにし，共産主義に傾倒した。■ 1967年，彼はスハルト将軍によって追放された。スハルトの統治はその後30年間続いた。

正解　3つ目

以下の文が加えられ得る場所を示す４つの■を確認しなさい。

その地位によって，彼は独自の政策で国を支配した。

この文が入る最も適切な位置はどこですか。

解説　この問題で重要なヒントとなるのが，**挿入する文の代名詞**の this と he です。**this position とあるので，前に「地位」に関する語があるはず**とわかります。また，**he から，前に「男性」が出てきていることが推測できます**。それをふまえて考えると，3つ目の■の前の文に，he にあたる Sukarno と，「地位」を表す President が出てきているので，これが正解となります。前後関係から考えても，■の後ろに Therefore という順接（結果）を表す語があり，Sukarno の支配に起因する内容が続くことから，この位置が正しいと言えます。

Vocabulary

- □ **plague** ＝ ～を苦しめる
- □ **dominate** ＝ ～を支配する
- □ **take over** ＝ 支配権を握る
- □ **reign** ＝ 統治，支配
- □ **withdraw** ＝ ～を退かせる
- □ **flirt** ＝ 手を出す
- □ **oust** ＝ ～を追い出す
- □ **corruption** ＝ 腐敗，汚職
- □ **rule** ＝ 支配する
- □ **hostility** ＝ 戦闘，武力衝突
- □ **overwhelm** ＝ ～を圧倒する
- □ **antagonistic** ＝ 対抗する
- □ **communism** ＝ 共産主義
- □ **administration** ＝ 政権，統治

学習法アドバイス

確かな読解力をつけるには

TOEFL の Reading Section において安定して高い点数を取るためには，小手先のテクニックではなく，「本物の読解力」を伸ばす必要があります。ここでは，その力をつけるために普段どのような学習をすればよいか，紹介します。

第一に，英文を数多く読み，「読み慣れる」ことが不可欠です。TOEFL の英文は専門的なテーマで量も多いため，最初は抵抗があるかもしれません。また，後半では集中力が途切れてしまうこともあるでしょう。そのような状況を避けるためには，英文を読むこと自体に「慣れて」おきましょう。その際に読む英文はもちろん TOEFL の出題にあう論文形式のものが一番よいでしょう。また，テーマは植物や医学，経済学，心理学，歴史などの頻出分野であれば，同時に知識も得ることができるため，TOEFL 対策には最適です。

しかし，最初から難しい英文を読むのはなかなか大変なことです。あまり興味のない分野のものを無理して読み続けることはモチベーションの低下にもつながりかねません。英語は「継続」することもとても大切ですから，まずは必ずしも TOEFL の形式や傾向にこだわらず，自分の好きな，興味のある英文を読むことから入るのがよい勉強法です。

たとえば英字新聞のコラムなどでもよいでしょう。または英語の小説など，ストーリー性があって読み進めたくなるものを活用するのも 1 つの方法です。最近では，インターネットなどを活用すれば容易に英語の文献を見つけることができますから，読む素材には事欠きません。興味のある語などで検索をすれば，さまざまな英文が見つかるでしょう。

英文のレベルが TOEFL レベルか，という点も最初はあまり気にしなくてもよいでしょう。特にあまり英語に自信がない方は，少し簡単な英文から入るほうが続けやすいはずです。少し慣れてから，より難しいものや TOEFL 対応の英文を読んでいきましょう。

重要な点は自分が「続けられる」と思うものを選ぶことです。興味を持って積極的に取り組める勉強法を見つけてください。

要約

ここでは要約問題を攻略していきましょう。英文全体に対する理解度が問われる要約問題では，英文の「最大公約数」のような内容の選択肢を選ぶということが重要です。

Approach

❶英文と選択肢のずれを確認する

間違いの選択肢の中には本文の内容とずれている部分があります。しっかりと英文の内容を理解しておき，ずれているポイントを探す読み方をしていきましょう。特に原因と結果が合っていないといった因果関係のずれなどは一見正しそうに見え，間違いやすいので注意しましょう。

❷英文全体に共通するものを選ぶ

①以外に間違いの選択肢として多く，またひっかかってしまいやすいのが，本文では確かに述べられているが，英文全体ではなくその一部についてしか述べていないというものです。「要約」であるためには英文全体の内容を広くまとめている必要があります。よって，正解となるのは少し抽象的な内容や幅広い内容を含む選択肢が多いと考えられます。英文の一部しか述べていない選択肢や詳細すぎる情報，また重要ではない些末な内容は正解になる可能性が低いと考えておきましょう。

それでは，実際に問題を解いてみましょう。

Exercise

次の英文を読んで，問題に解答しましょう。 015

Today there are a number of ways to enjoy music, most of which depend on some forms of recorded format, from records and CDs to electronic data. Sound recording underwent a long process from its early inventions to the widespread popularity of phonograph LPs from the 1940s onward. Although we see it now as a revolution, the advent of recorded and mass-produced music was greeted with skepticism and even fear by the musicians of the late 19th and early 20th centuries.

The earliest known sound recording device was invented by French printer and bookseller Édouard-Léon Scott de Martinville. While viewing drawings of auditory anatomy, he became interested in finding a means to transcribe vocal sounds. The device he patented in 1857, the phonautograph, was able to produce visual images of sounds using a stylus and paper or other surface coated in lampblack from lamps. However, no machine could both record and reproduce sound until the phonograph invented by Thomas Edison in 1877. Edison's machine used cylinders wrapped in heavy tin foil to record the sound of the voice. However, the initial technology did not work as well as he had hoped, and it wasn't until a decade later that Alexander Graham Bell would improve on the technology, using wax instead of foil.

In the early 1890s, two machines, a graphophone invented by Bell and the phonograph invented by Edison, were being sold to offices as dictation machines. This approach did not prove to be lucrative, but when the new business model of public amusement venues was conceived, the inventors found a way to make money off their devices. Soon coin-operated music players were made available in public arcades, where people would gather and listen to music or comedy records. While Edison was interested in manufacturing a home model of his phonograph, problems with compatibility with the various types of phonographic media, as well as a surge in similar devices being produced by aspiring inventors, made this difficult. The invention by German immigrant Emile Berliner of the gramophone player and the flat recording disc, which was durable and could easily be mass-produced, opened the doors for home sound enjoyment.

Although they were greeted with enthusiasm, records were not an out-of-the-box sensation among the general public. Sales grew steadily from 4 million in 1900 to over 100 million by 1920, yet sheet music remained the dominant form of distribution for popular music. Many performing musicians saw records as a novelty and a waste of their time, and some made records only to promote their sheet music. Early record manufacturers did not pay royalties to artists, so artists had little interest in taking the time to make records. What is more, John Philip Sousa, one of the most popular American composers of the turn of the century, worried that records would threaten music as a whole, making people less motivated to learn how to play musical instruments.

It was the jazz craze of the 1920s that breathed new life into the mass popularity of records, as well as their value to music as a whole. Until jazz broke out in the clubs of big cities such as Chicago and New Orleans around 1917, most of the music heard on records was of genres with which people were already familiar. Jazz, however, was a sensation that many music fans had never heard. To respond to the great public demand for recordings of this bold new form of music, record companies like Okeh and Columbia began promoting records in the 1920s. They not only sold in the millions, but also inspired musicians to copy and develop the sounds they heard on the records – just the opposite of what John Philip Sousa had predicted.

Directions: An introductory sentence for a brief summary of the passage is provided below. Complete the summary by selecting the THREE answer choices that express the most important ideas in the passage. Some answer choices do not belong in the summary because they express ideas that are not presented in the passage or are minor ideas in the passage.

This passage discusses the origins of sound recording and the process by which it became popular.

Answer Choices

Ⓐ Lampblack and tin foil were not reliable methods for sound recording, though they would be used for several years.

Ⓑ Alexander Graham Bell's graphophone was sold to offices as a dictation machine, though it did not make a lot of money.

Ⓒ A French printer inspired by anatomy drawings invented the first sound recording machine, but Edison's phonograph was the first to both record and reproduce sound.

Ⓓ Record companies quickly acted to capitalize on the trends of popular music recorded by composers such as John Philip Sousa.

Ⓔ Sound reproduction machines finally became popular among the general public after they were used in places of amusement.

Ⓕ Sheet music remained the most popular way to sell music until new kinds of music such as jazz made people want to buy recordings.

Answer

全訳

今日では，音楽を楽しむための方法はたくさんあるが，そのほとんどは，レコードやCDから電子データまで，ある種の録音された形式に依存している。録音は，その初期の発明から，1940年代以降の蓄音機のLP盤の幅広い人気まで，長い道のりを経てきた。今でこそ私たちはそれを革命と考えているが，録音され，大量生産された音楽の出現は，19世紀後半から20世紀初頭の音楽家たちによって，懐疑のみならず畏怖をもって迎えられたのだ。

知られている限り最も初期の録音装置は，フランス人の印刷技師で書籍商でもあったエドアール・レオン・スコット・ドマルタンビルによって発明された。耳の解剖図を眺めているうちに，彼は声音を書き取る方法を見つけることに興味を抱くようになった。1857年に彼が特許を取得した装置，フォノートグラフは，鉄筆と紙または別の物の表面にランプのすすを塗布したものを使って，音の視覚画像を作り出すことができた。とはいえ，1877年にトーマス・エジソンが蓄音機を発明するまで，音の記録と再生の両方ができる機械はなかった。エジソンの機械は，音声を録音するのに，重いすずの箔を巻きつけた円筒を利用していた。しかし，この最初の技術は彼が望んでいたほどうまくは機能せず，10年後になってようやく，アレクサンダー・グラハム・ベルが箔の代わりにろうを使ってその技術を改良することになる。

1890年代初期には，ベルが発明したグラフォフォンとエジソンが発明した蓄音機の2つの機械が，口述録音機として事務所向けに販売された。このやり方は利益を生まないことが判明したが，人が集まる娯楽施設という新たなビジネスモデルが考え出されると，発明家たちは自分たちが作る装置で金を稼ぐ手段を探り当てた。まもなく硬貨を入れて動かす音楽再生機が公共用歩廊で利用されるようになり，そこでは人々が集まって音楽や喜劇の録音を聞いた。エジソンは自身の蓄音機の家庭用機種を製造したいと考えていたが，さまざまな種類がある蓄音機用の媒体との互換性の問題や，意欲的な発明家たちによって作られた類似の装置の急増によって，それは難しくなっていた。ドイツ系移民であるエミール・ベルリナーが発明した蓄音機と平らな録音盤は，丈夫なうえに容易に大量生産することができ，家庭で音楽を楽しむことへの扉を開いた。

レコードは大歓迎されたものの，一般の人々の間では独創的なものとして大騒ぎになるほどではなかった。売上枚数は1900年の400万枚から1920年までには1億枚を超えて着々と伸びたが，依然として楽譜が大衆向けの音楽の主な販売形態だった。多くの演奏家たちは，レコードをもの珍しいおもちゃであり時間の無駄だと考えており，自分たちの楽譜を宣伝して売り込むためだけにレコードを作る者もいた。初期のレコード製造業者たちは演奏家らに印税を払わなかったので，彼らはレコードを作るのに時間をかけることにほとんど関心を示さなかった。さらには，世紀の変わり目の最も人気のあるアメリカ人の作曲家の1人，ジョン・フィリップ・スーザが，レコードは人々に楽器の演奏方法を学ぼうという気持ちをなくさせて，総じて音楽を脅かすことになるだろうという懸念を示した。

レコードへの大衆の人気と，音楽全体に対するその価値に新たな生命を吹き込んだのは，1920年代のジャズの熱狂的な流行だった。1917年前後にシカゴやニューオーリンズといった大都市のクラブにジャズが出現するまで，レコードで聞かれる音楽の大部分は，人々がすでに聞き慣れた部類のものだった。ところがジャズは，多くの音楽の愛好者たちがそれまで聞いたことのない衝撃だった。この力強く奔放な新しい形の音楽の録音を求める大衆からの大きな需要に応えるために，オーケーやコロムビアなどのレコード会社は1920年代にレコードの販売促進を始めた。彼らは何百万枚も売り上げただけでなく，音楽家たちに彼らがレコードで聞いた音を真似し，発展させるよう刺激を与えたのだ。つまり，ジョン・フィリップ・スーザが予言していたこととは全く逆のことが起こったのである。

正解 Ⓒ, Ⓔ, Ⓕ

本文の簡単なまとめの導入文が下に与えられています。本文の最も重要な考えを述べている選択肢を３つ選んで, 要約を完成させなさい。いくつかの選択肢は, 文章で述べられていないか, もしくは重要な考えではないため, 要約には含まれません。

この一節は, 録音の起源とそれが普及していった過程を論じている。

Ⓐ ランプの油とすず箔は数年の間利用されていただろうが, 録音には信頼に足りる方法ではなかった。

Ⓑ あまり儲けがあがらなかったが, アレクサンダー・グラハム・ベルのグラフォフォンは, 口述録音用の機械として事務所向けに販売された。

Ⓒ 解剖図に触発されたフランス人の印刷技師が初めての音を記録する機械を発明したが, 最初に音の記録と再生の両方を行ったのはエジソンの蓄音機だった。

Ⓓ レコード会社は, ジョン・フィリップ・スーザなどの作曲家たちによって録音された人気音楽の流行から利益を得るために, いちはやく行動した。

Ⓔ 音の再生機は, 娯楽施設で利用された後に, ようやく一般の人々の間に広まった。

Ⓕ 楽譜は, ジャズのような新しい種類の音楽が録音されたレコードを人々に買いたいと思わせるまで, 音楽を販売する最も一般に普及した方法であり続けた。

解説 この問題は要約問題ですから，**全体に共通する選択肢を選ぶことがポイント**となります。**まずこの英文のトピックを確認**しましょう。録音の起源からレコードの普及に至るまでの過程，すなわち，「どのようにして録音技術が発展・普及していったのか」を中心に構成されています。次に，各選択肢がこの過程における重要な段階や，できごとをまとめたものかを検証します。それからずれている選択肢は正解になりません。Ⓐ「信頼に足る」かどうかは，本文で記述がありません。Ⓑ 口述録音機の事務所向け販売の話は本筋ではないため，不適切です。Ⓒ 録音技術開発のきっかけについて説明しているので，正解です。Ⓓ レコード会社がいちはやく行動したという内容が本文と異なるため，不適切です。Ⓔ，Ⓕ 本文のトピックである「録音技術がどのように発展・普及していったか」について正しく述べているので，正解です。Ⓔ 録音された音楽を楽しむことがどのように民衆の間で広まったかをまとめています。Ⓕ レコードという録音形態が，一般に普及した過程を述べています。

Vocabulary

- □ **undergo** = ～を経験する
- □ **onward** = 前方へ，先へ
- □ **auditory** = 耳の，聴覚の
- □ **transcribe** = ～を書き表す
- □ **stylus** = 鉄筆，針
- □ **tin** = すず
- □ **lucrative** = 利益のあがる，儲かる
- □ **compatibility** = 適合性，互換性
- □ **aspire** = 熱望する
- □ **sensation** = 大騒ぎ
- □ **novelty** = 目新しいもの
- □ **genre** = ジャンル
- □ **phonograph** = 蓄音機
- □ **skepticism** = 疑い，懐疑
- □ **anatomy** = 解剖，解剖分析
- □ **patent** = ～の特許を取る
- □ **cylinder** = 円筒
- □ **foil** = 金属の薄片，金属箔
- □ **venue** = （イベントなどの）開催地
- □ **surge** = 高まり，うねり，高潮
- □ **enthusiasm** = 熱中，熱狂
- □ **dominant** = 優勢な，主要な
- □ **royalty** = 印税，著作権使用料

Another Approach

要約問題は前述の通り，**英文全体に共通するものを選ぶ**というのが重要なポイントです。よって正解の選択肢はその性質上，**抽象的な内容，幅広い内容を含む選択肢が多くなる**ということも **Approach** で説明しました。ここでは，正解になりにくい「英文のうち一部のみに着目」していたり，「詳細すぎる」選択肢の特徴をご紹介しましょう。

Exercise の Ⓑ の選択肢から考えてみましょう。a graphophone invented by Bell ... were being sold to offices や This approach did not prove to be lucrative といった記述が本文中にあり，事実を正しくまとめてあります。しかし，要約で問われていたのは「録音の起源とそれが普及していった過程」であり，その観点から考えると本筋から外れていることがわかります。このように，TOEFL では選択肢の内容の真偽だけでなく，それが要約としてふさわしいかもあわせて検討していきましょう。

また，個人名や商品の名前などの固有名詞をたくさん含んでいる選択肢も，それだけ細かな内容に踏み入っていると考えると，要約とは呼びづらいでしょう。あるいは，挙げた固有名詞とそれに対応する説明が食い違っていることもよくあります。今回の Exercise では Ⓓ のような選択肢がその例でした。

細かい情報をしっかりと理解することと，大意を把握することの両方の意識を持って読み進めるとよいですね。

MEMO

Listening Section

概要

テストの流れ

❶英文を聞く

会話や講義，議論が行われている写真が表示され，音声が流れます。設問で音声が繰り返される場合を除き，音声は一度しか流れません。

講義の場合，最初の画面にBiologyなどの学問分野が表示されます。また，途中でキーワードや専門用語が表示されることもあります。

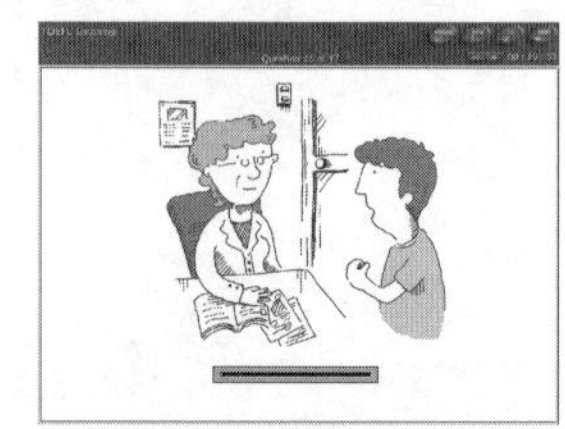

❷選択問題

4つの選択肢から正しいものを1つ選ぶ問題です。設問と選択肢が表示され，設問が音声で流れます。正しい選択肢の ○ をクリックして解答します。次に NEXT をクリックし，さらに OK をクリックして解答を確定します（解答を終えた問題には戻れません）。2つ以上を選択する問題では ○ ではなく，□ をクリックして解答します。

選択問題では，主題・発言の意味を問う問題や詳細問題，推測問題，構成理解問題などが出題されます。なお，設問は音声を聞いた後に1問ずつ表示されます。先に設問全体を見ることはできません。

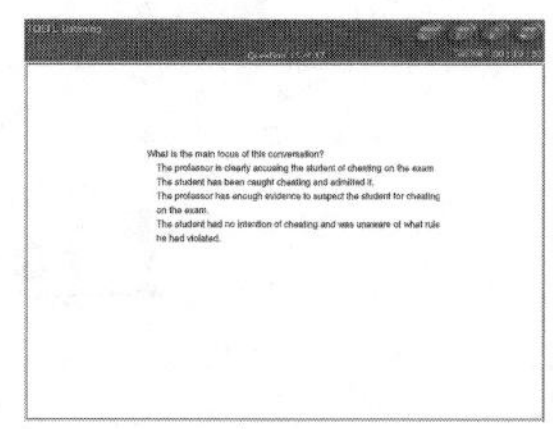

❸表問題

Yes か No かを解答する表形式の問題では，空欄をクリックし，チェックマークを表示させて解答します。

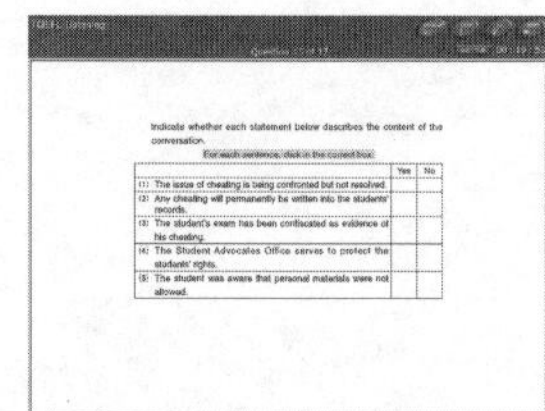

設問形式

問題数	講義：3題または4題 会話：2題または3題
設問数	講義：各6問 会話：各5問
解答時間	41分程度または57分程度 講義：3〜5分程度 会話：3分程度

Listening Section 共通攻略法

リスニングセクションにおいては「流れる英文の重要なポイントを書き留めておくことができれば，設問が非常に解きやすくなる」ことは明らかです。しかし，問題はそのポイントをどのように判別するか，ということです。リスニングではリーディングとは違い，後戻りして聞き直すことはできません。つまり，**あらかじめポイントをおさえて聞く準備**が必要です。順を追って，この準備をしていきましょう。

まず聞き取るべき要点とは何かを確認しましょう。これは言うまでもなく**新情報，つまり「聞き手が新たに知ること」**です。すると次に，その新情報はいつ言われるのかが問題となります。これに対する答えが最も重要ですが，一般的には**1つの文の中では後半が新情報であることが多い**と覚えておいてください。

たとえば次の2つの例文を見てください。簡単な英語で比べてみましょう。

① She likes shopping. She goes to Ueno when she goes shopping.

② She likes shopping. When she goes shopping, she goes to Ueno.

これらのうち，より自然な文章はどちらでしょうか。おそらく，②だと感じる方が大半でしょう。この例文では1文目における新しい情報は shopping，もしくは likes shopping ですね。これを受けて続く2文目では，shopping はすでに1文目で知った情報で，古い情報（旧情報）だと言えます。2文目において追加したかった新情報は goes to Ueno でした。すでに述べた情報を糸口に，後から情報を付加する流れが理解できたでしょうか。

実はこの「後半で重要なことを言う」という話し方は日本語でも同様だと言えます。普段の日本語での会話でも，いきなり新しいことを話し始めると，唐突な印象になってしまいます。逆に「〜と言えば，」など，すでに出てきた話に目を向けてから新しい情報に入ると，話がスムーズだと感じた経験はないでしょうか。

このような話し手のリズムを意識して，後半の新情報を中心にノートテイキングをするように心がけましょう。そうすることでやみくもに「すべてを書き取らなくては！」という焦りもなくなり，集中して問題に取り組むことができるでしょう。

また，TOEFL では，さまざまな分野の学問が扱われます。これらは専門的な内容ですが，特殊な背景知識がなくても文章中で解説されますので，新しい情報を聴きながら，理解・整理していくことが重要です。リスニングの講義では，最初の画面で学問分野が表示されます。以下は学問分野を表す英単語の一覧です。幅広い専門分野がありますので，すべて覚える必要はありませんが，大学で研究されている学問に興味を持つ一助としてください。

□ genetics	遺伝学
□ accounting	会計学
□ oceanography	海洋学
□ volcanology	火山学
□ petrology	岩石学
□ environmental science	環境学
□ geometry	幾何学
□ meteorology	気象学
□ pedagogy	教育学
□ science of public administration	行政学
□ economics	経済学
□ macroeconomics	マクロ経済学
□ microeconomics	ミクロ経済学
□ business administration	経営学
□ metaphysics	形而上学
□ linguistics	言語学
□ archaeology	考古学
□ sociology	社会学
□ the study of social welfare	社会福祉学
□ the science of religion	宗教学
□ theology	神学
□ psychology	心理学
□ anthropology	人類学
□ applied mathematics	応用数学
□ algebra	代数学
□ politics	政治学
□ biology	生物学
□ ecology	生態学
□ bioethics	生命倫理学

□ geology	地質学
□ seismology	地震学
□ geography	地理学
□ philosophy	哲学
□ quantum mechanics	量子力学
□ fluid dynamics	流体力学
□ astronomy	天文学
□ botany	植物学
□ zoology	動物学
□ paleontology	古生物学
□ marine biology	海洋生物学
□ thermodynamics	熱力学
□ criminology	犯罪学
□ literature	文学
□ logic	論理学
□ ethics	倫理学
□ bionics, biotechnology	生物工学
□ chemistry	化学
□ immunology	免疫学
□ hygiene	衛生学
□ psychiatry	精神医学
□ forensics	法医学
□ anatomy	解剖学

主題

このセクションで必ず出題される問題の1つが,「主題」に関する問題です。つまり,全体的な内容を問う問題です。難易度はそれほど高くないので,しっかりと対策をして,確実に点数を取れるようにしましょう。

Approach

❶導入部分に注意する

会話や講義,議論で「何について話されているか」という主題(main idea)を問う問題が出題されたら,「主題はパッセージの頭にあることが多い」ということを思い出しましょう。したがって,導入部分は特に集中して聞き,メモをとることが大切です。

❷全体に共通していることを選ぶ

主題を問う問題なので,全体に共通する内容の選択肢を選ぶことが求められます。したがって,そのパッセージの中で「何が中心に話されているか」ということを念頭にメモをとりましょう。

❸細かい情報が述べられている選択肢は選ばない

主題を問う問題は全体の内容に関する問題なので,必然的に正解の選択肢は広い意味のものとなります。よって,細かな情報に言及している選択肢は正解になりません。

❹話の方向性をつかむ

主題をつかめたら「話の方向性」に注意します。主題に関してどのように話が展開されているか,その流れを理解できればこのタイプの問題は容易になります。

以下で，主題を問う場合の質問文パターン例を確認しておきましょう。

・Why -------?
・What is the purpose of ～?
・What is the main idea of ～?
・What is the topic of the ～?
・What is the subject of ～?

それでは，実際に問題を解いてみましょう。

Exercise 1

問題

次の会話を聞きながら，主題をメモしましょう。 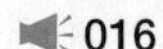 016

What is the topic of this conversation? 017

(A) Asking about what time the gym can be used
(B) Asking about who can use the gym
(C) Asking about how to be a member of the gym
(D) Asking about how to be a trainer of the gym

Answer

スクリプト　016

Listen to a conversation between a university gym employee and a student.

Gym employee：Good morning, **how may I help you?**

Student：Well, **I'd like to join the gym**.

G：Good for you! Are you a student at the university?

S：Yes. Here is my student ID card.

G：Excellent! That means you qualify for a student discount.

S：**How much will I need to pay?**

G：**That depends on how often you use the gym and the length of your commitment**. Let's say you want to come during peak hours, which is 6 a.m. to 9 a.m. in the morning, and 5 pm to 9 pm in the evening. If you sign up for a year, then we will waive your membership fee and you pay $10 each month.

S：That's quite a deal. I used to work out at a regular gym and they charged me $40 each month. But I don't think I want to come during peak hours. What if I work out during the non-peak hours?

G：If you want to use the gym during the non-peak hours, that means it will be only $5 each month and you will not need to sign up for a year. Instead, you can pay month by month. However, there is a nominal membership fee of $25, payable each year.

S：I think I'll go with the latter. **Before I sign up, could you give me a tour of the facilities?**

G：No problem, I was going to suggest that, but you beat me to it. Come on over, right here, you'll see our state-of-the-art equipment, starting with the treadmills.

S：I'd like to run, so I'll be using the treadmills a lot.

G：Yes, you can also see that each piece of equipment has a built-in remote control for the television. You just need to bring your own earphones, plug them in, select the channel and voila! You'll be able to watch television.

S：I see. What about the cross-trainers? Those are also a favorite of mine.

G：We have 20 of them. They are new and redesigned for a better ergonomic fit. No more straining or stretching! These fit most body types perfectly.

S : Impressive! **Does the university gym have a steam room or sauna?** I find it relaxing to go to the steam room or sauna after a good workout. It cleanses the pores too.

G : Indeed, we do. The steam room was, in fact, just renovated. We have a co-ed steam room and sauna, so bathing suits are required. **However, for an extra $5 each month, we will give you access to the VIP room**, which has private steam rooms, so you can skip the bathing suit.

S : That's great, and it's not too expensive either. **Are there any other perks to joining as a VIP?**

G : You also get the loan of towels, so you don't need to bring your own. In addition, the VIPs have access to personal hygiene products, such as spray deodorants and hair gel. There are hair dryers too.

S : So many perks! The other gyms don't even come close. **Can my family also get memberships**?

G : Certainly! Your immediate family members, such as your wife, children and parents can get affiliate memberships and pay the same price as students. **You just need to fill in the forms for them**. **Then the first time that they visit the university gym, they need to take a photo for the database and obtain their key fobs**. These fobs are scanned each time they visit the gym, so that we can identify them correctly.

S : That's great! **I'm going to sign up right now**. Here is my credit card.

全訳

大学のジム係員と学生の会話を聞きなさい。

ジム係員：おはようございます。**どのようなご用件ですか**。

学生：ええと，**ジムに入会したいのですが**。

G：いいですね！ 大学の学生さんですか。

S：はい。これが私の学生証です。

G：よかった。それなら学生割引が受けられます。

S：**いくらお支払いすればよいですか**。

G：**ジムを利用する頻度と，契約期間の長さによって異なります**。たとえば，朝6時から9時の間と夕方5時から9時の間のピーク時に利用するとしましょう。1年契約にすると入会金は不要で，１カ月 10 ドルです。

S：それは得ですね。以前，普通のジムでトレーニングしていたのですが，１カ月 40 ドル払っていましたよ。でも，ピーク時には利用しないと思います。ピーク時以外の時間帯にトレーニングするとしたらいくらですか。

G：ピーク時以外の時間帯にジムをご利用の場合，１カ月たったの５ドルです。１年契約にする必要もありません。その代わり，支払いは月払いになります。ただ，少額ですが25ドルの入会金があり，それを１年ごとに払うことになります。

S：ピーク時以外の方にします。**契約の前に，施設を見せていただけますか。**

G：もちろんです。お勧めしようと思っていたところですが，先に言われてしまいましたね。こちらへどうぞ。最新の器具が揃っているのがご覧いただけます。まずはランニングマシーンです。

S：走るのが好きなので，ランニングマシーンはよく使うと思いますよ。

G：ええ，各器具にはテレビのリモコンも内蔵されているのがご覧いただけると思います。イヤホンを持ってきて，そこにつないで，チャンネルを選ぶと，ほら！ それでテレビが見られます。

S：なるほど。クロストレーナーはありますか。クロストレーナーも大好きな器具なので。

G：20台あります。これらは新しいもので，体に合うようにデザインも一新されています。これなら体を痛めたり，無理に伸ばしたりするようなこともありません。ほとんどの人の体にぴったり合います。

S：すごいですね！ ここには**スチームルームかサウナはありますか。**よい運動の後にはスチームルームかサウナに行くとリラックスできるんです。毛穴もきれいになりますし。

G：ありますよ。実は，スチームルームをちょうど改装したところなんです。スチームルームとサウナは男女兼用ですので，水着を着用してください。でも，**毎月５ドルの追加料金で，VIPルームをご利用いただけます**。VIPルームには個人用のスチームルームがあるので，水着の着用は必要ありません。

S：素晴らしいですね。そんなに高くないですし。**VIP会員に申し込んだら，他に何か特典はありますか。**

G：タオルもレンタルできますので，持参しなくても大丈夫です。それに，VIP会員になるとデオドラントスプレーやヘアジェルなどの個人用の衛生用品も使えますし，ドライヤーもありますよ。

S：特典がたくさんありますね！ 他のジムではこうはいかないでしょう。**家族も会員になれますか。**

G：もちろんです！ たとえば奥さま，お子さま，ご両親のような近い関係のご家族の方でしたら家族会員になれますし，料金は学生と同じです。**ご家族のために申**

し込み用紙にご記入いただくだけです。そして，ご家族が大学のジムを初めてご利用になる時に，データベースのために写真を撮って，キーホルダーを受け取っていただきます。毎回ジムを利用する際に，そのキーホルダーをスキャンすれば，誰が利用しているかこちらも確認できますので。

S：いいですね！ 今すぐ申し込みます。これが私のクレジットカードです。

正解 Ⓒ 017

この会話の主題は何ですか。

Ⓐ ジムが利用できる時間を尋ねている

Ⓑ 誰がジムを利用できるのかを尋ねている

Ⓒ ジムの会員になるにはどうしたらよいのかを尋ねている

Ⓓ ジムのトレーナーになるにはどうしたらよいのかを尋ねている

解説 まず，導入部分で言われていることに着目します。学生は I'd like to join the gym. と言っていて，ジムの会員になるためにはどうしたらよいかということが話題の中心となっているので，正解は Ⓒ になります。Ⓐ 利用時間についても触れられていますが，これは前半部分のみの話題なので不適切です。Ⓑ 誰がジムを使えるかについても最後で述べられていますが，全体を通した話題ではありません。Ⓓ trainer という語も出てきますが，会話では cross-trainer と言われていて，「器具」のことなので不適切です。

Vocabulary

- □ **commitment** ＝ 利用すること，支払い
- □ **Let's say ...** ＝例えば…としましょう
- □ **waive** ＝ ～を差し控える
- □ **What if ...?** ＝…だとしたらどうなりますか
- □ **nominal** ＝ ごくわずかの
- □ **state-of-the-art** ＝ 最新式の
- □ **ergonomic** ＝ 人間工学的な効率を考えた，労力が最小になるような
- □ **cleanse** ＝ ～を清潔にする
- □ **pore** ＝ 毛穴
- □ **co-ed** ＝ 男女混合の
- □ **perk** ＝ （**perquisite** の略式）特典
- □ **hygiene** ＝ 衛生
- □ **immediate** ＝ 一番近い，即座の
- □ **fob** ＝ キーホルダー

Exercise 2

問題

次の講義を聞きながら，主題をメモしましょう。 018

Political Science	landmine

What is the main focus of this discussion? 019

Ⓐ The dangers and risks involving millions of hidden landmines to the people

Ⓑ Strategies and advanced techniques to search and destroy landmines

Ⓒ Preventative measures to protect the civilians from the dangers of landmines

Ⓓ The inhumane clearing of the landmines and its effect to the innocent

Answer

スクリプト 018

Listen to part of a lecture in a political science class.

Professor : As you all may be aware, **landmines are explosive traps** used to stop enemies in their tracks or to keep them out of restricted territories. **Landmines are still present in countries** such as Cambodia, Iraq, Afghanistan, Bosnia and Herzegovina, Chad and Croatia. In fact, **the Landmine Monitor estimates around 15,000 to 20,000 casualties each year**. As striking as they may be, **these landmines have generated cases so tragic** that many countries are currently working towards a global ban on them. Yes, Peter?

Peter : I heard that **landmines have killed or maimed a lot of innocent civilians**, especially children. Many children are most likely to die because they might be too young or illiterate to read the warning signs. Plus, they are naive and may not be able to recognize a landmine even when they see one.

Pr : That's right, Peter. Even today, **there are plenty of undiscovered landmines left over** after wars, **the tragic part of this is, their whereabouts are unknown**. Up to now, did you know that **there are still over 100 million undiscovered landmines in 70 countries**, found hidden in fields, farms, roads and even bridges. Yes, Diane?

Diane : Are there any ways to protect these children from the landmines?

Pr : Well, yes and no. It is crucial for children living in high-risk areas to be educated on **the dangers of the landmines**, using simulation role-play and precautions. However, children are naturally curious and will be attracted to strange, colorful and interesting objects and that's the primary reason why children are not able to resist picking up and playing with these funny-shaped "toys"; for example, many children in Afghanistan have stumbled upon the butterfly-like landmines laid out in millions by the former Soviet Union forces.

Chris : Sir, I read somewhere that children living in areas which are heavily covered with mines become so used to them that it becomes a game for them to detonate a mine. One game is to throw stones at a butterfly mine and the winner is the one who succeeds in getting the mine to explode.

Pr：Yup, you're right, Chris. Sad but true. Children have gotten so used to seeing mines around that **they have forgotten about their dangerous side**. Children have made round mines into wheels for toy trucks and played Boules, a type of lawn bowling, with B40 mines. In other circumstances, children who survive mine accidents have deep physical and emotional scars, I mean children normally grow up and help financially to support the family but with a maimed child, it becomes hard for him or her to get a decent education or learn skills important for the future. What other factors do landmines attribute to? Emma?

Emma：Could it be harmful to the natural surroundings and habitats? I mean, like to the crops and to animal habitats? You know, mines could be toxic.

Pr：Well, I am sure they are. But I was thinking more in terms of expenses.

C：Does it have to do with the clearing of landmines? In order to clear them, many experienced landmine experts will have to seek out the mines one by one and dismantle them carefully. It must be extremely expensive to carry out such a task.

Pr：Exactly, not only is it expensive to treat injured civilians but even more so, to clear areas filled with landmines. As Chris mentioned, **the clearing of landmines is a time-consuming and expensive venture**. Only the most highly trained workers are able to demine a field. These workers probe the area inch by inch, searching for buried, unmarked mines. **Any sudden movement in the wrong direction could be the death of a team member. Sadly, new mines are being planted at a faster rate than they are being cleared**. This brings us to our class assignment for today. Together with a partner, please go through this worksheet that I am handing out.

全訳

政治学の授業での講義の一部を聞きなさい。

教授：皆さんが知っている通り，**地雷は爆発性の罠**で，敵の進行を止めたり，制限区域に敵を入れないようにしたりするために用いられます。**地雷はいまだに**，カンボジアやイラク，アフガニスタン，ボスニア・ヘルツェゴビナ，チャドやクロアチアなどの**国々に現存しています**。実際，**ランドマイン・モニターの推定によ**

れば，およそ15,000人から20,000人の犠牲者が毎年出ています。目を見張るべきことかもしれませんが，これらの地雷により生じた事例があまりにも悲惨なため，現在では多くの国が国際的な地雷禁止のために動いています。ピーター，どうぞ。

ピーター：地雷は多くの罪なき民間人，特に子どもたちを殺したり，障害を残すほどの重傷を負わせたりしてきたと聞きました。子どもたちの多くは亡くなってしまうことが多いそうです。幼すぎるとか字が満足に読めないとかで，地雷を警告する標識が読めないからかもしれません。それに，子どもたちは世間知らずだし，地雷を見てもそれが何かは認識できないかもしれませんよね。

教授：そうですね，ピーター。今でも，戦争の後に残された地雷が，たくさん発見されないままになっています。悲惨なのは，それらがどこにあるのかわからないことです。皆さんご存知でしたか。現在までに，1億個以上もの地雷が70カ国で発見されないままになっているのです。それらは，野原や農場，道路や橋にまで隠されているのが見つかっています。どうぞ，ダイアン。

ダイアン：地雷からそういった子どもたちを守る方法は何かないのですか。

教授：そうですね，あると言えばあるし，ないと言えばないです。ロール・プレイのシミュレーションや予防措置を用いて，危険性の高い地域に暮らす子どもたちに，地雷の危険性について教育することは必要不可欠です。ですが，子どもは生来好奇心旺盛で，奇妙で色鮮やかなおもしろそうな物体に注意を引き付けられるものなのです。そして，それこそが主な原因となって，子どもたちはそのおもしろそうな形をした「おもちゃ」を拾い上げ，遊んでしまうのです。そうですね，例えば，アフガニスタンでは，多くの子どもたちが，旧ソ連軍によって何百万も敷き詰められた蝶々のような地雷を踏んでしまっています。

クリス：先生，どこかで読んだのですが，地雷がひどくたくさんある地域で暮らす子どもたちはすごく地雷に慣れていると。だから，地雷を爆発させるのがその子たちの間ではゲームになっているそうです。たとえば，蝶形地雷に石を投げて，地雷を爆発させた子が勝つというゲームがあるのだそうです。

教授：そうですね，クリスの言う通りです。悲しいけれど真実ですね。周りにある地雷を見ることに慣れすぎてしまって，子どもたちは地雷の危険な側面を忘れてしまっているんです。円形の地雷でおもちゃのトラックのタイヤを作り，B40地雷でブールというローンボウリングの一種の遊びをしています。他には，地雷事故を生き延びた子どもたちは，身体的・情緒的に深い傷を負っています。つまり，子どもは普通，成長し，経済的に家族を助けますが，身体的に障害を負った子どもは，適切な教育を受けたり，将来のために重要な能力を身につけたりすることが難しくなるのです。地雷が原因で他にはどんなことが起こり得ますか。エマ。

エマ：それは，自然環境や生息環境にとって有害になりませんか。私が言いたいのは，たとえば農作物や動物の生息地にとってなんですが。ほら，地雷は有毒なんじゃないですか。

教授：ええ，確かにそうですね。でも，それ以上に費用面について私は考えていたのです。

クリス：地雷を除去することに関してですか。地雷を除去するには，たくさんの経験豊富な地雷の専門家が，１つ１つ地雷を探し出して，慎重に取り除かなければならないですよね。そんな任務を遂行するためには，巨額の費用がかかるに違いありません。

教授：まさに，そうです。傷ついた民間人を治療するだけではなく，地雷原の埋めつくされた地雷を除去するのにも高い費用がかかるのです。クリスが言ってくれたように，**地雷を除去するのは時間とお金のかかる危険な事業**なのです。地雷原から地雷を除去できるのは，高度な訓練を積んだ職人だけです。そういう人たちが，印もなく埋められた地雷を探して，１インチずつ地雷原を探査するのです。**間違った方向にちょっとでも急な動きをすれば，作業チーム員に死をもたらし得る**のです。**悲しいことに，地雷が除去されるよりも速い速度で，新しい地雷が埋められています**。今日の授業の課題はこれについてにしましょう。２人組を作って，今配っているこのプリントに一緒に取り組んでください。

正解 Ⓐ　　019

この議論の主要な論点は何ですか。

Ⓐ 膨大な量の隠された地雷の人々に対する脅威と危険

Ⓑ 地雷を探し出し，破壊する戦略と先端技術

Ⓒ 地雷の危険から民間人を守るための予防策

Ⓓ 地雷の非人道的除去と，それが罪のない人々に与える影響

解説 最初に述べられている教授とピーターのやり取りが，主題をつかむ上で重要なポイントになります。教授は the **Landmine** Monitor estimates around **15,000 to 20,000 casualties** each year（ランドマイン・モニターの推定によれば，およそ15,000人から20,000人の犠牲者が毎年出ています）と述べ，ピーターは I heard that **landmines have killed or maimed a lot of innocent civilians,** especially children.（地雷は多くの罪なき民間人，特に子どもたちを殺したり，障害が残るほどの重傷を負わせたりしてきたと聞きました）と述べています。このやり取りを始めとして，全体に共通している話題は「地雷の危険性」です。したがって，正解はⒶになります。Ⓑ地雷の除去に関しては後半でしか述べられていません。Ⓒ地雷から民間人を守る方法についても後半部分でのみ述べられています。Ⓓ地雷の除去が非人道的であるという記述はありません。

Vocabulary

- □ landmine = 地雷
- □ preventative = 予防の
- □ civilian = 一般市民，民間人
- □ inhumane = 非人道的な，残酷な
- □ estimate = ～と見積もる
- □ casualty = 犠牲者，死傷者
- □ maim = ～を（障害を残すほど）重傷を負わせる，傷つける
- □ illiterate = 読み書きができない
- □ naive = 世間知らずの
- □ whereabouts = 所在
- □ crucial =不可欠
- □ precaution = 予防策，備え
- □ stumble = つまずく，ぶつかる
- □ detonate = ～を爆発させる
- □ explode = 爆発する
- □ scar = 傷
- □ decent =まともな，立派な
- □ crop = 農作物
- □ toxic = 有毒な
- □ expert =専門家
- □ dismantle = ～を除去する
- □ venture = 冒険的事業，危険な試み
- □ demine = ～の地雷を除去する
- □ probe = ～を調べる

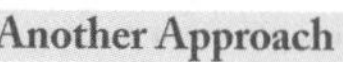

Another Approach

TOEFL のリスニングは全体的に長く，集中力を保つのが難しいですね。ここでは今回扱った主題を問う問題など，重要なところに的を絞って聞くための方法を具体例を確認しながら考えていきましょう。

まず，主題をつかむために重要なのはやはり**最初の発言**です。話の方向性をつかむためにも必ず集中して聞き取りましょう。今回も Exercise 1 では学生の最初の join the gym という発言，Exercise 2 では landmines are explosive traps といったところを確実に聞き取り，キーワードとしてメモに残しておきたいところです。

また概要でも紹介したように英語は end focus（文末焦点）とも言われ，**文の終盤に新しい情報や重要な情報がくる**ことが多い言語です。メモをとる際にも特に**話し手の 1 つの発言の後半部分に注意して聞く**とよいでしょう。たとえば，Exercise 1 において，ジムの支払い方法の話をしていましたね。学生が What if I work out **during the non-peak hours?** と尋ねたのに対し，ジム係員は If you want to use the gym **during the non-peak hours,** と相手の発言を繰り返してから，that means it will be only $5 each month and you will not need to sign up for a year. と新しい情報を付け加えていました。

このような英語の一般的な流れを意識しておくと，質問文をもし聞き逃してしまったとしても，次の文で同じような内容を受けて発言してくれる可能性があると思えば対応しやすくなりますね。

学習法アドバイス　リスニング・スピーキングに効く音読法

リスニングの力をつけるには，やはり多くの英語を聞くことが大切ですが，それ以外にもリスニング力を高めつつ，スピーキング力も向上させることのできる効果的な方法があります。それが音読です。

語彙学習でも「アウトプット」の学習が大切だったように，リスニングでも「聞く」という受身的な動作だけでなく，「声に出す」という能動的な動作がとても大切です。

また，音読が果たすもう１つの大きな役割は正しい発音の理解です。英語の発音は聞いているだけでは身につけにくいものです。実は，自分にとって発音しにくい単語というのは聞き取りにくい単語でもあり，発音を正しく体得することがリスニング力アップにもつながります。模範音声を真似て何度も音読を繰り返し，なるべく正しい発音で話せるように練習しましょう。また発音の明瞭さは Speaking Section でも評価項目の１つですから，まさに一石二鳥の訓練といえます。

具体的な音読方法は以下の通りです。

①意味を確認する

→意味がわからないものを音読してもあまり効果はありません。必ず内容を理解してから音読しましょう。

②意味を意識しながら，ゆっくり音読する

→まずはゆっくりと読んでみましょう。

③音声を聴き，抑揚や発音しにくい単語などを確認

→音声をよく聴いた後，同じように発音するつもりで音読しましょう。難しいと感じるところは，重点的に聴きましょう。

④スピードを上げて何度も音読

→実際の TOEFL のスピードについていくための練習です。自分が速く読めるようになると，同じ音声がとてもゆっくりに感じるはずです。

このような方法をさまざまな英文で何度も繰り返してみてください。口も段々と滑らかに動くようになり，リスニングだけではなくスピーキングも楽になるでしょう。

発言の意味

ここでは，リスニング中の特定の発言について，その意味を問う問題を攻略しましょう。話者が述べたあるフレーズに関して，なぜそう言ったのか，それを述べた意図は何か，などを問う問題です。

Approach

❶遠まわしの表現に注意する

この種の問題においてはほとんどの場合，遠まわしな表現が取り上げられます。直接的な表現，つまりフレーズそのままの意味は問われません。よって，問題の字面のみから判断すると間違えてしまうので注意しましょう。

❷よい意味か悪い意味かを判断する

話者がそのフレーズを述べた時，それがよい意味（ポジティブな意味）なのか，悪い意味（ネガティブな意味）なのかが文脈や声のトーンから判断できる場合も少なくありません。たとえば，前後の流れがネガティブな場面でフレーズが使われていた場合には，ポジティブな意味を持つ選択肢は消せます。これを理解しておくと，選択肢を絞り込む上での大きなヒントとなります。

❸目的を考える

話者がどういう意図をもってそのフレーズを使ったか，つまり，その目的を考えるようにしましょう。前後の文脈から話者がそのような発言をすることになった背景をつかむようにするとよいでしょう。

❹最も話の流れに合ったものを選ぶ

この問題は，ともすれば正解の選択肢を1つに絞れないこともあります。つまり，正解以外の選択肢にも正解と思える要素が含まれている場合もあります。その際は，「文脈から考えて最もふさわしいものはどれか」という観点で選択肢を選ぶようにしましょう。

では，実際に問題を解いてみましょう。

Exercise 1

問題

次の会話を聞きながら，女性の発言の意図をメモしましょう。 020

Listen again to part of the conversation. Then answer the question.

Why does the woman say this: 021

(A) She is happy he is contributing to the discussion.

(B) She is relieved he finally understands.

(C) She wants to change the subject.

(D) She is so impressed that he went there.

Answer

スクリプト 020

Listen to a conversation between two students.

Man：This is so frustrating! There are so many theories to remember for the upcoming Economics midterm. I just wish there was an easier way to digest all of the required concepts. The textbook isn't much of a help, either.

Woman：It's not so bad, you just need to get the basic gist of the terms covered in class. The professor gave us an outline of what to expect in the exam. Why don't we start by looking at the Keynesian theory? Do you know anything about it?

M：Let me see, that refers to an economy with a variety of operations that includes government and private businesses? Such an economy is preferred over a system where the market operates on its own without any help. That's all I know at the moment.

W : Yes, it's when the state, or in other words the public sector, and the private sector, which consists of profit and non-profit operations, contribute equally to boost the economy in times of trouble, such as during a depression. Keynes realized how macro level trends could control microeconomic decision-making.

M : I see. But what's the difference between micro- and macroeconomics?

W : In a nutshell, macroeconomics deals with the bigger picture, meaning it focuses on the structure, behavior and performance of an economy by looking at levels of unemployment, investment, trade, inflation and the value of goods and services produced in a country. This is also known as national income. Microeconomics, on the other hand, looks at the smaller picture such as supply and demand, household behavior and the amount of available resources or products and services that people buy.

M : You mean when these are combined, the Keynesian theory suggests that the government can work to improve the economy?

W : Exactly. Most other economists would prefer the other approach. This means that you would produce more goods. However, in doing so, you would focus on supply and not demand. Then what happens? You get falling prices as the result. Instead, the Keynesian theory concentrates on demand, which aims to increase spending, investment, consumption and export in the economy.

M : But, how will that help if no one has the money to spend during a depression? Where would the spending power come from?

W : Well, let's put it this way. If the government increases its spending and the Central Bank produces more money, then people are encouraged to spend more because there is more money available. Everyone will have the confidence to invest their money, and the economy will gradually improve.

M : I get your point. But why is there a depression in the first place?

W : A depression happens when consumers don't spend money for a reason, maybe because of a huge drop in the stock market, a sudden loss of jobs or a natural disaster, such as a hurricane or earthquake. During such times, people do not spend money because they are afraid.

Soon, nobody is spending and at the same time, money is not being earned. The economy gets trapped in a vicious cycle of people refusing to spend money; consequently many businesses go bankrupt. At that point, it's up to the government to give people the confidence to go ahead and spend money.

M：Oh right, now I remember! The Great Depression ended when World War II started. The US supplied goods and resources to the British allies, which in turn, boosted the economy. However, government spending increased when they went into the war themselves. The government had to spend huge amounts of money on defense and war supplies. Ironically, wars contribute to economic booms.

W：Wow, you're finally getting somewhere! Let's move on. What else are we going to be tested on?

全訳

２人の生徒の会話を聞きなさい。

男性：これ，ものすごくイライラするなあ！ 今度の経済学の中間試験，覚えなきゃならない理論がありすぎるよ。全部の必須概念をもっと簡単に飲み込む方法があったらいいのに。教科書もあまり役に立たないし。

女性：そんなに悪いものでもないわよ。ただ授業で出てきた言葉の基本的な要点をつかまなきゃいけないだけで。教授がどんな問題を試験に出すか，大まかな説明をしてくれたじゃない。ケインズの理論を確認することから始めない？ケインズ理論について，何か知っている？

M：ちょっと待って。ケインズ理論は，政府と民間企業双方を含むさまざまな活動のある経済のことを言う。市場が何の手助けもなしに自分で回っているようなシステムより，そういう経済は好ましいんだよね。今はそれしかわからないや。

W：そうそう。国，または言い換えると公的部門，それと，営利・非営利事業から成る民間部門が，たとえば不況なんかの苦境の時，経済の活性化に等しく貢献している場合ね。マクロのレベルでの動向がミクロ経済での意思決定をどのように統制し得るかってことにケインズは気づいたのよね。

M：なるほど。でも，ミクロ経済学とマクロ経済学の違いって何だろう。

W：一言でいえば，マクロ経済学は大きな見取り図をもっているのよね。つまり，ある経済の構造や動向，それに成果に焦点をあてているの。ある国における失業，投資，貿易，インフレ水準や，物やサービスの価値を見ることによってね。国民所得としても知られているわ。一方のミクロ経済学は，小さな見取り図なのよ。例えば，需要と供給，家計の動き，利用可能な資源や人々が購入する商品やサービスの量が挙げられるけれど。

M：こういうのが全部組み合わさった場合，ケインズ理論によると政府は景気が回復するように機能し得るってことかな。

W：まさにその通りよ。ケインズ以外の経済学者はほとんど，逆のアプローチ方法を好んだのだけど。この場合は，より多くの商品を生産するようになるでしょう。だけどそうすると，供給に焦点が置かれることになって，需要には置かれないの。そうしたらどうなる？結果として，価格の下落が起こる。そうじゃなくて，ケインズ理論では需要に集中することで，経済の中で支出，投資，消費や輸出を増やそうとするのよ。

M：でも，不況の時，使えるお金がある人がいなかったら，それが何の役に立つんだい？その支出の力ってどこからくるのかな。

W：まあ，こういうふうに考えましょうよ。もし政府が支出を増やして，中央銀行がもっとお金を生み出したら，人々もお金をもっと使うように促されるわね。だって，利用できるお金が増えているんだから。みんな自信をもって自分のお金を投資できるだろうし，景気も次第に回復するわ。

M：なるほどね。でも，そもそもなんで不況は起こるの？

W：不況は消費者がある理由のためにお金を使わない時に起こるの。たぶん，株式市場の大幅な下落とか，突然の失業とか，ハリケーンや地震なんかの自然災害とかが原因ね。こういう場合には，人々は怖がってお金を使わない。そうするとすぐ，誰もお金を使わなくなると同時に，お金を得られなくなるの。人々がお金を使うことを拒むという悪循環に経済が陥って，その結果，多くの企業が破産してしまう。その時，思い切ってお金を使う自信を人々に与えるのも，政府次第なのね。

M：なるほど，今，思い出した！ 大恐慌は第二次世界大戦が始まると終わりを告げたんだった。アメリカはイギリス同盟国に物資を供給し，その代わり経済が押し上げられた。だけど，アメリカ自身が参戦すると同時に政府の支出も増えた。政府は防衛と戦時補給のために多額のお金を使わなければならなかったんだ。皮肉なことだけど，戦争は経済の好況に貢献するんだね。

W：わあ，やっとわかってきたじゃない！ 次に進みましょう。他にどんなことが試験に出るかしら。

正解 Ⓑ 021

会話の一部をもう一度聞き，質問に答えなさい。

（スクリプト・訳の下線部参照）

なぜ，女性はこう言っていますか。（　　参照）

Ⓐ 彼女は彼が議論にのってきているのがうれしい。

Ⓑ 彼女は彼がついに理解したので安心している。

Ⓒ 彼女は話題を変えたい。

Ⓓ 彼女は彼がそこへ行ったことにとても感動している。

解説 発話者の意図や発言の意味を問う問題は**間接的な表現が取り上げられるので，問われている表現と字面が同じ選択肢は注意が必要です。**Ⓓの文字通りの went there は，話の流れに合いません。また，女性の声のトーンや会話の流れから，よい意味でこのフレーズを言っていることがわかります。Ⓒ「話題を変えたい」ということは悪い意味になるので，消去できます。したがって，ⒶかⒷに絞れます。会話の流れを見ると，男性が Oh right, now I remember! と言って，その後に自分が思い出したことを述べています。つまり，男性が，内容を理解したことが推測できます。よって，正解はⒷになります。

Listening

Vocabulary

□ frustrating = いらだたしい	□ upcoming = やがてくる
□ gist = 要点，要旨	□ Keynesian theory =ケインズ理論
□ boost = ～を上げる，～を高める	□ depression = 不況，うつ病
□ in a nutshell = 簡単に言えば，つまり	□ microeconomic = ミクロ経済の
□ unemployment =失業	□ investment =投資
□ inflation = インフレーション	□ supply and demand = 需要と供給
□ household = 世帯，家族	□ confidence = 信頼，信用，自信
□ stock market = 株式市場	□ vicious = 悪い，悪意ある
□ bankrupt = 破産した	□ ally = 同盟国

Exercise 2

問題

次の講義を聞きながら，教授の発言をメモしましょう。 022

Health	Aboriginal

1 Listen again to part of the lecture. Then answer the question. 023

What is the professor's attitude towards male physicians?

(A) She doesn't mind them, but feels that women doctors are more friendly.

(B) She doesn't trust them, and prefers not to be examined by them.

(C) She feels it's better to be safe than sorry by having a male doctor.

(D) She holds no grudge against them, but feels less safe with male doctors.

2 Listen again to part of the lecture. Then answer the question. 024

Why does the professor compare women in poverty with women with higher incomes?

(A) To show how women with a higher income will not care about access to medical care

(B) To explain why women in an impoverished state have more difficulties related to health

(C) To indicate that all women, either rich or poor, have a choice to seek medical attention or not

Ⓓ To show how the intention to get medical checkups differs between the rich and the poor

Answer

Listen to part of a lecture in a health class.

Professor：

Well, I have a special interest in this topic because it involves my own upbringing. My childhood residence was near an aboriginal reserve and many of my friends were Aboriginal. In government and community health initiatives that target breast cancer, this group of women has been disregarded and ignored on a continuous basis.

North American research has shown that breast cancer in women from aboriginal communities is growing rapidly. It is a disease that kills at a fast pace.

The Aboriginals were originally the native people of Canada. They were mostly nomads. They hunted and gathered their food, living a very different lifestyle from the Europeans. In terms of medicine, historically, the Aboriginals treated health in four ways. That is, a person was made up of four parts, physical, emotional, spiritual and mental. The balance of these four parts contributed to the person's health. Any illness was a sign from the heavens for people to reexamine these four parts.

So you see, today, the Aboriginals do not trust our screening and treatment processes because they feel that they address only one part of their being. Western medicine does not take into consideration the spiritual, mental and emotional. They also feel that screening is a Western concept that is forced onto them without taking their healing culture into consideration. There is a lot of worry that discussion about diseases and preventative screening will result in illness. In other words, if you look for sickness, you will get sick. It's kind of like cursing yourself.

Secondly, there is a fear of touch. I'm not the type of person that likes to hug or kiss strangers. But their fear of touch is different. That is because many Aboriginals were forced into residential schools as children. Historically, there was sexual abuse of the children in these residential schools. As a result, **many Aboriginal women are afraid of physical examinations, especially of private body parts, from a doctor, especially a male physician**. This is a sensitive issue for many women nowadays. My doctor is a woman too. I mean, **I, I have nothing against male doctors but, well, it's all in the mind**, you know? Well, anyway, I really believe that these factors need to be addressed and taken into consideration in the development of breast health programs for Aboriginal women. I would suggest the use of alternative medical terms that do not indicate disease or dying and of traditional medicine rituals, such as medicine bundles, the medicine wheel, sweat lodges, dancing, singing and chanting. These will make the women feel more comfortable.

Aboriginal women can also be considered marginalized women, that is, among **those who are impoverished**, live in the inner city area, **experience multiple disadvantages, such as addictions, mental health, physical disabilities, etc**. Of course, do keep in mind that not all marginalized women are Aboriginal. **Women in poverty are less likely to have a mammogram in comparison to women with higher incomes, as they have less access to medical care**. If you're hungry, who has time to worry about health?

Women with addictions face a greater risk of breast cancer, especially women with alcohol addictions. Drinking increases the risk of breast cancer. So don't think that drinking is cool, it can increase your risk of breast cancer! This is because research suggests that alcohol inactivates a tumor suppressor or increases estrogen levels.

So, taking into consideration their history and traditions, what else can we do to help Aboriginal women with their breast health needs? Well, why not focus on culture and use community resources? Then, provide education on the prevention of breast cancer, a screening program for breast self-examinations and mammograms and finally, support services for women undergoing treatment and living with breast cancer. It's very important to have friends and people who care when you are battling breast cancer.

全訳

保健クラスの講義の一部を聞きなさい。

教授：

さて，このテーマについては，私自身が育った環境とも関係があるので格別な興味を持っています。私が子ども時代に住んでいた家は（カナダ）先住民の居留地が近く，友人にも先住民族が多くいました。乳がんをターゲットにした政府や地域の健康計画においては，先住民女性のグループは，長期間にわたって対象から外されてきました。

北米の調査によると，先住民のコミュニティ出身の女性の間で，乳がんは急激に増加しています。乳がんは，速いペースで人を死に追いやる病気です。

先住民は，元々カナダに住んでいた人々です。その多くが遊牧民で，狩猟や採集で食料を得，ヨーロッパの人の生活様式とはかなり異なる暮らしをしていました。医学の面では歴史的に，先住民は健康というものを４つの側面から扱ってきました。つまり，人間には４つの要素，体，感情，魂，そして精神があると考えたのです。この４つの要素のバランスが個人の健康に寄与します。どんな病気も人々がこの４つの要素を見直すための天国からの信号でした。

ですから，今日でも，先住民は西洋の検診や治療プロセスを信じていません。なぜなら，それらは人間の要素の一部しか扱っていないと思っているからです。西洋医学では魂，精神，感情を考慮しません。また，検診についても，西洋医学は自分たちの癒しの文化を考慮に入れず，強制を強いる西洋的概念だと思っています。病気や予防検診について論議すること自体が病気を招くという不安も大きいのです。つまり，病を探していたら本当に病気になる，ということです。それは自分で自分を苦しめるようなものです。

第二に，触れられることへの恐怖心があります。私は知らない人と抱き合ったりキスしたりするのが好きなタイプの人間ではありません。しかし，先住民が持つ，触れられることへの恐怖心はこれとは異なるものです。それは多くの先住民が幼少より全寮制の学校に通うことを余儀なくされたことによります。こうした全寮制の学校では歴史的に子どもに対する性的虐待が行われていました。結果的に，多くの先住民女性は身体検診を恐れ，特に体の個人的な部分を特に男性の内科医に検診されることを恐れています。最近は，これは多くの女性にとってデリケートな問題になっています。私の主治医も女性です。私が言いたいのは，私は男性の医者に対して何の嫌な感情も持ってませんが，ほら気持ちの問題です。わかりますね？　とにかく，先住民の女性のブレストヘルスプログラムの発展にはこういった要素が扱われ，考慮に入れられるべきだと強く思います。病や死といったことを表さない他の医学用語を使ったり，メディスンバンドル，メディスンホイール，スウェットロッジ，踊り，歌，詠唱といった伝統的な医療儀式を用いたりすればよいと思います。そうすれば，女性たちももっと安心するでしょう。

先住民の女性は社会的に隅に追いやられた存在とも考えることができます。つまり，貧しく，スラムに住み，依存症，メンタルヘルス，身体障害等のさまざまな不遇を経験する人々です。もちろん，覚えておいてほしいのは，社会的に隅に追いやられている女性のすべてが先住民だというわけではないということです。貧しい女性は，収入の多い女性に比べて医療処置を受けにくく，マンモグラフィーを受ける割合がより少ないのです。もしお腹が空いていたら，健康の心配をする時間などあるでしょうか。

依存症のある女性，特にアルコール依存症の女性は乳がんにかかる危険性がより高いです。飲酒は乳がんの危険性を高めます。だから，飲酒がかっこいいとは思わないでください。飲酒は乳がんの危険性を高めることがあるのです！ 調査によると，アルコールが腫瘍抑制遺伝子を不活性化するか，あるいはエストロゲンの量を増やすからだと言われています。

それでは，先住民の歴史や伝統を考慮に入れながら，先住民女性のブレストヘルスのニーズに応えるため，他に何かできることはあるでしょうか。そうですね，文化に着目して地域の資源を利用してはどうでしょうか。そして，乳がん予防についての教育を施し，乳がんの自己検査やマンモグラフィーのためのスクリーニングプログラムを行い，最終的に，治療中の女性や，乳がんと共に生きている女性をサポートするサービスを提供します。乳がんと闘っている時に，友人や気にかけてくれる人がいることはとても重要です。

1 **正解** **D** 023

講義の一部をもう一度聞いて，質問に答えなさい。

（スクリプト・訳の下線部参照）

教授は男性内科医に対してどのような考えを持っていますか。

(A) 男性内科医でも気にしないが，女性医師の方が親しみやすいと感じている。

(B) 男性内科医を信じていない上，できれば検査をしてもらいたくないと思っている。

(C) 男性医師にかかって後悔するよりも，安全な方がよいと感じている。

(D) 男性内科医に何の恨みも持っていないが，男性医師だとより安全ではないと感じている。

解説 **この問題では遠まわしな表現が問われています。**下線部の前で many Aboriginal women are afraid of physical examinations, especially of private body parts, from a doctor, especially a male physician と言及し，**男性内科医に対する不安な気持ちがある可能性**を示唆しています。その後，but, well, it's all in the mind, you know で述べられているように，but 以降では明言を避ける形で遠まわしに伝えようとしています。講義の流れから考えると，but の前では教授自身は男性医師に対して嫌な感情は持っていないと述べていますが，but は逆接を表すので，以降はマイナスのイメージがくることが推測できます。このことを踏まえて考えていきます。(A) ここでは女性医師が親しみやすいかどうかは述べられていません。(B) 不信感があるとまでは述べられていません。(C)男性医師にかかると後悔することにつながる話はされていません。(D) 前半で男性医師に対して嫌な感情はないことが述べているので，but 以降のマイナスイメージは，「より安全ではない感じがする」という控え目な不安の表現が適切です。「女性医師よりも」が省略されているのでわかりにくいかもしれませんが，比較級の less が使われていることから判断しましょう。

2 **正解** (B) 024

講義の一部をもう一度聞いて，質問に答えなさい。

（スクリプト・訳の下線部参照）

教授が，貧しい女性と収入の多い女性を比べるのはなぜですか。

(A) 収入の多い女性が，いかに医療にかかることを気にかけようとしないのかを示すため

(B) **貧しい状況にいる女性の方が，健康上多くの問題を抱えているのはなぜなのかを説明するため**

(C) 貧富に関係なく，すべての女性には治療を受けるかどうかを選ぶ権利があることを示すため

(D) 裕福な人々と貧しい人々の間で，健康診断を受ける意向がどのように違うのかを示すため

解説 この問題では話者の目的，つまり「なぜそのことについて述べたのか」を考えることが重要です。貧しい女性と収入の多い女性を比べているということは，金銭的なことが関わっていることがわかります。また，文の流れは先住民の女性たちについてマイナスのことを述べています。この2つのポイントから「金銭的な違いにより，マイナス面が出てくる」ことが推測できます。Ⓐ 収入の多い女性のことのみ述べられ，金銭的な差によって生まれるマイナス面について述べられていません。Ⓑ 貧乏な女性がより健康に関する問題を抱えるのは経済的な余裕がないためというのが本文の内容からわかります。これは下線部の後ろに続く If you're hungry, who has time to worry about health? でも裏づけられています。よって，これが正解です。Ⓒ 収入の多い人も貧乏な人も，と述べられており，金銭的な差につながらず，またマイナスのことが言われていません。Ⓓ 意識の違いが中心で，マイナス面が述べられていません。

Vocabulary

- □ upbringing = しつけ，養育
- □ aboriginal = 先住の
- □ initiative = 構想，計画，主導権
- □ disregard = ～を軽視する
- □ continuous = 連続の，継続的な
- □ spiritual = 精神的な
- □ screening = 選別，スクリーニング
- □ heal = ～を治す，～を癒す
- □ physician =内科医
- □ alternative =別の，それに代わる
- □ ritual = 儀式
- □ multiple = 多数の
- □ mammogram = マンモグラフィー
- □ tumor = 腫瘍
- □ estrogen = エストロゲン
- □ residence = 住居
- □ reserve = 保留地，保護区
- □ breast = 胸
- □ ignore = ～を無視する
- □ nomad = 遊牧民
- □ reexamine = ～を再検査する
- □ concept = 概念，発想
- □ residential = 住宅の，宿泊設備のある
- □ sensitive = 敏感な
- □ marginalize =～を周辺に追いやる
- □ impoverished =貧しい
- □ addiction = 中毒，依存
- □ inactivate = ～を不活性化する
- □ suppressor = 抑制するもの

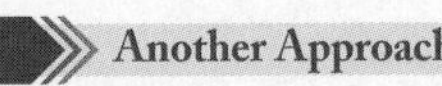

Another Approach

TOEFL のリスニングには，大学の講義に参加しているようなシチュエーションが多く，その中でも**教授と学生が意見を交わし合うもの**と，**教授が一方的に解説をする形式**があります。特に後者のような教授による講義のリスニングには苦手意識を持つ方が多いようです。

一人が話す講義形式はその特徴として，**会話に比べてゆっくりと話をすることと，重要な語や内容はより強調して強く発音される**ことが挙げられます。よってそのように強く発音されている語は聞き逃さないようにしましょう。

また教授からの解説では，途中に**具体例を使ってさらに詳しく説明が入る**場合がほとんどです。そのため，専門用語などで少々聞き取れないことがあっても後に続く具体例や解説から理解することも十分可能です。多少の理解できないことがあってもあまり気にせず，理解できた具体的な内容から推測して考えるようにしてみましょう。

普段の学習でも，聞き取れない英文をすぐにスクリプトで確認するのではなく，前後の内容から大意をまとめる練習をしておきましょう。

詳細問題

主題を問う問題と同じくらい頻度が高く出題される問題が詳細を問う問題です。ここでは多様な情報をいかに整理できるかがポイントになります。

Approach

❶詳細な情報を表す表現に注意する

詳細を問う問題は，文字通り詳細な情報を問題にします。その際に詳細な情報を表す表現を知っておくと問題が解きやすくなります。その代表的な表現が以下のものです。

particularly（特に）／in particular（特に）／especially（特に）／specifically（特に，具体的には）

❷具体例を表す表現に注意する

詳細を問う問題では，具体例に関する問題が数多く出題されています。したがってその具体例を表す表現をしっかりと聞き取ることが重要となります。ここでも具体例を導く表現を知っておくと良いでしょう。

主な表現としては，for example，for instance，such as，like などが挙げられます。これらの違いは for example，for instance の後ろには文がきて，such as，like の後ろには名詞（句）がきます。これらが一般的なものですが，ややわかりにくいものとしては，including があります。以下のように including の後ろに例が挙げられます。

Asian countries including Japan, Singapore, and Vietnam agreed with this plan.

（日本，シンガポール，ベトナムを含むアジア諸国はその計画に賛成した。）

❸固有名詞や数字に注意する

名称や数字なども詳細問題で頻出します。したがって固有名詞やデータとして使われる数字，日時などが聞こえたら，ノートテイキングの際にしっかりとまとめておくことがスコアアップにつながるでしょう。

❹主題の後に述べられることに注意する

特に講義形式のリスニングにおいては，主題は最初の方で述べられることが多いです。その後，述べられた主題を説明するために具体例や数字などを出して，自分の論に説得力を持たせます。このようなパターンが一般的な形式ですので，主題の後にきた具体的な内容に注意して聞くことが大切です。

❺本文では述べられていない内容の選択肢は正解にならない

不正解の選択肢には，「本文で述べられていないこと」が含まれることも多いです。その際の特徴の一つは，「本文で名称などは述べられているが，詳しくは触れられていない」というものがあります。したがって選択肢の中で使われている語句が聞こえたとしても，その後詳しく述べられていない，複数にわたって言及されていないものには注意してください。

では，実際に問題を解いてみましょう。

Exercise

問題

次の議論を聞きながら，情報をメモしましょう。 025

Women's Studies	abuse

1 Indicate whether each statement below describes the content of the discussion. 026

	Yes	No
(1) Some women do not realize they are involved in an abusive relationship.		
(2) Children are normally the victims of domestic abuse.		
(3) Men in abusive relationships tend not to seek help.		
(4) There are shelters that aid both men and women in abusive relationships.		
(5) Family violence does not have to be physically abusive to cause harm to the victim.		

2 Which of the following points does the professor make about family violence? 027

Ⓐ Veterans of wars are often involved in domestic violence.

Ⓑ It is unbelievable that men could be assaulted by women.

Ⓒ More than one million people told police about family violence in Canada over a five-year period.

Ⓓ Family violence is physically harmed by romantic partners.

Answer

スクリプト 025

Listen to part of a lecture in a women's studies class.

Professor : Last class, we discussed the dynamics of the family structure in North America. Today, let's move onto another issue that has **so far killed more women in the United States** than soldiers were killed in the Vietnam War. In Canada, over a five-year period, over one million individuals made a police report about this type of crime. Any educated guesses?

Mandy : Dr. Craig, that would be **family violence**.

P : Very good, Mandy. Each year, **women are hurt or killed not by strangers, but by their most intimate partners, and that could be husbands, boyfriends or even same-sex partners**.

Jessie : Professor Craig, family violence doesn't necessarily have to be physical abuse or battering, **it can also be verbal, mental or emotional abuse**.

P : You've brought up a good point, Jessie. Can anyone tell me what might consist of verbal, mental or emotional abuse?

Taylor : **It can be really subtle; some women do not even notice it**. Maybe **the woman is being stalked and she thinks that her partner is just being caring**. **He could follow her around all the time and know of her whereabouts**. Maybe **he cuts off all her contact with friends and family, citing jealousy and wanting to be with her all the time**.

P : Good, anyone else?

M : I heard of a story where the husband took his wife's shoes away so that she could not go outside.

P : Yes, these are all good examples. As you can see, the perpetrator does not have to physically assault the victim for the situation to be, to be defined as family violence. But so far, all we've brought up are family violence examples of romantic partners, such as husband and wife. But family violence is much more than that. Would anyone care to elaborate?

J : Well, the stereotypes of family violence seem to be that women are the victims while men are the perpetrators. However, there are a number of men that are victims too. For instance, **they have no financial freedom as their female partners control the money and they are given an allowance, or they may suffer physical abuse too**. In fact, it can range from pushing or grabbing to using a weapon against the man.

T : A man being beaten up by a woman sounds unbelievable.

P : Taylor, that type of thinking draws a lot of criticism and that is why **many male victims are reluctant to seek help or report the abuse**. The stereotype that men are big and strong while women are the weaker sex allows this notion to prevail and in the end, the male sufferers have nowhere to turn. Anyhow, can anyone tell me if there are other reasons for the silence of male victims? Why do we not hear about them?

Annie：Professor, we often see a lot of advertisements and media announcements that encourage women to seek help if they are abused. There is a phone number that they can call for help, right? But **for men, you don't see any resources that target or help them**.

P：Good, Annie. I see you've done some research. That is because we are led to believe that men are the abusers and women are the victims. Men who claim to be victims of violent women are often not encouraged to report their stories.

M：Also, there are many shelters for women. If the violence is dangerous, then the women have a place to go that is safe. There aren't any shelters for men.

P：That's a good point too, Mandy. In light of Mandy's comments, I'd like each of you to write a scenario that illustrates the differences in family violence aimed at a male or female victim. Remember to include the differences and impacts, as well as community resources that are available for the victims.

全訳

女性学の講義の一部を聞きなさい。

教授：前回の授業では北米の家族構成の変動について話したね。今日は別の問題に話を移し，これまでにベトナム戦争で殺害された兵士より**多数のアメリカ人女性を殺害してきた**という問題について話そう。カナダでは5年間に，この種の犯罪について警察に100万人以上からの通報があった。何のことかわかる人はいるかい。

マンディー：クレイグ博士，**家庭内暴力**だと思います。

P：マンディー，よくできたね。毎年，**女性たちは，見知らぬ他人ではなく最も親しいパートナーに傷つけられたり，殺害されたりしている**。**そして，それは夫や恋人，同性のパートナーの場合さえある**。

ジェシー：クレイグ博士。家庭内暴力は体への暴力や虐待に限らず，**言葉の暴力，精神的虐待や情緒的虐待といったものもあります**。

P：よいところに気がついたね，ジェシー。言葉の暴力，精神的虐待，情緒的虐待とはどんなものか説明してくれる人はいるかな。

タイラ：**本当に微妙な場合もあって，そのことに気づかない女性さえいるほどです**。たとえば，**その女性はストーキングされているのに，パートナーが自分のことを**

思いやってくれているだけだと思うかもしれません。パートナーが女性の周りにいつも付きまとって，彼女がどこにいるのか把握していたりします。場合によっては，女性の友人や家族とまったく連絡がとれないようにしたりします。嫉妬して，いつでもその女性といたいと望むこともあるかもしれません。

P：よくできたね。他にはあるかな。

M：私が聞いた話では，妻が外出できないように靴を取り上げてしまった夫がいたそうです。

P：そうだね，どれもよい例だ。このとおり，加害者が被害者を身体的に襲うような状況だけが，家庭内暴力だと定義されているわけではない。しかし，今のところ挙がったのは，夫婦など，パートナー間の家庭内暴力の例だけだね。しかし，家庭内暴力はそれだけではない。誰か説明してくれる人はいるかい。

J：家庭内暴力の固定観念は，男性が加害者であり女性は被害者であるといったもののようです。しかし，多くの男性もまた，被害者となっています。たとえば，女性がお金の権利を持っていて男性に経済的自由がなく小遣いをもらっていたり，また，身体的虐待に苦しんでいたりする場合もあります。事実，男性に対して，押したりつかんだりするだけでなく，武器を使う場合もあります。

T：男性が女性にやっつけられるなんて信じられない感じ。

P：タイラ，そういった考えは多くの批判を招くんだよ。そういった考えがあるから，多くの男性被害者は，助けを求めたり，虐待を報告したりといったことをためらってしまう。男性は大きくて強く，女性の方が弱い，といった固定観念がそういった考えを蔓延させ，最終的に苦しむ男性は行き場を失くしてしまう。とにかく，男性被害者が何も言わない理由が他にあるか知っている人はいるかい。どうして彼らのことを耳にしないのだろうか。

アニー：教授，広告やメディアの告知で，虐待を受けたら助けを求めるように女性に勧めるものはよく見かけます。女性が助けを求められるホットラインもありますよね。でも男性向けの，彼らを対象とし，助けるようなサービスは見かけません。

P：そのとおりだ，アニー。よく調べてきたね。それが理由で，男性は虐待者で女性が被害者だと思い込まされてしまう。暴力的な女性の被害者であると主張する男性は多くの場合，何があったのかを報告するよう促されていないんだ。

M：そして，女性には避難所がたくさんあります。もし，暴力が危険とみなされたら，女性は行くことのできる安全な場所があります。男性に避難所はありません。

P：それもよいところに気づいたねマンディー。マンディーの意見の観点から，君たちそれぞれに，女性が被害者の場合と男性が被害者の場合との違いがわかるような家庭内暴力のシナリオを書いてもらいたい。違いや影響だけでなく，被害者が利用できる地域のサービスについても忘れずに書くように。

1 **正解** Yes：(1)，(3)，(5)　No：(2)，(4)　026

以下の項目が会話の内容を述べているか示しなさい。

(1) 女性の中には，虐待的な人間関係におかれていることに気づかない人もいる。

(2) 通常，子どもたちが家庭内暴力の被害者である。

(3) 虐待されている関係にある男性は助けを求めない傾向にある。

(4) 虐待されている関係にある男性と女性の両方を助ける避難所がある。

(5) 家庭内暴力で被害者に害を与えるのは，必ずしも肉体的な虐待とは限らない。

解説

(1) Yesです。これはIt can be really subtle; some women do not even notice itで述べられています。

(2) Noです。これはApproachでも触れた正解にならない選択肢です。子どもに関して詳しく述べられておらず，通常子どもが被害者であるとも述べられてはいません。

(3) Yesです。この根拠はmany male victims are reluctant to seek help or report the abuseで述べられています。

(4) Noです。for men, you don't see any resources that target or help themと述べられていることに合いません。

(5) Yesです。it can also be verbal, mental, or emotional abuseと述べられていることと一致します。

2 **正解** Ⓒ　027

家庭内暴力に関して教授が述べたことは以下のどれですか。

Ⓐ 退役軍人は家庭内暴力に巻き込まれることが多い。

Ⓑ 男性が女性に襲われることが多いのは信じられないことである。

Ⓒ カナダでは５年間に100万人以上の人々が家庭内暴力について警察に伝えた。

Ⓓ 家庭内暴力は恋人による肉体的な被害である。

解説 教授は主な観点として，男性と女性に分けて論を進めています。Ⓐの退役軍人の話は詳しく述べられていません。ベトナム戦争で死亡した軍人の数が比較として出てきているのみです。またこの論の構成は男女の対比という形で話が進められていますので，退役軍人のように男性と女性の両方が含まれ，分けられていない選択肢は外れると言えるでしょう。Ⓑの「信じられない」は教授が述べたことには含まれていません。Taylor の発言に unbelievable という語が出てきていますが，混同しないようにしましょう。Ⓒについては，**Approach** でも触れたように，具体的な数字に気を配る必要があります。この数字は最初の教授の発言と一致しているので，正解です。Ⓓは，As you can see, the perpetrator does not have to physically assault the victim から必ずしも肉体的な被害ではないと述べているため，講義の内容に合いません。

Vocabulary

- ☐ **dynamics** = 変化
- ☐ **verbal** = 言葉の，言葉による
- ☐ **stalk** = ～をしつこく追い回す
- ☐ **assault** = ～に暴行する
- ☐ **elaborate** = 詳しく述べる
- ☐ **allowance** = 小遣い
- ☐ **prevail** = 普及する，流布する
- ☐ **impact** = 影響
- ☐ **battering** = 虐待
- ☐ **subtle** = かすかな，微妙な
- ☐ **perpetrator** = 犯人，犯罪者
- ☐ **victim** = 被害者
- ☐ **stereotype** = 固定観念
- ☐ **notion** = 観念，概念
- ☐ **shelter** = 隠れ場所，避難所

構成理解・推測問題

近年頻出の問題です。この論旨の構成をつかめれば，問題に正解するだけでなく，リスニング全体の内容が理解しやすくなりますので，ぜひマスターしてください。以下に代表的な論理構成を挙げて対策をしていきます。

Approach

❶構成パターン①：カテゴリー

主題に対していくつかのカテゴリーに分類するものです。その際に「分ける」「分類する」といった表現に気を配るようにしましょう。例えば divide や classify といった語です。このカテゴリーのパターンでは，話者が「この内容は３つに分類できます」と分類する前に「いくつか」を述べる場合が非常に多いので，「いくつに分類されるか」を必ず把握するようにしてください。

❷構成パターン②：時系列

時系列に沿って論を進めるパターンです。このパターンの代表的な例が「有名人の伝記」「有名人の生涯」といったものです。ここで気をつけなければならない表現は，「順番」を表す表現です。以下に代表的なものを挙げておきます。

first / second / third / then / next / after / before / 具体的な年月日など

もし聞き取れない箇所や理解できない箇所があったとしても，時系列を考えると推測しやすくなります。

❸構成パターン③：因果関係

因果関係の流れは，大きく２つのパターンに分けることができます。

A　原因　→　結果

B　結果　→　原因

またこの A，B のパターンの応用として，原因や結果が１つとは限らず，いくつか述べられる場合もあることを覚えておいてください。

❹構成パターン④：対比

２つの事柄を対比させて論を構成するパターンも頻出です。対比関係を表す語句は，on the other hand, while, whereas, in contrast, by contrast といった語句が代表的です。また比較級や different, new, change といった語句も対比を表す際に使われますので，これらの語句に気をつけて聞くように心がけてください。

❺推測問題

推測問題はその問題の性質上，はっきりと答えを出せないことが多いです。したがって推測問題を解く際に頭に入れておくべきことは，「最も可能性の高い答えを選ぶ」「最も近い答えを選ぶ」ということです。また，上記の論理構成が推測をする上でヒントになる場合もありますので，全体の流れをしっかりつかむようにしましょう。

Exercise

問題

次の講義を聞きながら，分類をメモしましょう。 028

Psychology	Bipolar I Disorder

1 How does the professor organize the descriptions of bipolar disorder symptoms? 029

Ⓐ By contrasting types of behavior in high periods and low periods

Ⓑ By introducing case studies of specific patients

Ⓒ By giving examples of undiagnosed symptoms

Ⓓ By explaining the ways symptoms in different periods are treated

2 What can be inferred about the professor's attitude toward treatment of bipolar disorder? 030

Ⓐ She has personal experience with bipolar disorder.

Ⓑ She does not believe that a cure will be found soon.

Ⓒ She recommends that patients should not take medication.

Ⓓ She worries that a normal life is impossible for bipolar patients.

Answer

スクリプト 028

Listen to part of a lecture in a psychology class.

Professor :

In the previous classes, we talked about various forms of mental illnesses including schizophrenia and major depressive disorder. Today, I would like to continue with an overlook of **another disability which is becoming quite common in our society today**. I am sure that many of you are familiar with **Bipolar I Disorder, a mental illness which some refer to as "manic depression"**. It is a psychological illness which prevails from the late adolescent or early adulthood years. It may sometimes surface during childhood or appear later in life. The symptoms are often likely to go undetected and many people go undiagnosed or refuse proper treatment to avoid confrontation with this illness; there's always the notion of "Ohhhh. I don't need any help!" or "No way! I'm not crazy!"

What symptoms does Bipolar I Disorder exhibit? Well, it affects a person's performance and incites unusual mood swings as well as abnormal energy levels. **A person with this illness will often experience continued periods of elation and excitement but then gradually move into,**

well, periods of misery and hopelessness. These manic or depressive episodes are balanced in between by periods of normal behavior. An average depressive episode prevails for a period of six months, while an average manic episode lasts four months. Let's take a look at both high and low periods in more detail.

High periods of the disease include increased energy, irritability, lack of concentration and aggressive behavior. So, during this mania stage, the person feels ecstatic, that is, he is overcome with happiness and feels charged with energy so that he does not even feel sleepy at night. It also becomes quite extreme to the point of his believing that he is powerful, creative or wealthy. The person **will often shower others around him with impractical ideas and unrealistic visions**. He may talk really fast and be easily excited with sudden thoughts that hit him. Being more upbeat than normal, more talkative than usual and **spending more money than is needed**. In addition, the person **has a tendency to be distracted easily and show signs of attention deficiency, meaning not being able to focus on one thing at a time** and making hasty decisions without thinking things over. Pretty scary, isn't it? A manic episode will usually include at least three of the symptoms that I've just mentioned occurring every day for at least a week or more.

In contrast, **during low periods of depression the person displays feelings of hopelessness or worthlessness, an inability to make decisions, low energy levels, and even suicidal thoughts**. The symptoms are the exact opposite of the high periods in a pretty extreme way. The person **has trouble concentrating on anything** and will also ... **will either experience insomnia** or end up sleeping too much; furthermore, he or she will often have a poor appetite, resulting in weight loss. A depressive episode includes at least five of the symptoms I've mentioned and lasts for quite a long period of time usually up to at least two weeks or more. The sad thing about this stage is what the depression does to the person; it destroys the person's confidence and ability to reason while making him totally miserable to the point of not wanting to live.

To be honest with you, there is currently no cure for Bipolar I Disorder. It's, well, a long shot, but with treatment, definitely the proper treatment, a patient can lead a healthy and normal life. What's more, knowing the facts about the illness will aid in an effective recovery and prevent recurrence of episodes. Patients with Bipolar I Disorder are required to take mood stabilizing medications that are effective in shortening and preventing the bipolar episodes. Therefore, a combination of long-term medication and psychosocial treatment is advised. As well as keeping track of daily activities and noting any changes in sleep, mood or behavioral patterns. Open communication between the patient and others, and support from loved ones, are definitely very important.

全訳

心理学の講義の一部を聞きなさい。

教授：

前回までの授業で，統合失調症や大うつ病性障害などの精神疾患のさまざまな形態について話してきました。今日は，また違った障害について，話を進めていきたいと思います。**現代の私たちの社会において，かなりよく見られるようになってきた障害**です。多くの皆さんが双極性Ｉ型障害をご存知だと思います。**双極性Ｉ型障害というのは，「躁うつ病」と称される精神疾患**です。この心理的な病は，思春期後期から成人期初期に現れます。時には，幼児期に表面化したり，高齢期に見られたりすることもあります。症状が発見されにくく，多くの人が診断を受けなかったり，この病気と向き合うのを避けてしかるべき治療を拒否するなどということがあります。「えええええ，助けなんていらないよ。」だとか「とんでもない！おかしくなんかないさ！」といった認識がいつも見受けられます。

双極性Ｉ型障害の症状にはどのようなものがあるでしょうか。その人の動作に影響を及ぼし，普通ではない気分の上下や異常なほどの活発さを引き起こしますね。**この病気の人にはしばしば，高揚した状態や興奮した状態の期間が継続して現れるのですが，その後は次第に，惨めな気分や絶望した状態の期間に入っていきます**。こういった躁やうつの症状は合間に均衡が取られて，通常行動をしている期間が現れます。平均的なうつの発症期間は６カ月間見られる一方，平均的な躁の発症期間は４カ月続きます。気分が高揚する期間と落ち込む期間の両方について，もっと詳しく見てみましょう。

この疾患では，気分が高揚する期間には活力が増し，興奮しやすくなり，集中力を欠き，攻撃的な行動に出るようになります。よって，この躁の段階では，患者さんは非常に喜びを感じている状態になります。つまり，幸福感に圧倒され，夜も眠気さえ覚えないくらい活力がみなぎっていると感じます。それから，かなり究極的に信じ込むのです。自分は強い力を持っているとか，創造的だとか，お金持ちだとかいうことを。しばしば周囲の人に非実用的な考えや非現実的な妄想をぶちまけることもあるでしょう。すごく速く話したり，急に思いついた考えに気分を昂じやすくなったりするかもしれません。普通より陽気になって，普段よりもっと話すようになり，必要以上にお金を使いますね。しかも，躁状態の患者さんは気が散りやすく，注意不足の兆候をみせる傾向があります。つまり，一時に１つのことに集中できなくなり，じっくりと考えることなく早まった決断を下します。とても怖いでしょう？ 躁状態の出現時にはたいてい，今挙げたうち少なくとも３つの兆候を見せます。そして，少なくとも１週間かそのくらいの間は，毎日発症します。

対照的に，気分が落ち込むうつ状態の期間には，患者さんは絶望感や無力感を示し，決断することができなくなり，活力もなくなり，自殺を考えるようにさえなります。これらの症状は，かなり極端な形で，気分が高揚している期間とまったくの正反対です。患者さんは何にも集中できなくなり，また，不眠になるか，もしくは寝すぎてしまうのです。さらに，食欲がなくなって，体重が減ってしまうこともしばしばです。うつ状態の時には，今挙げた症状のうちの少なくとも５つを示し，そしてとても長い間続きます。通常，短くても２週間，またはそれ以上続きます。この段階でうつ状態が患者さんに及ぼす影響はやるせないものです。うつ状態は患者さんの自信や論理的に考える能力を打ち砕きます。それは，生きたいと思わなくなるほどに，完全に惨めな気持ちにさせてしまうのです。

正直に言って，双極性Ｉ型障害は今のところ治療法がありません。そうですね，あまり期待できないのですが，治療によって，間違いなく適切な治療によって，患者さんは健康で普通の生活が送れるようになります。さらには，病気についての事実を知ることが効果的な回復への手助けになり，病気が再発するのを防ぐことにもなるのです。双極性Ｉ型障害の患者さんは，双極性障害の状態を短くしたり防いだりするのに効果的な精神安定剤を飲まなければなりません。ですから，長期間の薬物療法と心理療法を合わせて用いることが推奨されています。それから，日常生活の記録をとること，睡眠や気分，行動パターンに変化がないか注意することも。患者さんと他の人の間の心を開いたコミュニケーション，愛する人の支えなども間違いなくとても重要です。

1 **正解** Ⓐ　029

双極性障害の症状に関して教授はどのように説明を構成していますか。

Ⓐ 躁の期間と鬱の期間の行動の種類を比較することによって

Ⓑ 特定の患者の事例を紹介することによって

Ⓒ 診断されていない症状の例を出すことによって

Ⓓ 異なる時期における症状の治療法を説明することによって

解説 この講義は，頻繁に使われる論理構成の1つである**対比構造**になっています。ここで聞き取れると答えやすくなるのが In contrast です。これは対比を表す表現です。また high periods と low periods の語句もヒントになります。

2 **正解** Ⓑ　030

双極性障害の治療に対する教授の態度で推測できるものはどれですか。

Ⓐ 双極性障害の個人的な経験がある。

Ⓑ 治療法がすぐに見つかるとは思っていない。

Ⓒ 患者が薬を飲まないことを推奨している。

Ⓓ 双極性障害の患者が通常の生活を送るのは不可能であると心配している。

解説 これは推測問題です。ここでは，リスニングの最終部分の To be honest with you という表現に注目しましょう。これは，率直に意見や気持ちを述べるときに使われる表現なので，これ以降が教授の態度を表すと推測できます。there is currently no cure for Bipolar I Disorder. It's, well, a long shot. や a combination of long-term medication and psychosocical treatment is advised などの箇所から最も近い正解が導き出せるでしょう。**Approach** でも触れたように，推測問題の場合は講義の中ではっきりとは述べられていないので，最も近い選択肢を選びましょう。

Vocabulary

- □ **schizophrenia** = 統合失調症
- □ **overlook** = 見晴らし
- □ **manic** = 躁状態の
- □ **adolescent** = 青春期の
- □ **undetected** = 気づかれていない
- □ **undiagnosed** = 診断を受けていない
- □ **confrontation** = 対決，直面
- □ **incite** = ～を起こさせる
- □ **elation** = 有頂天
- □ **misery** = みじめさ，不幸
- □ **irritability** = 興奮，過剰な反応
- □ **ecstatic** = 恍惚とした
- □ **shower A with B** = AにBをどっさり与える
- □ **upbeat** = 楽天的な
- □ **distract** = ～の気をそらす
- □ **hasty** = 軽率な，早まった
- □ **suicidal** = 自殺の
- □ **appetite** = 食欲
- □ **miserable** = みじめな
- □ **stabilize** = ～を安定させる
- □ **recurrence** = 再発，繰り返し
- □ **medication** = 薬剤

MEMO

Speaking Section

概要

テストの流れ

❶英文を読む

画面に短い英文と制限時間が表示されます。制限時間になると自動的に消えて，会話や講義に進みます。(Question 2, 3のみ)

❷英文を聞く

画面に会話や講義の様子が表示され，会話や講義の音声が流れます。
(Question 2, 3, 4のみ)

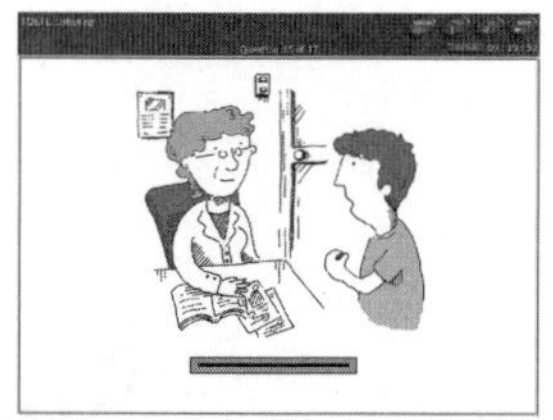

❸解答する

画面に設問と準備の制限時間，解答の制限時間が表示されます。準備の制限時間が終了するとビープ音が流れるので，解答を開始します。制限時間の残りは常に画面に表示されます。

設問形式

Speaking Section には４つの Question があり，大きく３種類に分けられます。

① Independent Task (Question 1)

問題に対して自分の意見や考えを解答する独立型問題。

② Integrated Task (Question 2・3)

課題文を読み，さらに会話または講義の内容を聞いて解答する統合型問題。

③ Integrated Task (Question 4)

講義を聞いて，その内容をふまえて解答する統合型問題。

以下で，４つの Question について具体的に見ていきましょう。

■４つの Question 一覧（2019 年８月以降）

Question	設問形式	内容	準備時間	解答時間
1	Independent ・Speaking	２つの選択肢のうち１つを選んで，自分の意見を解答する	15 秒	45 秒
2	Integrated ・Reading ・Listening ・Speaking	大学生活に関する短い課題文を読み，それに関連した会話を聞いたあと，話者の意見や理由を解答する	30 秒	60 秒
3	Integrated ・Reading ・Listening ・Speaking	学術的なトピックに関する短い課題文を読み，それに関連した講義を聞いた後，内容の要点を解答する	30 秒	60 秒
4	Integrated ・Listening ・Speaking	大学での講義を聞き，その要点と例を解答する	20 秒	60 秒

この一覧からもわかるように，ここでは会話の力は問われていません。提示された問題に対して，論理的に解答できているか，いわゆるスピーチの力が問われています。引き続き，解答がどのように評価されるかについて見てみましょう。

■採点基準

このセクションは，最低３名の評価者が以下のポイントに基づいて０〜４の５段階で採点します。

・Delivery：話し方

明瞭で流暢な解答になっているか。また，適切な発音，速さ，イントネーションで解答できているか。

Speaking

・Language Use：言葉の使い方

効果的に文法や語彙が使用され，複雑な文構造も使用されているか。

・Topic Development：トピックの展開の仕方

問題に対して，完全に解答できているか。一貫性のある内容となっていて，適切な論理の展開となっているか。また，解答時間をうまく使えているか。

以下が，ETSの採点者が解答を評価する際に用いる基準の概略です（ETS公式発表のrubricを元に作成）。詳細はETSの公式サイト（https://www.ets.org/toefl）を参照してください。

Independent Task の評価基準

評価	評価の基準
4	**【話し方】**：全体的に流暢で明瞭。ささいな誤りはあるが，聞き手の理解を妨げる発音，イントネーション上の問題がない。 **【言語使用】**：文法，語彙が効果的に使用でき，多様な構文を織り交ぜている。意味の伝達を阻害する大きな誤りがない。 **【話の展開】**：問いに的確に答え，内容に一貫性がある。議論が十分に展開され，アイディアとアイディアの間の関係が明確。
3	**【話し方】**：概して明瞭であるが，発音，イントネーション，ペースに若干の問題があり，聞き手が理解するのに努力を要する箇所がある。 **【言語使用】**：使用語彙，文法構造に多少不正確な部分があるが，意味の伝達を大きく阻害することはない。 **【話の展開】**：全体的には議論に一貫性があり，必要なアイデアや情報を含めているが，議論の展開が十分ではなく，詳細や具体性に欠ける部分がある。
2	**【話し方】**：基本的に理解はできるが，発音が明瞭でなく，イントネーションやリズムがぎこちないため，聞き手の努力が必要。 **【言語使用】**：うまく使えるのは基本的な文構造のみで，使用する語彙や文法の幅が限られている。そのため，アイディアが十分に伝わない箇所が多い。 **【話の展開】**：設問で問われていることに答えているものの，アイデアの数が少なく，展開が不十分。アイディアとアイディアの間の関係が明確でない。
1	**【話し方】**：発音，イントネーションに問題が多く，聞き手が理解するのにかなりの努力が必要。躊躇したり，無言になったりする部分が多い。 **【言語使用】**：使用する文法や語彙の幅が限られ，正確でないため，意味の伝達を大きく阻害する。 **【話の展開】**：設問に対して適切に答えておらず，非常に基本的なアイディア以上の内容に欠ける。あるいは，同じことを繰り返すのみ。
0	無言のまま。あるいは，問われていることとまったく無関係な事柄について話す。

Integrated Task の評価基準

評価	評価の基準
4	**【話し方】**：全体的に流暢で明瞭。発音やイントネーションにささいな問題があったり，情報を思い出そうとする際にペースが変わったりするが，聞き手の理解の妨げになることはない。 **【言語使用】**：基本的および複雑な文法構造が駆使され，必要なアイディアが明確に表現されている。語彙の選択が効果的。意味の伝達を阻害する大きな誤りがない。 **【話の展開】**：議論の展開が明確で，タスクで求められている情報が盛り込まれている。また，ささいな誤りや漏れはあるが，適切な詳細を含んでいる。
3	**【話し方】**：概して明瞭であるが，発音，イントネーション，ペースに若干の問題があり，聞き手が理解するのに努力を要する箇所がある。 **【言語使用】**：文法や語彙がかなり効果的に用いられ，関連するアイディアをかなり明確に表現している。使用語彙，文法構造が多少不正確で，構文のバラエティーがやや乏しいが，意味の伝達を大きく阻害することはない。 **【話の展開】**：タスクで求められている情報が盛り込まれているが，内容に関して不完全，不正確な部分がある。論理の流れが途切れる箇所がある。
2	**【話し方】**：明瞭な箇所もあるが，発音，イントネーション，ペースに問題があり，理解するのに聞き手の努力が必要。 **【言語使用】**：駆使できる語彙や文法に限りがあり，たとえ複雑な構文を用いたとしても，誤りがある。このため，必要なアイディアの表現に限界がある。 **【話の展開】**：必要な情報に幾分触れてはいるが，明らかに不完全，不正確。すなわち，重要な情報を割愛したり，重要な情報の展開が不十分であったり，重要な情報について誤解をしたりしている。
1	**【話し方】**：発音，イントネーションに問題が多く，聞き手が理解するのにかなりの努力が必要。躊躇したり，無言になったりする部分が多い。 **【言語使用】**：使用する文法や語彙の幅が限られ，正確でないため，意味の伝達を大きく阻害する。単に単語を並べるだけ，あるいは短いフレーズのみしか用いられていない。 **【話の展開】**：必要な内容がほとんど盛り込まれていない。表現されるアイディアの多くが不正確，曖昧，または同じことの繰り返し。
0	無言のまま。あるいは，問われていることとまったく無関係な事柄について話す。

Speaking Section（Independent Task）共通攻略法

自分の意見を述べることを求められる Independent Task の場合，多くの受験者が経験する問題があります。それは実は英語以前の問題で，非常に限られた時間の中で，**出題された問題に対する理由をすぐに思いつくことができない**ということです。日本語で問いかけられたとしても，理由とそれに対する具体例を短時間でまとめあげるのは難しいでしょう。

このなかなか理由を思いつかないという問題を解決するために有効な方法は，「あらかじめ理由を考えておく」ことです。どんな問題が出題されるかわからないのに，先に理由なんて考えられない，と思われるかもしれません。ここでいう**「理由」とは，ある程度のバリエーションに対応できそうな「理由の素」**です。つまり，**「あらかじめ理由の素を準備しておいて，出題された問題に対応する形になるよう少し変化を加える」**と考えるとよりわかりやすいでしょう。

「理由の素」は幅広くさまざまなことに応用して使える例を準備しておくことが重要です。たとえばその1つとして**「時間的な理由」**が挙げられます。ある方法をとることで，「時間をより効率よく使える」「時間の短縮になる」としたら，それはその行動を取る理由として適切ですね。ここまでを事前に考えておいて，「どうやったら効率よく時間が活用できるのか」「何をすると時間の短縮になるのか」については**問題に応じて具体例を考え，追加していけばよい**でしょう。こうすると，解答を組み立てる時間の短縮につながります。このように応用が効く「理由の素」を他にも「経済的な理由」,「環境的な理由」など，できればいくつかを用意しておけるとよいでしょう。出題されたトピックにどの理由が当てはまり，解答を作成しやすいか考えながら取り組んでみてください。

Speaking Section (Integrated Task) 共通攻略法

Speaking Section の Integrated Task には英文を読み，それに関する講義や会話を聞いた後で解答するものと，聞いた内容だけを元に解答するものの2つのタイプがあります。いずれのタイプでもスピーキング力だけでなく，リーディング力や，特にリスニング力についても同時に問われているという意識をもつことが重要です。

課題文が与えられる場合，それほど長い英文が出題されるわけではありません。ただし，読むために与えられる時間も長くはありませんから，素早く，おおまかな内容を理解する練習をしておきましょう。まずはその英文の筋を理解し，その筋に細かな説明や具体例を肉付けするように，情報を足していきましょう。

リスニングでは，Listening Section の攻略法でも説明したように，新情報に注意して聞く姿勢を心がけましょう。Question 2, 3 の場合は古い情報，つまりすでに知っている情報としてリーディングの課題文の内容がある分，通常のリスニングよりも取り組みやすいでしょう。テーマや方向性をある程度絞りこんだ上で，後ろの方に出てくる新しい情報をしっかり聞き取りましょう。この傾向は特に Question 3 のような講義形式の英文でより顕著です。メモを取る際にも，リーディングの課題文があり，それを骨格とできる場合はキーワードを書き出しておき，その後で矢印などを使い，関連するリスニングの内容を書き留めていくとまとめやすいでしょう。

リーディングがなく，リスニングのみに取り組んでから解答する Question 4 の場合の注意点も Listening Section と同様です。

あわせて気をつけたいのは，Speaking Section には試験の後半で取り組むということです。集中力をしっかり維持できるよう，模試などを使って練習しておきましょう。

Independent Task Question 1

ここでは Independent Task を攻略します。テーマに対して説得力のある意見を述べることを求められます。まず問題例を見てみましょう。

■ Question 1

・(ある idea の後で) Do you agree or disagree with this idea? Include specific reasons and examples to support your response.
(あなたはこの考えに賛成ですか，反対ですか。解答にはあなたの考えを裏付けるような具体的な理由と例を含めてください)

・(A と B の statement の後で) Which do you think better and why?
(どちらの方がよりよい主張だと思いますか。また，それはなぜですか)

Question 1 では個人的な意見や考えが問われているため，どちらの意見を選んでも問題ありません。話を膨らませやすい方の意見を選び，説得力のあるスピーチにしましょう。重要なのは論理性であり，自分の意見に対してどのような理由を述べ，具体例を用いていかにその理由を裏付けているかが大きなポイントになります。

Approach

❶最初に自分の考えを述べる

最初にどちらを選択したかということを明言する必要があります。日本人特有の謙虚さで「どちらもよい」と解答しないように注意しましょう。そのように述べると，自分の意見がはっきりとせず，説得力がなくなってしまう危険があります。したがって，冒頭で自分の意見を明確に述べることが大事です。

❷自分の意見を述べたら必ず理由を添える

意見を述べた後には，「なぜそう思うのか」という理由や根拠を必ず述べてください。理由や根拠がないと，説得力を持たせることができません。理想としては，理由を２つ挙げるとよいでしょう。

❸具体例を述べて，意見を裏付けする

自分の意見やその理由を述べただけでは，独りよがりの意見と思われてしまう可能性があります。そこで，具体例を述べることにより，その意見をより客観的に理にかなったものにしましょう。また，具体例がないと，抽象的に聞こえてしまうので，説得力がなくなります。

❹最後に結論をもう一度言う

解答の最後には冒頭に述べたことをもう一度述べます。その際，Therefore や Thus などの結論を導く語句を使うと，よりスピーチが引き締まるでしょう。なお，時間に余裕がない場合は，この結論部分は省いてもかまいません。

Exercise

問題 031

問題を聞いた後，15秒で解答の準備をしましょう。解答時間は45秒です。

Video games can be a positive experience for children. Do you agree with this statement? Include specific details in your explanation.
（テレビゲームは子どもたちにとってよい経験になり得る。この意見にあなたは賛成ですか。詳細を加えて説明してください。）

Answer

解答例 032

① **I agree** that playing video games can be a positive experience for children. ② **The primary reason for my opinion is** that video games allow children to get rid of stress so that they are happier. If the stress is allowed to build up, they may take their frustrations out on other people. ③ **Another reason is** that these games give children the chance to solve problems, develop multi-task skills and make decisions. The skills learned from playing video games can be transferred to other parts of life. ④ **For example**, children who are good at playing video games have excellent eye and hand coordination. That may mean that they are also good at sports like baseball or basketball. ⑤ **For these reasons, I think** playing video games can be a positive experience for children.

解答例全訳

①テレビゲームをすることは，子どもたちにとってよい経験になり得ることに同意します。②そう考える第1の理由はテレビゲームによって，子どもたちがより幸せになるように，ストレスを取り除くことができるということです。ストレスが積み重なるままにしておくと，子どもたちは他人に対して欲求不満をぶつけるかもしれません。③もう1つの理由は，これらのゲームは，子どもたちに問題を解決したり，一度に複数のタスクを実行する技術を習得したり，決断をしたりする機会を与えるということです。テレビゲームをすることから学べる技術は，生活の他の部分に生かすことができます。④たとえば，テレビゲームをするのが得意な子どもたちは，目と手の協調した動きが優れています。それは，彼らが野球やバスケットボールのようなスポーツも得意であることを意味するかもしれません。⑤これらの理由から，テレビゲームをすることは子どもたちにとってよい経験になり得ると考えます。

解説 最初に「テレビゲームをすることはよいことか，悪いことか」について，**自分の意見を必ず述べます**。解答例では，「よいこと」と述べています（①）。この際には **I agree ... / I disagree ... または I think ～ is better** など，**意見を明確に述べる表現**を使いましょう。次に「なぜよいことなのか」，その**理由を述べます**。解答例では，理由が２つ挙げられています（②，③）。この際には，The primary reason for my opinion is that ...（私の意見に対する第１の理由は...）といった表現で始めると書きやすいでしょう。さらに，**具体例を加えることで，説得力を持たせます**（④）。例示のために使われる表現の代表的なものには For example，For instance があります。この時注意すべきは，これら２つの表現の後ろには主語と動詞を伴った文を続けることです。名詞だけで例を述べる時には like や such as を用います。**解答例のように理由を２つ挙げることが難しい場合は１つでもよいので，必ず具体例と一緒に述べることが大切**です。最後に，もう一度自分の意見を述べてまとめます（⑤）。Question 1 の解答時間は 45 秒なので，**７～10 文ぐらいでまとめる**ようにしましょう。最初からこれらの要素がそろった解答を作るのは難しいですから，アプローチで取り上げた４つのポイントを満たせるように練習を重ねましょう。

Another Approach

Independent Task で時間内に解答を準備するためには，**どちらの意見が答えやすいかを優先する**ことをお勧めします。この時，答えやすさに大きく関わるのが Speaking Section 冒頭でも紹介した「理由の素」です。

先ほどは「時間的な理由」を例に挙げましたが，この他には「経済的な理由」も幅広く使えます。たとえば「都会に住むのと田舎に住むのはどちらがよいか」という問題に対して，「都会に住む方が家賃が高い（ので田舎を選択する）」という理由なら，思いつきやすいのではないでしょうか。この他「健康」「安全」「人間関係」なども話を広げやすいはずです。あらかじめストックを増やしておきましょう。

Common Errors 1

答案分析から間違えやすいところをアドバイス！

Speaking の採点基準の１つ Delivery（話し方）の視点から，学習者が誤りやすいポイントを２回に分けてご紹介します。まず，p.136 の模範解答を学習者が音読した際に，よく見られた誤りを見てみましょう。

032

③ I agree that playing video games can be a positive ① experience for children. The primary reason for my opinion is that video games ① allow children to get rid of stress so that they are happier. If the stress is allowed to build up, they may take their frustrations out on other people. Another reason is that ② these games give children the chance to solve problems, develop multi-task skills and make decisions. The ② skills learned from playing video games can be ① transferred to other parts of life. For example, children who are good at playing video games have excellent eye and hand coordination. That may mean that they are also good at sports like baseball or basketball. For ② these reasons, I think playing video games can be a positive experience for children.

Case 1 基本語の発音・アクセント

意味やスペルを知っていても，正しく発音できていないケースが多く見られます。発音やアクセントがほんの少し違うだけでも，聞き手にその単語と認識してもらえないことがありますので，正しく発音することは非常に重要です。以下に間違いの多い単語を挙げます。音声を聴きながら再度確認してみてください。

□ experience［ekspíəriəns］二重母音に注意してください。

□ allow［əláu］ ow の発音を「オウ」と読む誤りが多いですが，「アウ」に近い音です。

□ transfér 第二音節にアクセントがあります。

Case 2 語尾まで丁寧に

日本語では名詞の数をあまり気にしないためか，複数の s を読まないという誤りがとても多いです。英語においては名詞の数も大切な要素なので，まずはその名詞が単数か複数かを意識するようにし，複数の場合は最後の s もきちんと発音しましょう。

□ these games

□ these reasons

また，語尾の -ed は文法上重要なので，抜け落ちないように気をつけましょう。

□ skills learned from

動詞の三単現の s も忘れやすいので，注意しましょう。

Case 3 間の置き方

意味のまとまりを意識し，適切な箇所で間を置きましょう。 例えば，コンマやピリオドの後，長い主語の後，長い節（SV を含む語のまとまり）の前などはひと呼吸おきましょう。

I agree that は，I agree that/ で切ってしまうという誤りが多いですが，I agree/ that のように切りましょう。

また，「接続詞＋節」(If the stress …)「前置詞＋名詞」「他動詞＋目的語」などはひとかたまりなので，できるだけ間を置かずに一気に読みましょう。

このように，実際に音読してみると，簡単そうでもつまずくポイントがたくさんあります。正しい文章を作る練習はもちろん必要ですが，正しい発音を身につけることも Speaking においては非常に重要です。

Integrated Task ① Question 2

ここからは Integrated Task の攻略法に入ります。まずは Question 2 について学習しましょう。

■ Question 2

Question 2 は,「最初に課題文を45秒で読み，続いてそれに関する学生同士の会話を聞き，その内容について解答する」という統合型の問題です。ここでは, 片方の学生が抱えている問題点とその理由をまとめることが求められます。

Approach

❶会話の内容を中心に解答を組み立てる

最初に読むキャンパス内の掲示などの短い課題文に対して，学生たちが問題点を話し合う会話が流れます。そして,「問題点と，それに対する学生たちの意見やその理由」が問われるので，会話の内容を中心に解答を組み立てます。

❷英“借”文をする

統合型の問題は独立型の問題と異なり, 自分の意見ではなく会話中の「問題点とその理由」を解答することが求められます。したがって，会話で出てきた表現を借りてまとめるように心がけましょう。その際に重要となるのが,「ノートテイキング（＝メモ取り)」です。自分の解答で使えそうな表現をできるだけメモし，それらを中心に解答を組み立てましょう。なお，高得点を狙う場合は，次のステップとして表現の多様さも求められます。慣れてきたら，自分の言葉で言い換えられるような練習も積むとよいでしょう。

では，実際に問題を解いてみましょう。

Exercise

問題

次の課題文を45秒で読み，会話を聞きましょう。その後，30秒で解答の準備をしましょう。解答時間は60秒です。

The university is planning to host an annual career fair. Read the article from the university newspaper about the plan.

Lorient University's 25th Annual Spring Career Fair

Over 50 major employers will be present in the Student Building next month for the 25th Annual Spring Career Fair; Valley Health Services, Eastern Project Management, Howard Financial Services Inc., IT Brite Computer Networks, Avian Engineering, and Pharmatect are some of the participating corporations, just to mention a few. "This event continues to grow every year," says Mitchell Rowen, Senior Director of the Student Alumni. "Employers have been so impressed with the qualifications of the candidates that they've interviewed on the spot; that is a true indication that our graduates are in demand." The 25th Annual Spring Career Fair will be held on April 20th and 21st, from 9 a.m. to 5 p.m. on the 2nd floor of the Student Building located at 1718 Marsh Boulevard. For more information, contact us at 720-458-6988.

Now listen to two students discussing the article. 

The woman expresses her opinion of why the man should consider attending the job fair. State her opinion and explain the reasons she gives for holding that opinion.
（女性は，男性がなぜ就職フェアに出席することを考慮した方がよいかについて意見を示します。彼女の意見とその理由を述べてください。）

Answer

リーディング全訳

大学は年次キャリアフェアの主催を計画しています。その計画について，大学新聞の記事を読んでください。

第25回ロリアン大学春期キャリアフェア

来月，学生会館で行われる第25回春期キャリアフェアには，50社以上の大手企業が出展します。少しだけ挙げると，バレー医療サービス，東部プロジェクトマネジメント，ハワード金融サービス社，ITブライトコンピュータネットワーク，エイビアン・エンジニアリングとファーマテクトが参加企業の一部です。「このイベントは，毎年発展し続けています」と，同窓会の理事であるミッチェル・ローウェンは述べています。「企業は候補者の技能にとても感心し，その場で面談をしています。これは，本学の卒業生が必要とされているという真の証です。」第25回春期キャリアフェアは，4月20日と21日の午前9時から午後5時まで，マーシュ大通り1718番地にある学生会館の2階で開かれます。詳細は，720-458-6988までお問い合わせください。

リスニングスクリプト

033

Now listen to two students discussing the article.

Woman : Did you see the notice about the career fair coming up in two weeks?

Man : I've been so busy with my exams that I haven't had the chance. What's it about?

W : Well, there're going to be over 50 major companies exhibiting. Apparently a lot of graduates get hired on the spot. Look, it says that IT Brite Computer Networks will be there too.

M : Well, it's a great way to see what's out there but I haven't got a clue of what to write on my resume. I've never really worked before so I'm clueless on where to start or whether my qualifications are acceptable.

W : Hey, that's not true! You've done a great job in your programming assignments and one of your projects got an honorable mention in the IT department's annual web design contest. Don't forget we also volunteered at the Science Awareness Exhibition.

M : Right, but I have been thinking of going to grad school so I wouldn't want to make any empty promises.

W : Yes, but this is to get your foot in the door. Even if you do go to graduate school, the companies might consider your qualifications and hire you for part-time work. Come on; let's work on our resumes together. I've got new software that works wonders in designing the presentation of your data.

リスニング全訳

それでは，２人の学生が記事について話しているのを聞いてください。

女性：２週間後にあるキャリアフェアの告知を見た？

男性：試験で忙しくて，見る機会がなかったよ。どんなことが書いてあったの？

W：ええと，50社以上の大手企業が出展する予定だって。たくさんの卒業生がその場で雇われるみたい。ねえ，IT ブライトコンピュータネットワークも参加するって書いてあるのよ。

M：まあ社会にどんな会社があるか知るのにはすばらしい方法だね。でも，履歴書に何を書いたらよいのかさっぱりわからないよ。今までにきちんと働いたことがないから，どこから始めればよいのか，自分の技能が受け入れてもらえるかどうかわからないんだ。

W:ちょっと，それは違うわよ！ プログラミングの課題の出来がすばらしかったから，プロジェクトの１つがIT 学科の年次ウェブデザインコンテストで特別賞を受けたじゃない。私たちが参加した科学認知展示会でのボランティアも忘れないでね。

M：そうだね，でも，僕は大学院に行こうと考えているんだ。だからあまり空約束はしたくないんだよ。

W：そうね，でも，最初の一歩を踏み出してみる時よ。たとえ大学院に行くとしても，会社があなたの技能を考慮して，パートタイムであなたを雇うかもしれないわ。さあ，一緒に履歴書を書きましょう。私は，データを提示するデザインにとても役に立つ，新しいソフトを持っているの。

解答例 034

① The university is going to hold an annual job fair. Over 50 companies will be present in the fair, and ② the woman **is all for** attending it. She **gives two main reasons** why she thinks the man should go to the fair. ③ **First,** she thinks that the man's qualifications are good enough. As an example, she refers to the fact that he did so great a job in his programming assignments that he got an honorable mention in the IT department's web design contest. ④ **Second,** she believes the fair will give the man a great opportunity to get his foot in the door. Even though he is considering going to graduate school, the woman points out that the companies might hire him for part-time work. ⑤ **For these reasons,** she strongly recommends the man attend the job fair.

解答例全訳

①大学は年に一度の就職フェアを開催する予定です。50以上の会社が出展し，②女性はこのフェアに参加することに大賛成です。なぜ男性が就職フェアに参加した方がよいと思うかについて，女性は２つの主な理由を述べています。③１つは彼女は男性の技能が充分に優れていると考えているからです。例として，男性のプログラミングの課題がとてもよくできていたので，IT学科のウェブデザインコンテストにおいて特別賞を受賞したことに言及しています。④２つ目に，彼女はそのフェアは男性が最初の一歩を踏み出すよい機会を与えてくれると信じています。彼女は，彼が大学院進学を考えているとしても，会社がパートタイムで彼を雇うかもしれないと指摘しています。⑤これらの理由から，彼女は男性が就職フェアに参加することを強く勧めています。

ここをメモ！

W：career fair ... in two weeks / over 50 major companies

M：busy with exams / no clue ... what to write on resume / where to start / whether qualifications are acceptable

W：M ... done great job in programming assignments / honorable mention in web design contest

M：grad school ...?

W：get foot in the door / hire for part-time / work on resume together

解説 ここでは問題の指定に従い，女性の意見を中心に答えを作ります。まず主題が career fair であることをまとめ（①），それについての**女性の意見を明示**し（②），**2つの理由を具体例とともにまとめる**ことが重要です（③，④）。この問題では，女性はキャリアフェアに参加するべきという立場をとり，男性の「資格に自信がない」「進路を決めかねている」といった悩みに対し，具体的な例を挙げながらアドバイスをしていました。この2点を明確にまとめます。解答をまとめる際に便利なのが解答例で色がついている表現です。さまざまな問題で使うことができますから，覚えておきましょう。なお，「～した方がよい」のようにアドバイスについて述べる際は should が適切です。「～した方がよい」と言いたい場合，had better を用いることもありますが，「～した方がよい（しないと悪いことになる）」という意味も含むため，少し強すぎたり，相手より上の立場からの表現ともとれることを注意しましょう。また，今回は女性の意見を表すのに she thinks that ..., She believes (that) ...という表現を使っています。この他にも S suggest that S′ should *do* / S insist that S′ should *do* といった表現も可能です。

Vocabulary

- □ **annual** = 年1回の
- □ **qualification** = 資格，技能
- □ **candidate** = 候補者
- □ **exhibit** = 展示する
- □ **honorable** = 名誉ある
- □ **mention** = 表彰；言及

Another Approach

Question 2 では会話が終わって設問が読まれるまで，どちらの意見をまとめる問題かはわかりませんが，明確な意見や強い主張に注意しながら，会話の流れをつかみましょう。ノートテイキングでは，会話の主題をリードしていると思われる方に重点を置き，メモを取るのがよいでしょう。今回の Exercise では，女性の意見について，なるべく具体例まで聞き取れるとよいですね。「**ここをメモ！**」では男性についても細かくキーワードを挙げていますが，「わからないことに対する不安」を男性が持っていることがつかめればよいでしょう。

また，２人が意見を交換し合う形式であることは確実ですから，最初からメモを左右に分けて男性と女性の発言の対応関係が見やすくなるようにまとめるなど，練習の際に工夫してみましょう。

Common Errors 2

答案分析から間違えやすいところをアドバイス！

p.144 の模範解答についても学習者が音読した際に，よく見られた誤りを見てみましょう。

> 034
>
> The university is going to hold an annual job fair. Over 50 companies will be ① present in the fair, and the woman is all for ② attending it. She gives two main reasons why she thinks the man should go to the fair. First, she thinks that the man's qualifications are ② good enough. As ② an example, she refers to the fact that he did so ② great a job in his programming assignments that he got an ① honorable mention in the IT department's web design contest. Second, she believes the fair will give the man a great opportunity to get his ② foot in the ① door. Even though he is considering going to graduate school, the woman points out that the companies might hire him for part-time work. For these reasons, she strongly recommends the man attend the job fair.

Case 1 基本語の発音・アクセント

前回でも紹介しましたが，やはり単語の発音を間違って覚えてしまっている方が多いです。この文章でよくある間違いを以下に挙げます。

- □ présent 後半にアクセントが来て動詞の発音になっているミス。形容詞の場合のアクセントは前。
- □ honorable［ánərəbl］ 最初の h を発音して「ホ」と読んでしまうミス。
- □ door［dɔ́ːr］ カタカナの「ドア」のように発音するミス。

Case 2　音の連結

子音（破裂音）＋母音の場合，通常，音と音がつながる「連結」が起こります。この連結も苦手な方が多いです。

この文章では以下の単語を連結させず２語として読んでしまう誤りが多くありました。音声で聴いてまねをすることで連結に慣れ，自分の解答を発音するときも意識するようにしましょう。

- □ attending it　【ŋ】と【i】の連結
- □ good enough　【d】と【i】の連結
- □ an example　【n】と【i】の連結
- □ great a　【t】と【ə】の連結
- □ foot in　【t】と【i】の連結

Case 3　抑揚

英語独特の抑揚も，日本人学習者には苦手な方が多いです。英語では，意味を理解する上で大切な部分は強めに，文法上は必要でも意味を理解する上でさほど重要でない部分は弱めに発音します。それによって聞き手は意味を取りやすくなります。日本語と同じように単調に読むと，聞き手側は意味を取りにくいので，英語らしい話し方を体得しましょう。なお，同じ理由で，リスニングの際にすべてを完璧に聞き取れなくても，大意をつかむことは可能です。

【おすすめの練習法】

ここでは典型的な誤りを見てきましたが，何度も練習することで克服は可能です。おすすめの練習法は次の通りです。

1．それぞれの単語の正しい発音やアクセント，間の置き方，抑揚などに注意しながら，まずは模範音声を何度も聴きましょう。もし間違った発音で覚えてしまっていたら，正しい発音で覚え直し，どんどん上書きしていきましょう。

2．音声とまったく同じように読むつもりで，何度も声に出して練習しましょう。特に初心者には，音読やリピートがお勧めです。スラスラと上手に読めるようになったら，オーバーラッピングにも取り組みましょう。模範音声にぴったり重ねて読むことで，英語らしい話し方が身につきます。

Integrated Task ②

Integrated Task の２つ目の形式，Question 3 を攻略しましょう。

■ Question 3

Question 3 は「最初に学術的な内容の短い課題文を45秒で読み，それに関する講義を聞いた後，その内容について解答する」という統合型の問題です。

Approach

● **課題文と講義を関連づけてノートテイキングする**

課題文の内容を講義で補足する形になっているので，まず課題文の要点をノートテイキングします。講義は課題文の内容を補足するためのものなので，内容は課題文と似たものになります。そこで，講義では課題文には出てこなかった情報（＝新情報）をノートテイキングします。

Exercise

問題

次の課題文を45秒で読み，講義を聞きましょう。その後，30秒で解答の準備をしましょう。解答時間は 60 秒です。

Read the passage about Taiwan's historical family structure.

Taiwan's Historical Family Structure

Historically, the family in Taiwan was extended, patriarchal, patrilineal and patrilocal in nature. It incorporated ideology and values that influenced daily life, including denying young Taiwanese women the opportunity to experience adolescence. The ideal family was composed of a structure that consisted of grandfather, father, sons and grandsons. There were also wives, unmarried daughters and granddaughters. Authority was assigned to a male member of the family. Property was allocated only to the male descendants, in order to keep it within the family.

Now listen to part of a talk in an Asian studies class. The professor is discussing the significance of male domination. 035

Explain how the superiority of men over women in historical Taiwanese families placed women at a disadvantage.
(台湾の歴史的な家族における女性に対する男性の優勢により，女性はどのような不利な状況に置かれたかを説明してください。)

Answer

リーディング全訳

台湾の歴史的な家族構成についての文章を読んでください。

台湾の歴史的な家族構成

歴史的に台湾の家族は本質的に拡大家族であり，家父長制で，父系を重んじ，父方居住制をとっていた。それは，若い台湾人の女性に青春を経験する機会を与えないことも含めて，日常生活に影響するイデオロギー〔観念形態〕と価値観を合わせたものだった。理想的な家族は，祖父，父，息子と孫息子からなる構成だった。妻や，結婚していない娘と孫娘もいた。権限は，男性の家族に与えられた。家族内で財産を保持しておくために，資産は男性子孫だけに割り当てられた。

リスニングスクリプト 035

Now listen to part of a talk in an Asian studies class. The professor is discussing the significance of male domination.

Professor :

The traditional Taiwanese family was male-dominated, so there was a lot of pressure on women to produce sons, which in all practical senses, was the necessary thing to do. How so? Well, **sons provided for their parents in their old age and performed religious rites for them after death**. However, women were not allowed this privilege, in accordance with the patrilocal nature of the historical family. In fact, **single women were neither permanent nor actual members of their birth households**. You see, **if a young woman died before marriage, there would be no tablet for her in the ancestor worship hall** because a woman belonged to her husband's family. This was especially symbolized during the marriage ritual, as the bride's father or brother shut the door firmly behind the bridal sedan chair as she left the house, and water was splattered on the ground. In other words, like spilt water, **a married woman could not return to her natal household**.

リスニング全訳

では，アジア研究の講義の一部を聞いてください。教授は，男性支配の重要性を論じています。

教授：

台湾の伝統的な家族では支配権は男性にあったので，息子を生むよう女性に多くの圧力がかけられました。そしてそれは，実際問題として必要なことでした。どうしてでしょうか。**息子たちは老いた両親を養って，死後，宗教的な儀式を行いました**。しかし，歴史的な家族における父方居住制のため，女性はこの権限を与えられませんでした。実際，**独身女性は死後も，生存中も生まれた家庭の家族の一員ではありませんでした**。つまり，**もし若い女性が結婚前に死んでも，祖先をまつる場に彼女の位牌はなかったのです**。女性は夫の家庭に属するからでした。このことは特に結婚式で象徴的に表れていました。花嫁が家を出ると，花嫁の父や兄弟が，婚礼の輿の後ろでしっかりとドアを閉め，水を地面にバシャバシャまきました。言い換えると，そのまかれた水のように，**結婚した女性は生家に戻ることができなかったのです**。

解答例 036

① Authority was assigned to a male member of the family. Property was allocated only to the male descendants, in order to keep it within the family. Men were superior to women in historical Taiwanese families because men were considered to be real family members while women were not, because they would marry into another family. ② Women had no authority, could not enjoy their youth and could not inherit any property. Sons could also live with their parents when their parents became old. ③ Sons provided for their parents in their old age and performed religious rites for them after death. If a young woman died before marriage, there would be no tablet for her in the ancestor worship hall because a woman belonged to her husband's family. A married woman was not allowed to return to her natal household.

解答例全訳

①権限は男性の家族に与えられました。家族内で財産を保持するために，資産は男性の子孫だけに割り当てられました。歴史的な台湾の家族では，男性は女性よりも優位でした。男性は本当の家族であると考えられていましたが，女性は別の家族に嫁ぐため本当の家族ではないと考えられていたためです。②女性には権限が何もなく，青春期を楽しむことができず，少しの資産も相続することができませんでした。両親が年をとった時，息子は両親と一緒に暮らすこともできました。③息子は老いた両親を養って，死後，宗教的な儀式を行いました。若い女性が結婚の前に死んでも，祖先をまつる場に彼女の位牌はありません。女性は夫の家庭に属するからです。結婚した女性は，生家に戻ることはできませんでした。

ここをメモ！

Reading：

○ Taiwan, deny young women the opportunity to experience adolescence

○ Authority assigned to a male member

Listening：

sons

○ male-dominated

○ provided for their parents in their old age and performed religious rites for them after death

woman

○ if a young woman died before marriage, there would be no tablet for her

○ belonged to her husband's family

○ could not return to her natural household

解説 まず，課題文の要点を押さえます。メモを取った部分を参考に要点をまとめましょう。女性の不利な状況をリーディングから２点見つけ出し，まとめあげます（①，②）。それに講義で話された新情報を加えます（③）。教授が挙げている具体例を使って，男女の違いを明確に伝えましょう。メモを取る際に男女に分けて書いておくと，まとめやすいですね。解答例を見るとわかるように，講義で出てきた表現はほとんどをそのまま，もしくは自分の言いやすいように少し変えて，解答を作ることができます。効果的にメモを取れるよう，練習を積んでおきましょう。

Vocabulary

- □ **patriarchal** = 家父長の
- □ **patrilineal** = 父系の
- □ **patrilocal** = 夫の両親の家に居住する
- □ **adolescence** = 思春期
- □ **authority** = 権威，権力
- □ **property** = 財産
- □ **allocate** = ～を割り当てる
- □ **descendant** = 子孫
- □ **rite** = 儀式
- □ **tablet** = 銘板，碑
- □ **ancestor** = 祖先
- □ **worship** = 崇拝，お祈り
- □ **natal** = 出生の

Another Approach

ノートテイキングの重要性についてはこれまでも触れてきましたが，例えばこのExercise ではどのようなメモを取ればよいか確認してみましょう。以下はメモの一例です。黒字のメモは課題文から抜き出した解答する際に外せない内容，青字はそこに足していく講義での新情報です。青字はメモできればよりよいという内容で，あまりにも細かい情報は実際に解答する際には省略してもよいでしょう。また，冠詞や所有代名詞など，細かいものは省略しながら書きとめてもよいでしょう。

→ provide for parents (old) /
religious rites after death

○ Taiwan : patriarchal = grandf / father / son / grands
→ × young woman … opportunity to experience adolescence
→ single … × permanent nor actual members
birth households
→ no tablet in worship hall
→ marriage → father shut the door firmly /
could not return

○ authority / property … male member = male-dominated

学習法アドバイス

シンプルな英文を心がけよう

普段，教室でも TOEFL の指導にあたっていますが，Speaking Section において，受講生が伸び悩む時によくある傾向と，その対策を紹介したいと思います。

1つ目は，日本語の表現をそのまま英語に訳そうとすることです。頭に浮かんだ日本語をそのまま英訳しようとしたけれど，うまくいかなかった経験はありませんか。私たちにとって日本語は母語なので，自由自在な表現が可能です。しかし，英語は違うということを念頭に置き，英文を考える必要があります。

本来，一番よいのは課題を読んで解答するまでのプロセスを日本語なしで終えることですが，それは難しいですね。思考の過程で日本語を介してしまうのは，特に初学者では仕方のないことです。

少しでも改善するための第一歩としては，まずは頭に浮かんだ難しい日本語を，同じような意味の簡単な日本語に言い換えることから始めてください。例えば「このワインは何年物ですか」と英語で聞きたいとします。「何年物」という日本語は英語にするには少し難しいですね。しかし結局のところ，聞きたいのは「このワインはどのぐらい古いのか」ということです。すると How old is this wine? が比較的簡単に思い浮かぶのではないでしょうか。「難しい日本語→簡単な日本語→簡単な英語」の順に考えて，シンプルな表現を心がけましょう。

またもう1つのつまずきの原因もこれに似ています。解答を作り上げる際に難しい構文を使おうとして，文法ミスのため意味が不明瞭になってしまう人が多いです。最初はシンプルに正しく話すことを心がけましょう。

例えば，The accident caused me to be late for the meeting. のように「無生物主語」を使えば短い文で表せますが，瞬時に思いつかなかった場合や正しく使う自信がない場合は，人を主語にして I couldn’t come to the meeting on time because of the accident. と言うことができます。難しい構文を使って間違えてしまうよりも，使い慣れた構文を使うことでミスを防ぎましょう。

とにかくシンプルを意識し，発想を柔軟にして単純明快に伝える練習を繰り返しましょう。

Integrated Task ③ Question 4

最後に Integrated Task の３つ目の形式，Question 4 を攻略しましょう。

■ Question 4

Question 4 は講義を聞いて，その内容を解答する問題です。これは Question 3 の課題文がないパターンと考えるとイメージがしやすいかもしれません。

Approach

❶ 要点を中心に答える

講義には必ず重要なポイントがあるので，そこを落とさずしっかりと押さえるようにしましょう。ポイントとなるトピックセンテンスをつかみ，それからまとめて述べるとよいでしょう。文章の展開を方向付ける transition word （p.169）に注意すると，流れが理解しやすくなります。

❷ 要点と例をつなげる

講義の中では数多くの例と情報が出てきます。60秒という時間を考えると，その例を全部述べることは不可能と言えます。したがって，１つの要点に対して，例は１つか２つに絞るのが効果的です。解答する際には要点と例をつなげて，ペアで解答するようにしましょう。

Exercise

問題 037

次の講義を聞き，20秒で解答の準備をしましょう。解答時間は 60 秒です。

Listen to part of a talk in a plant biology class.

Using points and examples from the talk, explain the reproduction process of the conifers as presented by the professor.
(話の重要事項と具体例を使って，教授によって示された，球果植物の生殖過程を説明してください。)

Answer

リスニングスクリプト 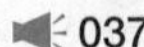 037

Now listen to part of a talk in a plant biology class.

Professor :

You probably know that **conifers**, which are evergreen trees, are cone-bearing plants found worldwide. The most common types are cedars, cypresses, firs, pines, hemlocks and spruces. However, how many of you are aware that conifers, like flowers, **produce pollen**, which they need to reproduce? You see, **pollen grains produced by the male microsporangia cones are carried by the wind** and under favorable circumstances, will of course eventually find their way to **fertilize the female gametophyte**. From this union, an embryo is formed on its way to becoming a seed. **Conifer seeds mature inside a protective container**, known as a strobilus, or what we refer to as a pine-cone. The growing process depends on the variety and the seed will take from **four months to three years to reach full maturity**. **When the seeds in the cones are mature, the scales spread open so that the seeds are released and blown away by the wind**. Did you know that **most cones do not fall off the tree immediately when they become ripe, and that some may store their seeds for an extended period of time**? Prior to pollination, cones are referred to as “male and female flowers”. But **after the female cones are fertilized, they are called “fruits”**.

リスニング全訳

植物生物学の講義の一部を聞いてください。

教授：

皆さんは，おそらく，常緑樹である球果植物が，世界中で見られる球果をつける植物であるということは知っているでしょう。最も一般的なタイプのものは，スギ，イトスギ，モミ，マツ，ツガとトウヒです。しかし，皆さんのうちのどれくらいの人が，球果植物が花のように，生殖に必要な花粉を作ることをご存知ですか。つまり，おしべの小胞子嚢の球果によって生産される花粉粒は，風によって運ばれ，その結果，条件がよければ，当然，雌性の配偶体を受粉させることになります。この結合から，やがて種子になる胚が作られます。球果植物の種は，球果として知られている，つまり私たちが松ぼっくりと呼ぶ保護容器の中で熟します。発達過程は種類によって違い，種子が完全に成熟するのに４カ月から３年かかります。球果の中の種子が成熟すると，種子が放出され風に飛ばされるように，松ぼっくりの鱗片が開きます。大部分の球果は熟してすぐには木から落ちず，長期間種子を保存するものもあることを知っていましたか。受粉の前の球果は「雄花と雌花」と言われています。しかし，雌花が受精した後，それらは「果実」と呼ばれます。

解答例 038

① Conifer trees are evergreen trees and are found in many places throughout the world. All varieties of conifer, such as cedar, fir and pine, produce cones. ② Cones are a kind of flower because they produce pollen for reproduction. The male cones produce pollen, which is carried by the wind to fertilize the female cones. ③ It usually takes anywhere from a few months to a few years for full maturity to be reached. Most cones do not fall off the tree right away, even when they are mature, so the seeds can be stored for a longer period of time. Before pollination, cones are called just “male and female flowers”, but ④ after pollination, which means that the female cones are fertilized, they are regarded as “fruits”.

解答例全訳

①球果植物の木は常緑樹で，世界中の多くの場所で見つかります。スギ，モミ，マツのような球果植物の全種類が球果をつけます。②生殖のために花粉を生産するので，球果は一種の花です。雄花の球果は花粉を作り，花粉は風によって運ばれて雌花の球果を受粉させます。③通常，完全な成熟に達するには，数カ月から数年程度かかります。成熟しても，大部分の球果はすぐに木から落ちないので，種子はより長い期間たくわえられることがあります。授粉の前の球果は単に「雄花と雌花」と呼ばれますが，④授粉後，つまり雌花が受精した後は，「果実」と見なされます。

ここをメモ！

main point : conifers

○ pollen / needed in reproduction

○ seed / inside protective container

○ most cones do not fall off the tree when ... ripe

○ after female cones are fertilized / called fruits

解説　まずは**講義の要点をまとめましょう**。球果植物の生殖過程についてまとめるよう求められていますから，まずはどのような植物であるかについて簡単に触れます（①）。さらにその生殖の特徴として挙げられていたものを３点ほど述べましょう（②～④）。順を追って種子が熟して飛ばされるまでの過程を説明し，「果実」と呼ばれる段階についても述べて締めくくります。これらの要点に，その他に聞き取れた単語などを参考に，**具体例や説明を追加するとよりよい解答となります**。球果植物については cedar, fir and pine など，その**具体的な植物名を挙げ，対象を明確にしています**。花粉について説明している pollen grains produced by the male microsporangia cones（おしべの小胞子嚢の球果によって生産される花粉粒）の文のように，難しい単語が使われていると，聞き取れないことや，単語を発音できないことがあるかもしれませんが，are carried by the wind（風によって運ばれる）などの比較的易しい部分はしっかり聞き取って，解答に組み込みましょう。できれば the seed will take from four months to three years to reach full maturity（種子が完全に成熟するのに４カ月から３年かかります）といった**期間の数字なども明確に伝えられると生殖過程の特徴をより明確に示すことができるでしょう**。

Vocabulary

- □ conifer ＝ 球果植物
- □ evergreen ＝ 常緑の
- □ cone-bearing ＝ 球果をつける
- □ cedar ＝ スギ
- □ cypress ＝ イトスギ
- □ fir ＝ モミ
- □ pine ＝ マツ
- □ hemlock ＝ ツガ
- □ spruce ＝ トウヒ
- □ pollen ＝ 花粉
- □ grain ＝ 粒，穀粒
- □ microsporangia ＝ 小胞子嚢
- □ fertilize ＝ ～を受精させる
- □ gametophyte ＝ 配偶体
- □ embryo ＝ 胚
- □ strobilus ＝ 球果
- □ ripe ＝ 熟れた，熟した
- □ pollination ＝ 授粉

Writing Section

概要

テストの流れ

❶英文を読む

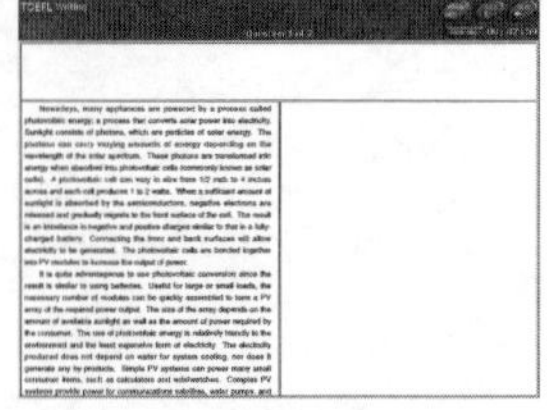

画面に英文と制限時間が表示されます。制限時間になると，自動的に消えて講義に進みます。
(Question 1 のみ)

❷英文を聞く

講義の様子が表示され，読んだ英文と同じテーマで講義の音声が流れます。
(Question 1 のみ)

❸解答する

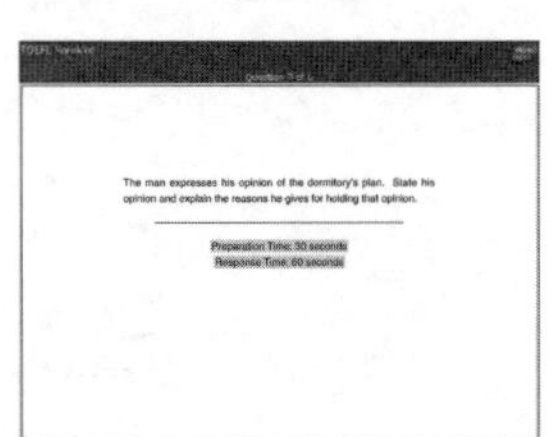

画面上に Directions と設問が表示されます。英文は左側に再度表示されます。右側の空欄に解答をタイプします。解答を修正する場合には，COPY，CUT，PASTE をクリックします。なお，入力画面の右上にワードカウントも表示されます。

設問形式

Speaking Section と同じく，Writing Section でも統合型の問題が課され，以下の2つの Question が出題されます。

① Integrated Task (Question 1)

課題文を読み，さらに講義の内容を聞いて解答する統合型問題。

② Independent Task (Question 2)

問題に対して自分の意見や考えを解答する独立型問題。

以下でそれぞれの Question について，具体的に見ていきましょう。

■2つの Question 一覧

Question	設問形式	内容	解答時間	語数
1	Integrated ・Reading ・Listening ・Writing	学術的なトピックに関する短い課題文を読み，それに関連した講義を聞いた後，内容の要点を解答する	20 分	150 ～ 225 語
2	Independent ・Writing	提示された問題に対して自分の意見を解答する	30 分	300 語以上

この一覧からもわかるように，このセクションでは「作文」の力は問われていません。ここでは**提示された問題に対し，読み聞きした情報や自分の意見をいかに論理的に構成し解答できるかという「論述」の力が問われている**のです。なお，Writing Section においては手書きはできず，タイピングした解答しか認められていません。

■採点基準

このセクションはAIによる採点と人間による採点者との連携で，0～5の6段階で総合的に採点されます。

【Question 1】

① 課題文と講義との内容の関連性が明確に示され，重要なポイントが正確に把握されているか

②内容に一貫性があるか，全体の構成が整っているか

③文法・語彙・表現に誤りはないか

【Question 2】

①課題の指示に対して的確に答えているか

②構成・展開に一貫性があるか

③文法・語彙に間違いがないか，表現は多様であるか

以下が，ETSの採点者が解答を評価する際に用いる基準の概略です（ETS公式発表のrubricを元に作成）。詳細はETSの公式サイトを参照してください。

Integrated Task の評価基準

評価	評価の基準
5	講義から重要な情報を選び出し，その情報と課題文の関連情報との関係を明確に提示できている。構成がすぐれており，ところどころに語彙や文法上の誤りがあるものの，意味の正確な伝達を妨げるものではない。
4	概して講義から重要な情報を選び出し，その情報と課題文の関連情報との関係を明確に提示できているが，講義の内容や課題文の論点との関係に関して，わずかな不正確さ，曖昧さ，漏れが見られる。語彙や文法上の誤りがあるが，それは明確さや議論の流れをところどころで阻害する程度のものである。
3	講義の重要な情報をある程度盛り込み，課題文の情報との関連性をある程度示しているものの，以下の点のうち1つかそれ以上に当てはまる。 ・講義と課題文の論点との関係の示し方が曖昧，不明瞭，あるいは若干不正確である。 ・講義の中の重要な論点の1つが盛り込まれていない。 ・講義または課題文の中の論点のいくつかが不完全か不正確である。 ・語彙や文法上の誤りがさらに多い，または曖昧な表現や意味の伝達の阻害へとつながる誤りがある。
2	講義の関連情報をある程度盛り込んでいるが，重大な漏れや誤りがあり，以下のうちの1つかそれ以上が認められる。 ・講義と課題文の全体的な関係にまったく触れていない，または完全に誤って提示している。 ・講義の重要点の多くを盛り込んでいない，または著しい誤りがある。 ・重要箇所において意味の伝達を阻害する語彙，文法上の誤りがある。
1	以下のうちの1つかそれ以上が認められる。 ・講義で示された意味のある内容，または適切な内容をほとんど，あるいはまったく盛り込んでいない。 ・言語レベルが非常に低く，意味を理解することが困難。
0	課題文の文章を丸写しているだけ，トピックに無関係，英語以外の言語で書かれている，ただキーを押しただけ，あるいは白紙のままである。

Independent Task の評価基準

評価	評価の基準
5	以下の点をほぼ満たしている。 ・与えられたトピックに対して的確に解答している。 ・明らかに適切な説明，例，詳細が用いられており，構成・内容展開がすぐれている。まとまり，流れ，一貫性がある。 ・小さな語彙的・文法的誤りは見受けられるものの，一貫して多様な構文，適切な語彙・慣用表現が使用されている。
4	以下の点をほぼ満たしている。 ・やや不足も見られるが，与えられたトピックに対して十分に解答している。 ・十分な説明，例，詳細情報が用いられており，構成・内容展開が概ねよくできている。時折，冗長な表現や話の脱線，つながりの不明瞭な箇所が見られるが，まとまり，流れ，一貫性がある。 ・文構造や語彙・表現面に，意味の伝達を阻害しない程度の誤りが時折見られるが，多様な構文，語彙が使用されている。
3	以下の点のうち１つかそれ以上に当てはまる。 ・ある程度よく展開された説明や，例，詳細情報を用いて，解答している。 ・考えのつながりが不明瞭な箇所があるが，まとまり，流れ，一貫性がある。 ・意味の不明瞭さの元となるような，文構造や語彙選択に関する能力のむらが見られる。正確だが，構文や語彙選択の幅が限られている。
2	以下の弱点のうちの１つかそれ以上が認められる。 ・与えられたトピックに対して，内容展開が限られている。 ・内容構成や考えのつながりが不適切で，盛り込まれた例や説明，詳細情報が不適切，あるいは不十分である。 ・語彙選択が明らかに不適切で，文構造に誤りが多く見られる。
1	以下の弱点のうちの１つかそれ以上によって，著しく損なわれている。 ・内容構成あるいは内容展開に著しい欠点がある ・詳細情報がほとんど，あるいはまったく書かれていない。具体例が的外れで，課題に対する答えとして不適切。 ・文構造の誤りが顕著で，かつ頻繁に見られる。
0	トピックの単語を写しているだけ，またはトピックに無関係である。英語以外の言語で書かれている。ただキーを押しただけ，あるいは白紙のままである。

✧ Writing Section (Integrated Task) 攻略法

Writing Section の Integrated Task では，出題形式が決まっているため，ある程度はテンプレートを使って解答することができます。あらかじめ準備しておき，それにあてはめるように書いていくとスムーズでしょう。

Quesiton 1 には，講義(リスニング)が課題文(リーディング)に反論するタイプと，補足するタイプがあります。

反論型で代表的な流れを，順を追って確認しましょう。最初は必ずテーマを述べます。

The lecturer/professor talks about …. He/She raises three main points that challenge the information from the reading.

このような形で書きだすとよいでしょう。その後は，リスニングの内容をまとめ，それに対するリーディングの関係性をまとめるのが一般的です。例えば，

First, the lecturer/professor states that …. What he/she says disagrees with the reading passage, which says that ～ .

などとすると簡潔にまとまりますね。出題傾向は、反論型が圧倒的に多いようです。

もう一つの補足型は，講義で具体例を用いながら課題文をさらに詳しく説明するタイプです。まず，書き出しでリーディングの要点をまとめ，具体例を挙げて補足しましょう。The lecturer/professor expands on this idea. The lecturer/professor mentions that ～ . などと書くことができます。

第２段落，第３段落，第４段落も同じように展開しましょう。おそらくポイントは３点あるはずですから，それぞれの段落で１つずつまとめましょう。この際，リーディングに書かれている表現を完全にそのまま使ってしまうと減点となります。そうならないように注意し，自分の言葉で言い換えながらまとめましょう。

上の例では簡潔にまとめましたが，これ以外にも自分で書きやすい形式でオリジナルのテンプレートを作成してみると，力がつくでしょう。具体例やより詳細な説明を加えてもよいですね。対比の構造を明確にする書き方だけでも多くのバリエーションがあります。以下に例を挙げます。

・What the lecturer/professor says is ～ , which does not agree ….

・The reading explains that ～ . However, the lecturer/professor disagrees that ….

・He/She explains that ～ , but it contradicts the reading passage in that ….

これらの例ではリスニングの内容を先に述べ，それがリーディングと反していたという流れで展開しました。もちろん，これを逆にして先にリーディングの内容を書き，次にリスニングにおける反論を記述してもよいでしょう。

そして，最後にもう一度違う表現で結論をまとめます。その際には In conclusion のように文頭で結論であることを明示しましょう。

✧ Writing Section (Independent Task) 攻略法

この Question 2 では Question 1 とは異なり，自分の意見を述べ，さらにその意見を論理的にサポートする能力が求められています。

まず最も重要な点は Introduction, Body, Conclusion という 3 つのパートに分け，5 段落で書くということです。まず Introduction で自分の意見を明確にし，Body で意見をサポートする理由を挙げます。このとき，1 段落に 1 つの理由を展開します。最後に Conclusion で自分の意見を再提示して締めくくります。

Introduction	… 一般論などを引き合いに出しつつ，自分の意見を明示
Body 理由①／理由②／理由③	… 自分の意見を裏付ける理由を列挙。必ず具体例を入れて説得力をもたせる。
Conclusion	… Introduction の内容を言葉を変えてまとめ，締めくくる

また，Independent Task でポイントとなるのが，「いかに早く理由を思いつくか」ということです。せっかく英語の文章をうまく作れるようになっても，話したり書いたりする「ネタ」がないと生かせないですよね。また，ただ理由を思いつけばよいというものではなく，「説得力のある理由」を思いつかなければ高得点は取れません。

それでは「説得力のある理由」を限られた時間の中で話したり書いたりするにはどうしたらいいでしょうか。それは「あらかじめ説得力のある理由を用意しておく」ことです。とはいえ，「どんな問題が出題されるかわからないのにあらかじめ説得力のある理由を用意するのは無理だ」と思われる方もいるでしょう。では，どうしたらよいか。その答えは「どんな問題が出されても使える理由」を用意すること」です。

Speaking Section でも触れましたが，「どんな問題が出題されても使える理由」の一つの例が「時間的な理由」です。「～に賛成 (反対) である。なぜなら時間がかからない〔かかる〕から」といったように「時間的な理由」はいろいろな問題に対応できます。世の中にある多くの製品は時間短縮を目的としているものが多いことからもこの「時間的な理由」が多くの問題に対応できることが理解できるでしょう。以下に「どんな問題が出題されても使える理由」のリストを挙げておきます。

・「時間的な理由」
・「経済（お金）の理由」
・「健康の理由」
・「安全の理由」
・「環境的な理由」

もちろんこれだけではないので，これを元に皆さんがそれぞれリストを増やしていってください。

また，これにはもう一つの利点があります。「どんな問題が出されても使える理由」を用意して練習すれば，すでに練習した時に使った英語とまったく同じ英語を使うことができます。つまりテンプレートが作れるようになるのです。

例えばI agree with ～ because it does not cost a lot of money. のような文章がそのまま使えるようになります。

このようにかなりの利点をもたらしてくれる「どんな問題が出されても使える理由」，ぜひ使えるようになりましょう。

学習法アドバイス

文法の基本を大切に 1

Writing Section の課題を長年添削してきましたが，一番多い間違いは実は単数複数に関するものではないかと思います。単数複数の違いは中学文法の早い段階で習うものですが，日本語を話す際にはあまり意識しない概念です。実際に英文を書くとなるととても間違いやすいため，注意が必要です。

単数複数の間違いと一言にまとめましたが，そのタイプにはいくつかあり，代表的なのは**主語と動詞の数の不一致と代名詞の不一致**です。

主語と動詞の不一致とは Mr. Smith write … のように書いてしまうことです。Mr. Smith は男性１人ですから，正しい動詞の形は writes となり，三人称単数現在の -s がつかなければなりません。**自分が書いている文の主語が何なのか，必ず確認するくせをつければ防げる間違いです。**

また代名詞の不一致とは，The books are written about people in Hawaii. It tells us their lives. といった文章です。ここでは１文目の The books を２文目が受けているはずなのに，It が指すものが The books という関係になり，複数のものを単数で言い換えたことになってしまいます。ここは複数形の代名詞である They にするのが適切ですね。**何を言い換えた単語としてどの代名詞を使用したのか，自分が書いたものは必ず見直しましょう。**

この他にも，１つのエッセイの中で繰り返し出てくる名詞を単数にしたり，複数にしたりと数が頻繁に変化するのも，一貫性がなく感じられます。気をつけましょう。

改めて解説を加えると，「そんな単純なミスなんて…」と思えることばかりかもしれませんが，意外と多いので注意が必要です。せっかく内容の優れた英文を書き上げても，細かい文法のミスが減点につながってしまってはもったいないですね。日頃から強く意識してください。

限られた試験時間の中ではあまり余裕がないかもしれませんが，練習の際には，書き終わったら必ず読み直し，ミスがないか確認しましょう。自分が間違えやすいポイントを知っておくことで，本番でのミスを防ぎやすくなります。単数複数をはじめとした文法ミスなど，気をつければなくせるものはゼロにできるとよいですね。

Integrated Task

ここでは Question 1 を攻略しましょう。

■ Question 1

Question 1 は，「課題文を３分間で読み，続いてそれに関連した内容の講義を聞き，その両者の内容に関して解答する」という統合型の問題です。

Approach

❶ 講義で述べられる新情報を解答に含める

この Question 1 は以下の２タイプに分類できます。

A) 反論型　　：課題文の内容と反対の意見が講義で述べられる。
B) 内容補足型：課題文の内容を補足する形で講義が述べられる。

どちらのタイプにせよ，講義の中で新しい情報が述べられます。A) は反対意見，B) は補足内容が新情報です。その新情報を解答で述べるようにしましょう。なお，近年の傾向では A) 反論型の出題が多いので，こちらを重点的に練習しておきましょう。

❷ パラフレーズ（＝言い換え）をする

解答には，課題文で使われていた表現や，自分で書いた表現の繰り返しを避けるようにしましょう。同じ内容について違う表現方法を使って言い換えることがポイントです。

悪い例）
The professor told the students that the advantages and the disadvantages of the policy are important to analyze. The professor told the students that one of the advantages is the effectiveness. The professor told the students that one of the disadvantages is the cost.

よい例)
The professor told the students that the advantages and the disadvantages of the policy are important to analyze. He explained to the students that one of the advantages is the effectiveness. Also, he gave them some information about one of the disadvantages, which is the cost.

❸ transition words を使う

transition words（転換語）とは他の考えや具体例，理由，反論，結論を述べる時に，その文の前に置かれる，いわばつなぎ言葉のような役割をする語です。transition words によって，次にどんな内容が続くのか予測することができるため，読みやすい文章になります。英語の論文では transition words が非常に重要視されますが，TOEFL においても同じです。それぞれの場面で使える表現をいくつか覚えておきましょう。

■ 逆接

悪い例)
The reading passage said that Mr. Johnson's hypothesis is right. The professor said that it has some mistakes.
⇒２つの文が互いに反対のことを述べているのにもかかわらず，間に逆接を表す transition words がない。

よい例)
The reading passage said that Mr. Johnson's hypothesis is right. On the other hand, the professor said that it has some mistakes.

■ 具体例

悪い例)
There are a lot of cities that have famous buildings. New York has the Empire State Building and Paris has the Eiffel Tower.
⇒２つ目の文で具体例を挙げているのに，その文の前に例示を示す transition words がない。

よい例）
There are a lot of cities that have famous buildings. For example, New York has the Empire State Building and Paris has the Eiffel Tower.

■ 追加

悪い例）
The first cause of the air pollution is the smog from the factory. --------------------. The cause of the air pollution is that too much energy is used in the urban area.
⇒新しい考えを加えているのに，追加を示す transition words が使われていない。

よい例）
The first cause of the air pollution is the smog from the factory. --------------------. Another cause of the air pollution is that too much energy is used in the urban area.

transition words の例
理由を表す：because, since, as, for, because of, due to
結果を表す：so, as a result, as a consequence, ～ result in ...
具体例を表す：for example, for instance, such as
逆接を表す：however, on the other hand, in contrast, but, yet, although, though, even though, whereas, while, instead
追加を表す：also, too, besides, furthermore, moreover, in addition, another
順序を表す：first, second, third, next, last, finally, first of all, after that, since then
結論を表す：therefore, thus, hence, in conclusion, in summary

では，実際に問題を解いてみましょう。

Exercise

問題

次の課題文を３分で読み，講義を聞きましょう。
その後，20分間で解答を作成しましょう。一般的に優良とされる解答の語数は150～225語です。

Flaxseed, also referred to as linseed and containing alphalinolenic acid (ALA), has attracted widespread attention in recent years for its health benefits. A good source of omega-3 fatty acids, flaxseed as a supplement is widely used as an alternative to the rich omega-3 fats found in fish oils. This is especially convenient for those who wish to obtain the health benefits of these oils without consuming fish for dietary, religious or other personal reasons.

Flaxseed is an excellent source of fiber. Nutritionists often note that many people do not get enough fiber in their everyday diets. Just a tablespoon of flax contains about eight grams of fiber. This greatly aids in digestion and keeps the bowels regular.

Flaxseed contains several other substances that can make you healthier. It contains valuable antioxidants that prevent numerous health problems, such as heart disease and high blood pressure. It is also a good source of magnesium, which helps to reduce asthma attacks and is useful in preventing the reoccurrence of a heart attack. It is even cited as a possible means of reducing the risk of cancer. Studies in mice have clearly indicated that the omega-3 fats in flaxseed may prevent the growth of breast cancer in women, prostate cancer in men, and even skin cancer.

Finally, flaxseed is safe. It is taken from the flax plant *Linum usitatissimum*, which can be grown almost anywhere. Unlike other medical products and supplements, flaxseed has not been shown to cause any major side effects in users. Flaxseed is healthy, it's safe, and it even tastes good, so there's no reason not to start trying it.

Now listen to part of the lecture in a biology class.

Summarize the points made in the lecture you just heard, being sure to explain how they challenge specific arguments made in the reading passage.
(今聞いた講義の論点を要約しなさい。その際，課題文で挙げられているどの論点にどのように反論しているかを必ず説明しなさい。)

Answer

リーディング全訳

リンシードとも言われ，アルファリノール酸（ALA）を含む亜麻仁は，その健康効果から，近年広く世間の注目を集めてきた。オメガ３脂肪酸が豊富に含まれる亜麻仁は，サプリメントの形で，魚油に含まれる豊富なオメガ３脂肪の代替品として，幅広く利用されている。食事制限や，宗教上の，あるいは個人的な理由により，魚を食べないで魚油の健康効果を得たいと思う人々にとって，これはとりわけ利用しやすいものである。

亜麻仁は食物繊維が抜群に豊富である。栄養士たちは，日々の食事で十分な食物繊維を摂取していない人が多いとたびたび言及している。ほんの大さじ一杯の亜麻には，およそ８グラムの食物繊維が含まれている。これが消化を大いに助け，規則的な便通を保ってくれるのだ。

亜麻仁には，あなたをもっと健康にできる別の物質がいくつか含まれている。心臓病や高血圧など，健康上の数々の問題を予防する，貴重な酸化防止物質を含むのだ。ぜんそくの発作を軽減するのに役立ち，また心臓発作の再発予防にも効き目があるマグネシウムも豊富である。がんになる危険性を減らす可能性のある手段として挙げられているほどだ。ハツカネズミを使った研究では，亜麻仁のオメガ３脂肪には，女性の乳がん，男性の前立腺がん，さらに皮膚がんの増殖も予防する可能性があると，はっきりと示されてきた。

最後に，亜麻仁は安全である。亜麻，（学名）リヌム・ウシタティシムムから採られるもので，これはほとんどどこででも栽培することができる。ほかの医薬品やサプリメントと異なり，これまで利用者に何らかの大きな副作用を引き起こすとは示されていない。健康によく，安全で，しかもおいしくもあるのだから，亜麻仁を始めてみない理由はない。

リスニングスクリプト 039

Now listen to part of the lecture in a biology class.

Flaxseed has become a kind of food fad in recent years. Many people would like to think it's some sort of miracle food. Flaxseed probably has some benefits, but **we have to be careful about overselling those benefits, as well as overeating the seed itself**.

First, while it's true that flaxseed is high in fiber, **too much fiber is not always a good thing**. There have been **cases of people taking flaxseed and experiencing laxative effects** – that is, they have to go to the bathroom more than usual. **This can cause discomfort**, especially when eating out or at a friend's house.

Second, **the benefits of flaxseed are still being researched**. We would like to believe that eating it will keep us from getting heart disease, cancer, and other illnesses. And maybe it does offer such benefits. However, we cannot be sure that it's as beneficial as everyone says. **You're not going to live to be 100 and healthy just by eating a tablespoon of flaxseed a day** – especially if the rest of your lifestyle isn't healthy.

Finally, as flaxseed is relatively unknown to the general public, **we don't know how much of it is good or bad for us**. It has not yet been evaluated by the Food and Drug Administration. People could be just sprinkling an inadequate amount of it on their food without getting any benefit at all. And there's also **the risk of consuming too much**, which could lead to unexpected problems. It's best to try to maintain an overall healthy lifestyle rather than relying on any single food to save us from disease.

リスニング全訳

生物学の講義の一部を聞きなさい。

亜麻仁とは，近年ブームになってきた食品の一種です。これがある種の奇跡の食品だと思いたい人は多いです。亜麻仁にはおそらく何らかの効果があるのでしょうが，**それらの効果を過大に評価するだけでなく，亜麻仁自体を摂取しすぎたりすることにも慎重になる必要があります**。

第１に，亜麻仁には食物繊維が豊富だということは事実である一方で，**食物繊維を摂りすぎるのは，必ずしもいいことではありません**。**亜麻仁を摂取して緩下剤効果を覚える人々の症例**がこれまでにありました。つまり，彼らはいつもより多くトイレに行かなければならないのです。そのために，とりわけ外食したり，あるいは友人の家にいる場合に，**不快な気分になりかねません**。

第２に，**亜麻仁の効果はまだ研究中**であるということです。これを食べることで，心臓病やがん，またほかの病気にならないようにしてくれるだろうと，私たちは信じたいのです。なにしろ，そのような効果を与えてくれるかもしれないのですから。でも，それが皆が言うほど有益であるという確証はありません。**１日に大さじ一杯の亜麻仁を摂取するだけで，あなたたちが100歳まで生きて，健康でいることにはならない**のです。とりわけ，あなたたちのほかの生活習慣が健康的でない場合はなおさらです。

最後になりますが，亜麻仁は一般の人々には比較的知られていないので，私たちにとって，**どの程度の量がいいのか，あるいは悪いのかが分からない**のです。これまで食品医薬品局による評価はまだ出ていません。全く何の効果も得られないで，人々が自分の食べるものに不適当な量の亜麻仁をふりかけているだけ，ということが考えられます。さらに，**摂取しすぎるという危険**もあって，それが予期せぬ問題を引き起こすこともあり得ます。病気にならずに済むためには，何か１つの食品に頼るよりはむしろ，おしなべて健康的な生活習慣を維持しようとすることが最も大切なのです。

解答例

040

① **The lecturer talks about** the possible disadvantages of flaxseed. She raises three main points that challenge the information given in the reading.

First, **the lecturer states that** ② too much fiber can cause problems. She says that taking in too much fiber could make people uncomfortable. Here she **disagrees with the reading passage, which mentions that** ③ fiber is good for the stomach and bowels.

Second, the lecturer states that ④ the health benefits of flaxseed have not been proven. She says that people may be expecting too much if they think just eating flaxseed every day will help them live a long, healthy life. **This also contradicts the reading passage**, which mentions ⑤ tests have shown its benefits.

Last, **the lecturer argues that** ⑥ the amount of flaxseed needed to provide optimum benefit is unknown. She also mentions that too much flaxseed could lead to unexpected problems. **This goes against the reading passage, which says** ⑦ flaxseed is safe.

⑧ **In conclusion**, the reading passage describes some specific benefits of flaxseed, while the lecture questions those benefits.

解答例全訳

①講師は，亜麻仁について考えられ得るマイナス点を話している。彼女は課題文で伝えられた情報を疑う３つの要点を挙げている。

１つ目は，講師は②食物繊維が多すぎると問題を引き起こしかねないと述べている。食物繊維を摂取しすぎることで，人々を不快にさせることがあると言っているのだ。ここで彼女は，③食物繊維は胃腸によいと言及している課題文と意見を異にしている。

２つ目は，講師は④亜麻仁から得られる健康効果は証明されていないと述べている。人々が亜麻仁を毎日食べるだけで長生きし，健康的な生活を送るのに役立つだろうと考えているとしたら，期待しすぎかもしれないと言っている。このことも，⑤試験が亜麻仁の有益性を示していると言及する課題文を否定している。

最後に講師は，⑥最も望ましい効果をもたらすために必要な亜麻仁の分量がわかっていないと主張している。亜麻仁の摂取過剰が予期せぬ問題を引き起こすかもしれないことにも触れている。これは，⑦亜麻仁は安全であると述べている課題文に反論している。

⑧結論として，課題文は亜麻仁の持つ特定の効果についていくつか伝えているが，講義ではそれらの効果に疑問を投げかけていると言える。

Writing

解説 まずは主題をつかみましょう。課題文の1行目に出てくる flaxseed（亜麻仁）ですね。身近な食品ではありませんが，説明を読めばどのようなものかは理解できたでしょう。課題文では主に flaxseed の利点について述べています。対する講義では課題文の内容に対する反論，つまり flaxseed の危険性について述べていますから，その対比を中心にまとめます（①)。今回の講義では First, ～, Second, ～, Finally, ～ と transition word が出てきますので，それに注意して聞いていれば，内容はまとめやすかったでしょう。最初に述べられているのは fiber（繊維）に関することでした。課題文では食物繊維のよさを取り上げているのに対し，講義では too much fiber is not always a good thing と反論していましたから，ここをまとめます（②③)。今回は講義の内容を先にまとめ，それが課題文とは一致していないと付け加える論の構成をとっています。先に課題文の内容をまとめる形式で，The reading passage says that fiber is good for the health. However, the lecturer disagrees with that, because too much fiber could make people feel uncomfortable. という形にしてもよいでしょう。

２つ目は health（健康）に関して（④⑤)，３つ目は safety（安全性）に関して（⑥⑦）同様のやり方でまとめていきます。これらもすべて，課題文の内容を先にし，それは講義と一致しないという書き方が可能です。２つ目の段落では，In the reading passage, it is said that tests have shown the benefits of flaxseed. Nevertheless, the lecturer says that the health benefits of flaxseed have not been proven. とし，また最後の段落では，The reading passage mentions that flaxseed is safe, but the lecturer points out that consuming too much flaxseed might cause unexpected problems. のように述べることもできます。最後には conclusion を書いて文章を締めくくります（⑧)。ここでは要点を簡潔に，できれば表現を変えて書けるとよいでしょう。

Vocabulary

- ☐ flaxseed ＝ 亜麻仁（＝ linseed）
- ☐ alternative ＝ 代案
- ☐ dietary ＝ 食事の
- ☐ bowel ＝ 腸
- ☐ antioxidant ＝ 酸化防止物質
- ☐ asthma ＝ぜんそく
- ☐ breast ＝ 胸，乳房
- ☐ prostate cancer ＝ 前立腺がん
- ☐ overeat ＝ ～を食べすぎる
- ☐ fad ＝ 一時的流行
- ☐ sprinkle ＝ ～にまく，～にふりかける
- ☐ laxative ＝ 下剤の

学習法アドバイス

文法の基本を大切に２

英文エッセイを書こうとして初めて，実は文法を正しく理解していなかったということに気づく人も多いのではないでしょうか。受動的に理解する Reading や Listening は，曖昧な知識でも大意をつかむことが可能ですが，能動的に発信する Writing や Speaking は正確に理解できていなければ，意味が不明瞭になってしまいます。母語である日本語は文法を意識しなくても感覚で書けるかもしれませんが，外国語である英語は文法を理解することで間違いを防ぐことができます。

少なくとも５文型と品詞は正確に理解しておきましょう。文型を理解しないまま書くと，単語を並べただけの意味が不明瞭な英文になってしまいます。また，品詞は気にしたこともないという声をよく聞きますが，例えば「形容詞は名詞の前後や補語の位置に置かれる」のような役割を知っておくと，間違いが減るはずです。単語の意味を覚えるだけではなく，それぞれの品詞も意識するようにしましょう。

次の英文を比べてみましょう。

1. He **got** home late yesterday.
2. It is **getting** late.
3. He **got** a nice watch for me.
4. He **got** me a nice watch.
5. He **got** everything ready.

1. 第１文型（SV）	彼は昨日遅い時間に帰宅しました。
2. 第２文型（SVC）	もうこんな時間です（遅い時間になってきました）。
3. 第３文型（SVO）	彼は私に素敵な腕時計を買ってくれました。
4. 第４文型（SVOO）	彼は私に素敵な腕時計を買ってくれました。
5. 第５文型（SVOC）	彼はすっかり準備を整えました（〜の状態にしました。）

すべての述語動詞に get が使われていますが，その後に続く品詞によって文型が変わり，意味も違います。また，３と４は単なる言い換えではありません。３は他の誰でもなく「私に」，４は他の物ではなく「素敵な腕時計を」買ってくれたことを大事な情報として示しています。このようなルールを知っておくことで，状況に応じた適切な英文を書くことができますね。

その他，冠詞，自動詞／他動詞，動作動詞／状態動詞，時制，関係詞，仮定法などの間違いも多く見られます。自信がない文法項目は，曖昧なままにせず復習しておきましょう。

Independent Task

ここでは Question 2 を攻略しましょう。

■ Question 2

Question 2 は個人的な意見を述べる問題です。提示された意見に同意するか反対するか，ある事柄についてどう思うかなどを答える問題が出題されます。

Approach

❶ 5つのパラグラフを作って解答するのが理想的

5つの段落（＝パラグラフ）を作って解答することを意識しましょう。序論と結論の間に，本論で自分の意見を支える理由を3つ挙げて展開します。段落構成は以下のようにするとよいでしょう。

第1段落	：最初に一般的なことを述べ，次に自分の意見を述べてから最後に自分の意見を支える根拠となる3つの理由を紹介する。
第2～4段落	：各段落で1つずつ理由を扱い，詳しく理由付けをする。その際，第1文でそれぞれの理由を簡潔にまとめたキーセンテンスを提示する。
第5段落	：最後に結論として，自分の意見をもう一度述べる。その際，第1段落で使った表現を言い換えて述べること。

❷ 文のつながりを意識して書く

自分自身の意見を書く際，自分では理解できているため他の人も理解できるだろうと推測し，その結果，説明が足りなくなってしまう答案が非常に多いです。つまり，自分自身の中では文と文がつながっていても，他の人から見たら「なぜこうなるのか」といった疑問が出てくることも少なくないのです。慣れないうちは説明不足になりがちですので，初めはしつこいぐらい述べるというような気持ちで書くとよいでしょう。

悪い例)

I disagree with the idea that the best transportation is a car because sometimes a car cannot be on time. Therefore, I do not think that a car is the best transportation.

⇒ なぜ車が「時間通りにならない」のかが述べられておらず，説得力に欠ける。文章につながりがなく唐突に感じられる。

よい例)

I disagree with the idea that the best transportation is a car because sometimes a car cannot be on time. There are some cases that a car may be stuck in a traffic jam, especially during rush hour. If you are in a traffic jam, it will take longer to arrive at your destination, which means you have a possibility to be late. Therefore, I do not think that a car is the best transportation.

⇒「時間通りにならない」理由に「交通渋滞」を挙げて補足説明をし，文章の流れを作っている。

❸ブレインストーミングをしよう

解答を書き始める前に，自分のアイデアを書いてまとめるようにしましょう。自分のアイデアを図や表などを使ってまとめることをブレインストーミングと言います。これをせずにいきなり書き始めると，途中で文のつじつまが合わなくなったり，論が違う方向に進んだりしてしまいます。ブレインストーミングは自分の意見をしっかりとした方向に進ませる地図のようなものです。

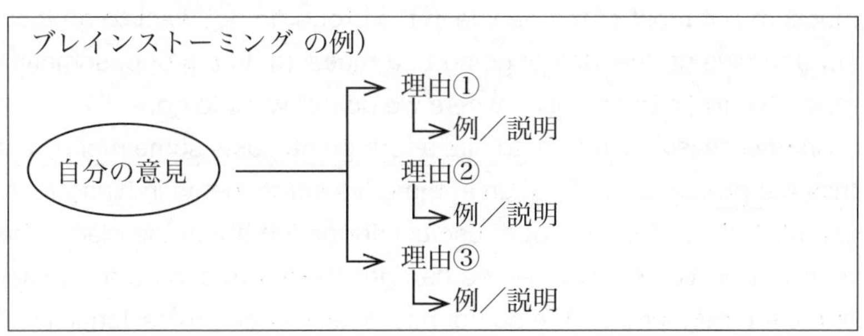

では，実際に問題を解いてみましょう。

Exercise

問題

以下のトピックを読み，30分間で解答を作成しましょう。一般的に優良とされる解答の語数は 300 語以上です。

Do you agree or disagree with the following statement?
The best way to travel is in a group led by a tour guide.
Use specific reasons and examples to support your answer.
（あなたは次の主張に賛成ですか，それとも反対ですか。
最良の旅行手段はツアーガイドの引率のもと，団体で旅行することである。
具体的な理由や例を用いて自分の意見を裏付けなさい。）

Answer

解答例

041

① There are a lot of people traveling in a group with a tour guide. This is a very popular form of travel. However, ② **I disagree with an idea** that the best way to travel is in a group led by a tour guide. There are three reasons for my opinion. First, we are not completely free in a group. Second, it is expensive to hire a tour guide. Last, when we travel in a group led by a tour guide, whether the travel is enjoyable or not depends on the people in the group or the tour guide.

First of all, ③ when we travel in a group, we cannot decide where to go by ourselves because there are not only you in a group and we have to think about other people's interests. **For example,** if you want to go to a museum but most of the people in the group do not want to go there, you need to give up the idea of going to a museum. In a group, sometimes we may have to go to the place where we do not want to go.

Another reason is that ④ to hire a tour guide costs some money because they are professional. Of course, there are some merits in hiring them. For example, they give us a lot of useful information about the place where we travel. However, sometimes we can get the information from guidebooks or the Internet for free. We do not necessarily need professional help to get useful information.

Finally, ⑤ it depends on the group or the tour guide whether we can enjoy the trip or not. For example, if there are some selfish people in the group, the trip will be ruined because they might insist on going where they want to go without thinking about other people's interests or they might be late for the time of the departure and so on. In that case, other people feel uncomfortable. Also, if we do not get along well with the tour guide, we will not enjoy the trip because we have to do as we are told by them during the tour. For example, if the tour guide is inflexible, we might be nervous. Tour guides can be an important factor for the tourists.

In conclusion, ⑥ although there are some benefits to travel in a group led by a tour guide, I disagree that the best way to travel is in a group led by a tour guide in terms of freedom, cost, and relationships with the other members of the tour.

解答例全訳

①多くの人々がツアーガイドに引率され団体で旅をしている。これはとても人気のある旅行の形態である。しかし，②私はツアーガイド引率による団体旅行が最良の方法であるという考えに反対だ。これには３つの理由がある。まず，グループの中では完全に自由ではないこと。次に，ツアーガイドを雇うと高い費用がかかるということ。最後に，ツアーガイド引率によるグループ旅行の場合，旅が楽しめるかどうかはそのグループ内の人々もしくはツアーガイドによって決まることだ。

第１に，③団体で旅行をすると，自分自身で行く場所を決められない。グループ内にいるのは自分だけでなく，他の人々の興味も考慮しなくてはならないからである。たとえば，自分は美術館に行きたいが，他の多数の人々が行きたくなかったとしたら，その考えをあきらめなければならない。グループ内では時として行きたくない場所に行かなければならないかもしれない。

もう１つの理由は，④ツアーガイドは専門的職業であるので，彼らを雇うことである程度の費用がかかってしまうことである。もちろん，ツアーガイドを雇うメリットはいくつかある。たとえば彼らは旅する場所についての役立つ情報をたくさん提供してくれる。しかし，ガイドブックやインターネットなどにより無料で情報を入手できることもある。役立つ情報を手に入れるのに，専門家の助けは必ずしも必要ではない。

最後に，⑤旅を楽しめるか否かはグループ内の参加者またはツアーガイドで決まる。たとえば，グループ内に身勝手な人がいると旅は台無しになってしまう。他の人の興味はおかまいなしに彼らの行きたい場所に行くことを主張するかもしれないし，出発時間などに遅れたりするかもしれないからだ。その場合，その他の人々は不愉快になっ

Writing

てしまう。また，ツアーガイドと折り合いが悪かった場合，旅行を楽しめないだろう。というのも旅行中は彼らの言う通りにしなくてはならないからだ。たとえば，もしツアーガイドが融通の利かない人だったら，ツアー客は緊張するだろう。ツアーガイドは旅行者にとって重要な要素となり得るのである。

結論として，⑥ツアーガイド引率のグループ旅行には利点もあるが，私はこれが最良の方法だとは思わない。それは自由，費用，そして，その他の参加者との関係といった点からである。

解説 今回は第1段落の最初の文で一般論を述べています（①)。そして自分の意見を明確にします（②)。今回は本論で説明する理由を序論の最後にも列挙しています。なお，ここまで書ければよいですが，時間がなければ序論の最後の理由は必須ではありません。第2～4段落では3つの理由を1つずつ挙げます（③～⑤)。また，それぞれの理由の後には，その理由に関する説明や具体例を述べて説得力が増すように構成していきましょう。最後の段落は第1段落と同じ内容ですが，表現を変えてもう一度述べることで，自分の立場を明確にして結びます（⑥)。

MEMO

Common Errors 3

答案分析から間違えやすいところをアドバイス！

■ *Writing1*

Independent Task の解答（エッセイ）は，以下の３部で構成するのが一般的です。

Introduction（１段落）
→ Body（３段落）
→ Conclusion（１段落）

ここでは，まずは「Introduction」のよくある間違いから，正しい書き方を学び，しっかり書き出せるようにしましょう。

一般的な Introduction の最もシンプルな形：

I agree/disagree that（主題文）. I would like to explain three reasons for my opinion in the following paragraphs.

Case 1　賛成・反対を示す表現は正確に

Introduction では，賛成か反対か意見を明確に述べる表現が必須です。自信を持って書き出したいですね。

×I disagree ∧ this statement.
　　　　　　with

I agree/disagree の後に続く語の誤りが非常に多いです。I agree/disagree の後に名詞（句）が続く場合は，前置詞 with を使いましょう。

×I agree with the best way to travel is in a group led by a tour guide.
　　　　→ that

△I agree ∧ the best way to travel is in a group led by a tour guide.
　　　　that

後ろに目的節［主語＋動詞］を置く場合は，that 節を使います。that は省略しても誤りではありませんが，従属節であることを明確にするために接続詞 that を入れる方が適切です。

×I agree this opinion that the best way to travel is in a group led by a tour guide.
　　　　→ that

シンプルに agree that … とするとよいでしょう。opinion を入れる場合は，前置詞 with を使って，agree with the opinion that … とすると，文法的に正しくなります。

Case 2 逆接を示す However を使いこなす

説得力を持たせるために，「一般的には…である。しかしながら，…」という流れで意見を述べる場合があります。逆接の表現が正確に使えると良い文章になります。

× Most people like traveling with a tour guide. ∧ I disagree that the best way to travel is a travel with a tour guide.
∧ However,

× However ∧ I disagree with the idea.
∧ , [コンマが入る]

△ But I recommend them to take a tour guide.
→ However,

逆接の「しかしながら」は，副詞の However を使い，コンマで区切ります。but を思いつくかもしれませんが，but は接続詞ですので，アカデミックライティングの場合は，文頭で単独で使わない方が適切です。これは他の接続詞 and, so などにも言えます。順接の場合は therefore などを使うとよいでしょう。

Case 3 理由の数を含めて明確にする

△ I would like to explain some reasons in the following paragraphs.
→ three

Introduction では，理由の数を挙げた方が明確になり，読み手にも伝わりやすくなります。本論で挙げる理由の数を明確にした上で，理由の中身を伝えるキーセンテンスやキーワードを挙げられると，Introduction としては万全です。

Common Errors 4

答案分析から間違えやすいところをアドバイス！

■ *Writing2*

前回は，Introduction について，よくある誤りを挙げましたが，次は Body（第２～４段落）について，見てみましょう。Body では賛成か反対かの根拠となる理由や具体例を述べます。

Case 1 時制を正確に

×If we will travel with a tour guide, he or she decides a plan to travel.
→ travel → will decide

賛成か反対かの立場を決めたら，if を使って「...の場合」と条件を提示して具体例を説明することはよくあります。その際には時制を間違えやすいので，注意してください。条件を表す if 節内は現在形，主節には will を使います。

Case 2 過去の仮定は「仮定法過去完了」で

×If I traveled alone then, I would miss that special show.
→ had traveled → would have missed

Case1 とは別に，自分の過去の経験を話しながら，「あの時...だったら，...だっただろう」と過去のことについて「起こっていなかった」仮定を提示する場合もあるでしょう。この場合，if 節は過去完了，主節は“would〔could/might〕have　過去分詞”となります。このように，条件・仮定を上手に使いながら，説得力のある具体例を示しましょう。

Case 3 because は節で使う

×First, when you travel in a group, you cannot decide where to go by yourself. Because there are not only you in a group.
→ , because

理由を述べる際に，Because ～．という単文を使ってしまうのもよくある誤りです。会話で Why? と聞かれた場合に，Because SV. と答える形は正しいですが，ライティングでは，通常このような使い方はしません。because は従属節として使い，主節とともに使うようにしましょう。

Case 4 could の使い方に注意

× When I went to London alone, I <u>could enjoy</u> it because I <u>could</u> go wherever I liked.
→ enjoyed → was able to

could の使い方の誤りも非常に多いです。could はある一定期間能力があったことを表すため，一度だけできたことには使いません。単に過去形で書くか，できたことを強調したい場合は I was able to ～と書くのがよいでしょう。

Case 5 構文を複雑にしない

× <u>It has been often seen</u> people traveling in a group in Japan.
→ We often see

複雑な構文を使おうとしてミスがあり，意味が通らなくなるというパターンもよくあります。ここでは，主語を We にすればシンプルに書けます。

Case 6 「予想以上」

× We learned much more things <u>that</u> we had <u>not</u> expected for them.
→ than →削除

「予想もしていなかったほど」という言葉があるからか，このように否定語を使ってしまう間違いがよくありますので，注意しましょう。「～していたよりも…」という比較構文なので，more than ～主語 had expected という構文になります。 作成した文を自分でもう一度読み返してみて，意味が通るか確認するようにすると良いでしょう。

Common Errors 5

答案分析から間違えやすいところをアドバイス！

■ *Writing3*

最後に結論である「Conclusion」について見てみましょう。Conclusion では，立場を再度明確にし，Body で述べてきた理由に簡潔に触れられるとよいでしょう。結論は長く書く必要はないので，シンプルで明確な表現を心がけてください。

Case 1 指すものを明確に

× For this reason, I believe a group tour led by a tour guide is the best choice of traveling.
→ these three reasons/the reasons mentioned above

this や it など指示代名詞を使った場合は，指すものが不明確になっていないか確認するようにしましょう。Body では複数の理由を述べることが普通なので，理由は複数形にします。また，具体的な数を記述すると，より明確な表現になります。

Case 2 品詞や文の要素に注意

× In conclusion, I agree that the best way to travel is in a group led by a tour guide. Because of clearly, efficiently and safety.
→ because of its clarity, efficiency and safety

Because of ～ safety. は，名詞句であり，単体では文が成立しません。前の文章をピリオドで終わらせて新しく書き出す場合は，主語と動詞のある文を作る必要があります。また，前置詞 of の後ろは名詞に相当する語句がきますので，副詞の clearly efficiently ではなく，名詞の clarity，efficiency が適切です。

Case 3 賛否を明確に

△ To sum up, ∧ I like flexibility in the travel schedule to have more
I disagree with the statement.

exciting experiences. Therefore I believe individual travel is the best way of traveling.

賛否が問われているので，結論の最初は，質問に対する解答を再度明確に述べる必要があります。Body で述べた理由のまとめについては，賛否を述べた後にします。

Case 4 シンプルで明確な表現を

△ I think I will choose to go by myself, and enjoy traveling without
→削除する

any restrictions.

△ I think I will recommend traveling alone.
→削除する

I will の will が既に意思を表現していますので I think は不要です。また，日本語の「〜したいと思います」の表現に引っ張られて，I think I want to という表現にしてしまうのもよくある誤りですので，気をつけましょう。

MEMO

模試　解答・解説

■解答

Reading Section

1 (C)
2 (B)
3 (B)
4 (D)
5 (A)
6 (C)
7 (A)
8 (D)
9 (C)
10 Early 20th Century：
(A), (C), (G)
Middle of the 20th Century：
(E), (F)

---

11 (B)
12 (D)
13 (C)
14 (B)
15 (A)
16 (D)
17 (D)
18 (D)
19 4つ目
20 (B), (D), (E)

---

21 (A)
22 (D)
23 (B)
24 (A)
25 (D)
26 (D)
27 (B)
28 (A)
29 3つ目
30 (A), (D), (E)

---

31 (B)
32 (A)
33 (A)
34 (C)
35 (D)
36 (B)
37 (D)
38 (C)
39 4つ目
40 (A), (B), (D)

Listening Section

1 (D)
2 (D)
3 Yes：(1), (2), (4)
No：(3), (5)
4 (D)
5 (A)

6 (A)
7 (C)
8 (B)
9 (C)
10 Yes：(1), (3)
No：(2), (4)
11 (C)

12 (D)
13 (B)
14 (B)
15 (A)
16 [B], [C]
17 (C)

18 (A)
19 (D)
20 Yes：(2), (4)
No：(1), (3)
21 [A], [C]
22 (B)

23 (B)
24 [B], [D]
25 Yes：(2), (4)
No：(1), (3)
26 (C)
27 (D)
28 (A)

Speaking Section と Writing Section の解答例は，p.252 ～ 263，p.264 ～ 271 をご参照ください。

Reading Section

Questions 1-10

全訳

香港における使用人の起源

[1] 香港における使用人が目新しいにわか成金のシンボルや裕福な都市の象徴だと思っている人は，考え直した方がよいだろう。家事をする女性の使用人は，伝統的な中国文化において常によく知られた象徴であり続けてきた。過去には，これらの女性は「リトルメイド」や「乳母」という姿で現れていた。

[2] リトルメイドとは，使用人として働くために物と交換されたり，他の家族に連れて来られたりした女の子だった。彼女たちは，金銭的な報酬がない代わりに服を与えられ，育ててもらい，うまくいけば18歳で結婚させてもらい，家を出た。リトルメイドは中国文化に長きにわたって存在した。そのような女の子たちを養女と言った家族もあった。リトルメイドを所有するということは広く受け入れられていたので，お金持ちだけのものというわけではなかった。平凡な家族でもリトルメイドを所有することができた。リトルメイドの人生は，絶え間ない労働や数々の虐待，その他の残酷なことに直面していたので辛いものだった。

[3] 乳母は，リトルメイドとは異なっていた。20世紀初め，絹産業の衰えにより独身女性の労働がもはや必要なくなり，多くが生活のため使用人になった。多くの女性は家事をこなすのに十分長けていたのだ。彼女たちは一生独身であることを誓い，誰とも結婚しないことを宣言した。これは経済的自立を意味した。また，このことは，女性たちが実家を経済的に支え続けるのに都合がよかった。経済的，社会的状況が急速に回復したので，このような女性たちは香港へ移り，家事，とりわけ重要な子育てという仕事を提供した。

[4] 家政婦という現象は，香港における中国人の家庭にとっては新しい概念ではなかった。それは受け入れられ，認められ，許されていた。実際，家庭内で家政婦をおくことは映画やテレビ番組で使用人を中心として話が展開されるほど，ほとんど習慣的でさえあったし，大衆文化において長く続いていた。そこには長いおさげ髪をした忠実で勤勉な乳母や，家をこざっぱりと整える忠実な家政婦，魅力的で人を深く愛することからよりよい人生を送ることになる，優しい心を持ったリトルメイドなどが出演していた。

[5] 20世紀への転換期に起こった植民地化以来，香港では家事手伝いに対する高い需要もあった。香港は貿易で栄え，産業化の段階を経ていった。1950年代，1960年代

における製造業や，1970年代から続く第3次産業である。女性はより教育を受けるようにもなった。これらのことが重なって，多くの女性たちが家の外で仕事の機会を得るようになり，子どもの世話をして家事をしてくれる人が必要となった。女性の雇用が増えたことは，家政婦を雇えるだけの補助収入があることを意味した。実際，家政婦と契約することは賢明な処置であった。それは収入が増えたからだけではなく，香港の土地は限られているので，不可能というほどではないにしろ，大家族で暮らすことがとても難しかったからである。

[6] 家政婦という概念は想像のつかないものではなかったが，その表面的な部分は確かに変化していた。リトルメイドを所有する習慣は，第2次世界大戦後に禁止された。どんな言い方をしようとも，それは，しいて隠そうともしていない奴隷制度の一形態だったからだ。乳母は不足し，代わりもいなかった。彼女たちは時々非常にしゃくにさわり，すこぶる従順でなく，一緒にやっていくのがとても難しかった。そして家政婦というよりは年配の家族の1人としてふるまった。家政婦の仕事は，奴隷意識や劣等感を引き起こすので，現地の女性たちはそれをばかにした。そこで移民労働者の登場である。彼女たちはこのサービスの隙間を埋めるために登場し，香港の家政婦の仕事の性質の定義を絶え間なく変えてきている。

1 正解 Ⓒ

第2段落の privy という単語に最も近い意味はどれですか。

Ⓐ 1人で　Ⓑ 興奮した　Ⓒ 専有的な　Ⓓ 一般的な

解説　この問題のヒントは設問箇所の前後にあります。privy を含む文の前半を見ると，「リトルメイドを所有することは受け入れられていたので」とあり，後半を見ると，「平凡な家族も所有することができた」とあります。また，直前に否定語の not があることをふまえると，最も ふさわしい語は Ⓒ だとわかります。

2 正解 Ⓑ

第3段落では，多くの独身女性が家政婦をするようになった理由は次のうちどれだと述べられていますか。

Ⓐ それは忠誠心の表れだった。

Ⓑ それは絹産業の衰退の結果だった。

Ⓒ 彼女たちが自分を養子として受け入れてくれた家族を養うことが可能となった。

Ⓓ それは彼女たちに解放感を与えた。

解説 Ⓐ「忠誠心」とは言われていません。Ⓑ 第3段落第2文の内容と一致します。Ⓒ 本文で It also made it convenient for the women to persevere as the financial support of their birth families. とあることと一致しません。Ⓓ「経済的な自立」と述べられていますが,「自由」とは異なるので一致しません。

3 **正解** Ⓑ

第4段落の this が指しているものはどれですか。

Ⓐ 文化　Ⓑ 家政婦　Ⓒ 中国の家族　Ⓓ 家庭

解説 this は単数形を指す代名詞なので，複数形の Ⓒ は不適切です。また，代名詞は通常，既出の事柄を指すので後ろにある Ⓐ も不適切です。設問箇所の後ろを見ると，this was perpetuated in popular culture とあり，this は「長く続いたもの」だと推測できるので，この文は The phenomenon of domestic help is not a new notion の言い換えだと判断できます。not a new notion ということは,「昔からある，ずっと続いている」ものであり，Ⓑ が正解です。

4 **正解** Ⓓ

第4段落の a spic and span fashion という表現に最も近い意味はどれですか。

Ⓐ 迅速で雑な行動　Ⓑ 上品で威厳のあるスタイル

Ⓒ 無礼で怠惰な態度　Ⓓ きちんとしてきれいな方法

解説 ヒントは前にある steadfast（忠実な）です。in a spick and span fashion は run を副詞的に修飾しており，それが steadfast housekeeper の働き方を表現していると考えると，同様の意味と判断できることから正解は Ⓓ です。

5 **正解** Ⓐ

次のうち，第4段落で述べられているものはどれですか。

Ⓐ 平均収入の家庭でもリトルメイドを雇っていた。

Ⓑ すべてのリトルメイドは長いおさげ髪をした忠実な働き手という固定観念があった。

Ⓒ 映画に初めて登場した後でリトルメイドは人気が出た。

Ⓓ リトルメイドや乳母を所有することはよく保存された身分の象徴となった。

解説 「示唆されている」ものを問う問題では，はっきりと述べられていないことが多いので，最も可能性の高いものはどれか，という観点から正解を選ぶようにするとよいでしょう。Ⓐ 第4段落第3文の In fact, ... in popular culture から推測が可能なので，これが正解です。Ⓑ 乳母について「おさげ髪」という描写が使われていますが，「すべてのリトルメイド」とは言われていません。このような all などの極端な語が使われている選択肢には注意しましょう。Ⓒ 映画やドラマに登場したという記述はありますが，その出演後に「人気が出た」とは述べられていません。Ⓓ 先に Ⓐ で解説した部分から，特別な身分の象徴とは言えません。

6 **正解** Ⓒ

第5段落でハイライトされた文の重要な情報を表しているのは以下のうちどれですか。不正解の選択肢は，意味を大きく変えているか，もしくは重要な情報を含んでいません。

Ⓐ 女性は教育水準の高さのみによって，外で働くことが可能になった。

Ⓑ 景気上昇により，教育を受けた女性にも家政婦にもよりよい生活ができるような副収入ができた。

Ⓒ 女性が家の外で働き始めたので，家事や子育ては難しくなった。しかし収入が増えたため，お金は問題ではなくなった。

Ⓓ 香港の産業化の後，多くの女性が乳母になることにより家族を支えることを決めた。

解説 ハイライトされた文の意味を問う問題は，「言い換え」を問う問題なので，ハイライトされた文と選択肢を照らし合わせて考える方法が効果的です。Ⓐ「女性の教育水準の高さのみによって」とは述べられていません。本文では「これらのこと（＝産業化と，女性がより教育を受けるようになったこと）が重なって」とあります。Ⓑ「教育を受けた女性と家で家政婦の生活水準」については述べられていません。Ⓓ「多くの女性が乳母になること」について述べられている箇所もありません。

7 正解 Ⓐ

第5段落によると，20 世紀への転換期に香港の女性が仕事の機会を求めたのは

Ⓐ 貿易が栄え，産業化が明らかになったから

Ⓑ 家事の仕事が徐々に移り変わっていったから

Ⓒ 大家族が増えたから

Ⓓ 家政婦の仕事の機会が減ったから

解説 第5段落第1～2文がⒶに一致するのでこれが正解です。Ⓑ原因と結果が逆になっていることに注意しましょう。家事の仕事が変容したために女性が仕事の機会を求めたのではなく，女性が仕事を得るようになった結果として，家事をしてくれる人が必要になったというのが正しい流れです。Ⓒ it made living with an extended family extremely challenging とあり，「増えた」とは言われていません。Ⓓ第5段落第1文から「減っている」のでなく「増えている」と判断できるので不適切です。

8 正解 Ⓓ

第6段落によると，第2次世界大戦後は

Ⓐ 乳母はリトルメイドに取って代わられた

Ⓑ 香港の女性は家政婦の仕事を重要と思い始めた。

Ⓒ 乳母は家族の重要な一員となった

Ⓓ リトルメイドを所有する行為は違法になった

解説 Ⓐ本文に記述がありません。Ⓑ第6段落にある turned their noses up という表現は「軽蔑する」「見下す」という意味で，この内容と一致しません。Ⓒ本文で「年配の家族の一員としてふるまった」とは述べられていますが，「重要」とは述べられていません。Ⓓ第6段落の outlawed という記述と一致します。

9 **正解** Ⓒ

第6段落では移民労働者について何と述べられていますか。

Ⓐ 彼らは戦争が終わったにもかかわらずリトルメイドを雇った。

Ⓑ 彼らは香港市民より下の階級と位置づけられた。

Ⓒ 彼らは無作法な乳母よりもふさわしいと考えられた。

Ⓓ 彼らは香港のイメージを変えた。

解説 Ⓐ「戦後はリトルメイドを雇う行為が禁止された」とあり，正解としては当てはまりません。Ⓑ feeling of ... inferiority とありますが，これは「家政婦の仕事」について述べたもので，移民労働者についてではありません。Ⓒ 第6段落第3文以下をまとめています。Ⓓ 第6段落最終文の内容と一致しません。

10 **正解** 20世紀初期：Ⓐ，Ⓒ，Ⓖ　　20世紀半ば：Ⓔ，Ⓕ

指示：本文の最も重要な内容を要約している選択肢を示して下の表を完成させなさい。この問題は3点です。

Ⓐ 絹産業の衰退により家政婦の供給が増えた。

Ⓑ 家政婦は虐待され，養子に入った先の家族のところで耐えがたい生活を送った。

Ⓒ 乳母は家政婦の仕事を生涯することによって自分の家族を支えた。

Ⓓ すべての独身者の支援は，生涯家政婦を続けることを通して保障された。

Ⓔ 女性が働きに出たことにより，家政婦を雇うことが必要となった。

Ⓕ 香港は製造の分野で劇的に発展した。

Ⓖ 家政婦という概念はその頃ほとんどの中国の家庭において新しいものではなかった。

解説 Ⓐ は第3段落に述べられている20世紀初期の内容です。Ⓑ は第2段落最終文でリトルメイドの虐待について述べられていますが，domestic workers 全体についての内容ではなく，細かい情報なので，正解としてはふさわしくありません。Ⓒ は第3段落で述べられている20世紀の初期の内容です。Ⓓ のような記述は本文にはありません。Ⓔ は第5段落で1950年代，1960年代の出来事として述べられています。Ⓕ も第5段落で述べられている20世紀半ばの内容です。Ⓖ 第4段落で述べられている20世紀初期の内容です。

Vocabulary

- ☐ surmise = ～だと推測する
- ☐ unremittingly = 絶え間なく
- ☐ barter = ～を交換する
- ☐ wane = 衰える
- ☐ spinsterhood = 独身
- ☐ steadfast = 忠実な
- ☐ allude = ～をほのめかす
- ☐ finite = 限られた，有限の
- ☐ outlaw = ～を禁止する
- ☐ indocile = 従順でない
- ☐ novelty = 珍しさ，新しさ
- ☐ nouveau riche = にわか成金
- ☐ atrocity = 残虐な行為
- ☐ duly = 十分に
- ☐ recuperate = 回復する
- ☐ beguiling = 魅力的な
- ☐ revenue = 収入
- ☐ infeasible = 実行不可能な
- ☐ insufferable = しゃくにさわる

Questions 11-20

全訳

夢中歩行

[1] 夢遊病として知られている夢中歩行は，生涯を通して10パーセント以上の人々に影響を与える傾向のある病気である。夢中歩行はどの年代でも起こり得るが，年をとるとともに増加していく。夢中歩行は人が徐波睡眠（SWS）から目覚める時に起こる。SWS はノンレム（NREM）睡眠の段階，すなわち個人が深い眠りについている時の段階である。人が夢中歩行の状態にある時，その人の脳波のパターンは起きている人の脳波と似たものも含むが，同時に深い眠りについている人の脳波のパターンも含むことが研究によってわかった。夢中歩行の状態にある人は，通常の日常的な活動はできるが，脳の意思決定能力は完全には使えない。さらに，起きた時その人は自分の行動について何も覚えていない。さまざまな状況により夢中歩行は起こり得るが，その原因は年齢による。ほとんどの夢中歩行には害がないが，中には自分自身を傷つけてしまう人もいるかもしれない。夢中歩行の頻度は年齢による。幼少期から青春期にかけては，患者は心理的な問題から夢中歩行をする傾向にあるが，一方，大人の患者はストレス，不安，疲れ，または薬物乱用なども夢中歩行の原因となる。

[2] 子どもは睡眠時間の大半を深い睡眠の状態に費やす傾向にある。しかし年をとるにつれて，彼らの睡眠パターンは浅い睡眠の状態へと変化する。ほとんどの子どもは成長とともに夢中歩行の習慣を脱する。しかし，青春期になっても夢中歩行を続ける傾向が残る子どもも中にはいる。これは大部分が遺伝によって引き起こされる。青春期に夢中歩行を経験した両親の子どもが 10 代で同じことをするというのはよくあることである。夢中歩行をする大人は，おそらく残りの人生も，この障害を患うことになるだろう。しかし，子どもと異なり，大人には障害をコントロールするため十分な心理治療，抗うつ剤，精神安定剤，リラクゼーション方法が必要な場合もある。

[3] ■ 夢中歩行の症状はさまざまで，静かに歩くことから，料理，洗濯，ガーデニング，さらには車の運転など，より活動的な動作まで，どんなことも含み得る。■ 夢中歩行者は突然起き上がり，明らかに目が覚めているように見える。起き上がって歩き回り，トイレに行くなどの活動を行う。夢中歩行者は，うつろに目を開けて半睡状態であるように見える。■ 彼らの目は大きく開かれているとしても，起きている時と同じように見ているのではない。だいたいの場合，彼らは違う部屋や違う場所にいると考えている。夢中歩行者は意思疎通を図ろうとする誰に対しても，目を合わせることを避けようとするかもしれない。より深刻な夢中歩行の場合は，逃げようと取り乱した行動をとったり，家を落ち着きなく動き回ったりする。■ 夢中歩行はその発作が頻繁になったり，夢中歩行者に害を及ぼすくらい深刻になったりしない限りは，重大な問題ではない。この段階に至ると，医師に連絡することが望ましい。

[4] 夢中歩行者を扱う最もよい方法は，基本的にベッドへ連れて行くことである。1つ覚えておくべきことは，夢中歩行者はたいていまた起き上がり，まだ途中の終わっていない用事をしようとするということである。その問題を解決する最もよい方法は，やろうとしていることはもう終わったと彼らを信じさせる励ましの言葉を使うことである。夢中歩行者は提案に対してはたいてい物分かりがよく，彼らが聞いたことは何でも彼らの行動を変えるかもしれない。大部分の夢中歩行者は話したり，意思疎通を図ろうとしたりしない。しかし，もし夢中歩行者が寝ながら話したら，彼らが何を伝えようとしているのか理解することが最善の方法である。直接的に短く答えられるように，短い単純な質問をすることが望ましい。それより複雑な質問をすると理解できない答えが返ってくるだろう。

11 **正解** Ⓑ

第1段落の prone to という表現に最も近い意味はどれですか。

Ⓐ ～より前に　　Ⓑ …しそうである

Ⓒ …するのに気が進まない　　Ⓓ ～に示されている

解説 前後をヒントにして考えると，前で述べられているのが「病気」で，後ろが「人生の中で10パーセントの人々がかかる」になります。したがって，この文脈に最も近いのは Ⓑ です。

12 **正解** Ⓓ

第1段落で述べられていないのはどれですか。

Ⓐ この病気を持つ人は，起きた時にはその出来事を覚えていない

Ⓑ 夢中歩行の状態の時，人は時々正常な人のように行動することがある

Ⓒ 夢中歩行には年齢により，異なった原因がある

Ⓓ 夢中歩行をしている人は全く通常ではない脳波パターンになっている

解説 Ⓐ the person will have no recollection of his/her actions when awoken と一致します。Ⓑ A person is capable of performing ordinary everyday activities と一致します。Ⓒ Various circumstances can give rise to sleepwalking but the causes will depend on age. と一致します。Ⓓ 第1段落第5文では，通常の脳波も含むと述べられていることから本文と一致しません。

13 **正解** Ⓒ

第2段落によると，子どもは

Ⓐ 特別な治療法によってのみ回復できる

Ⓑ 両親と同じ活動的な型の夢中歩行の動作を示す可能性がある

Ⓒ 成長とともに徐々に夢中歩行を脱する

Ⓓ 夢中歩行の時，家のあちこちを両親の後をついて行くかもしれない

解説 Ⓐ 第2段落の最後に述べられている治療法は大人にとってのものであり，子どもに対するものではありません。Ⓑ 本文では夢中歩行を経験した両親の子どもである場合は夢中歩行をすることがよくあると述べられていますが，夢中歩行時に活動的な型の行動をするかどうかは書かれていないので不適切です。Ⓒ 第2段落第2文の内容と一致します。Ⓓ「家のあちこちをついて行く」とは述べられていません。

14 正解 Ⓑ

第 3 段落の gets to a point という表現に最も近い意味はどれですか。

Ⓐ 理由を作る　Ⓑ 段階に達する

Ⓒ その事実に向かう　Ⓓ 真実を明かす

解説　設問箇所を含む文は,「夢中歩行は，発作が頻繁になったり，深刻になったりする（　　）まで問題ではない」という意味です。したがって，この文脈に最も当てはまる Ⓑ が正解となります。

15 正解 Ⓐ

第 3 段落の inflict という単語に最も近い意味はどれですか。

Ⓐ 引き起こす　Ⓑ 送る　Ⓒ 分配する　Ⓓ 予測する

解説　ヒントは前後から求められます。設問箇所を含む部分が it will inflict harm on the sleepwalker となっており，この it が指すものは sleepwalking なので,「夢中歩行が夢中歩行者に対して害を（　　）」という意味になり,「引き起こす」が適切です。

16 正解 Ⓓ

第 3 段落より夢中歩行者について推測できるのはどれですか。

Ⓐ どんな時も周りの状況に気がついている

Ⓑ 自分の周りにいる人々の生命を危険にさらすことが多い

Ⓒ そこにいる誰かに近寄られたら，逃げようとする

Ⓓ 半睡のような状態で活動を行っているように見える

解説　推測できるものを問う問題は，消去法で解くことが効果的です。第 3 段落第 4 文から Ⓐ は不適切です。また，第 3 段落最後から 2 文目から Ⓑ も異なります。Ⓒ 本文で「逃げようとする」とは述べられていますが,「近寄られた時, 逃げようとする」とは述べられていません。第 3 段落第 3 文の記述から，Ⓓ の内容が推測できます。

17 **正解** **(D)**

第4段落でハイライトされた文の重要な情報を表している文はどれですか。不正解の選択肢は意味を大きく変えているか，もしくは重要な情報を含んでいません。

(A) 夢中歩行者ははっきりと話すことができないので，短い質問をすることが最も良い。

(B) 尋ねるべき正しい質問について知っておくことが，夢中歩行者に速く適切に答えさせることになる。

(C) あいまいな質問は夢中歩行者にとって反応することが容易ではない。尋ねる人は常に協力し，理解するようにしなければならない。

(D) 夢中歩行者に尋ねる質問のポイントは多面的なものであるべきではない。さもないと，その質問は理解できない答えにつながるだろう。

解説 (A) 本文では「はっきりと話すことができない」とは述べられていないので，後半が誤りです。(B)「正しい質問を知っておくこと」とは述べられていません。(C)「協力して」という箇所が本文と異なります。

18 **正解** **(D)**

この文章によると正しくないものは以下のどれですか。

(A) 夢中歩行者は簡単にベッドに戻るよう説得できるので，励ましが必要である。

(B) 夢中歩行者は日常的な活動をすることが多く，普通の状態に見えるかもしれない。

(C) 子どもは通常は成長して夢中歩行をしなくなる一方，大人は治療が必要なことがある。

(D) 夢中歩行の頻度は年齢によるが，原因はいつでも同じである。

解説 (A) 第4段落の内容に一致します。(B) 第3段落第1～2文の内容と一致します。(C) 第2段落第2文と第5～6文に一致します。(D) 第1段落最後の2文において，幼少期から思春期の患者と大人の患者を比較しています。大人の場合，「疲れ」「薬物乱用」なども原因に含まれるため，(D) が一致しない選択肢となります。

19 正解　4つ目

以下の文が加えられ得る場所を示す４つの■を確認しなさい。

これはとても奇妙な夢の結果，もしくは異常な神経活動の現れかもしれない。

この文が入るのに最も適切な位置はどこですか。

解説　文挿入問題は，文のつながりを考えることが一番重要です。特に代名詞が大きな手がかりになることが多く，ここでは this がヒントとなります。「とても奇妙な夢の結果」や「異常な神経活動の現れ」と述べているので，前述のものや事柄を指す代名詞の this は何か「とても奇妙な」ことや「異常な」ことを指すことがわかります。４つ目の■の前に frantic attempts to escape or moving restlessly about the house とあり，this の内容として最もふさわしいのでこれが正解と判断できます。

20 正解　(B), (D), (E)

本文の要約の導入文が下に与えられています。本文の最も重要な考えを述べている選択肢を３つ選んで，要約を完成させなさい。いくつかの選択肢は，文章で述べられていないか，もしくは重要な考えではないため，要約には含まれません。この問題は２点です。

本文は夢中歩行の要素について論じている。

(A) 夢中歩行は問題を抱えている人に影響を与える深刻な精神障害である。
(B) 夢中歩行はより年配の人々に対してよく起こる。
(C) 夢中歩行は眠りの浅い状態から目覚めた時に起こる。
(D) 夢中歩行の状態の人々は脳が完全とは言えない状態で機能している。
(E) 夢中歩行中の人々は目を開けた状態で行動する。
(F) 夢中歩行者に忠告することは危険で，彼らのいつもしていることを邪魔することになる。

解説　(A) 第３段落で夢中歩行が害を及ぼすものでなければ深刻な問題ではないとあるので，不適です。(B) 第１段落第２文の内容と一致します。(C) 第１段落第３～４文では「眠りの浅い」状態ではなく，「眠りの深い」状態だと述べられています。(D) 第１段落第６文の内容と一致します。(E) 第３段落第３文の内容と一致します。(F) 第４段落第３文の内容と異なります。

Reading

Vocabulary

- □ somnambulism = 夢中歩行, 夢遊病
- □ inflict = ～を負わせる, ～を与える
- □ substance abuse = 薬物乱用
- □ outgrow =（成長して）～を脱する
- □ antidepressant = 抗うつ薬
- □ tranquillizer = 精神安定剤
- □ frantic = 取り乱した
- □ restlessly = 落ち着きがなく

Questions 21-30

全訳

風と気圧

[1] 風の力と流れの背景にある秘密は何だろうか。気圧の違いは，異なった風のパターンを形成することになる。気圧は，ある表面積を，その上にある空気の重さによって，押し下げる力と定義できる。大気の重さが増えれば，圧力も増える。しかし，その逆もまた正しい。大気の重さが減れば，圧力も減ることになる。気圧は通常，高度が上がるにしたがって低くなる。高度が増せば，空気中の分子の数が減り，これにより気圧が下がることになる。寒い気候の時は，空気が収縮し，圧力が下がる。逆に，暖かい空気は膨張し，その結果，圧力が高くなる。気圧を測るにはさまざまな方法がある。通常，気圧は気圧計によって測定されるが，航空学やテレビの天気予報では，気圧は水銀（Hg）の高さで測られる。気象学者は，天気図で見られる圧力を示す単位，ヘクトパスカル（hPa）で測る。

[2] 低気圧と高気圧については，我々は通常これら2種類の気圧の違いに関して考える。低気圧の中心は，測定される気圧が周りと比べて最も低い領域である。低気圧の中心は通常Lと表記され，風が北半球では反時計回り，南半球では時計回りで流れる。低気圧の地域では，曇りの天気や降雨がとても起こりやすい。高気圧の中心は，それを取り囲む周りの領域と比べて，測定される気圧が高い領域である。高気圧の中心は通常Hと表記され，風が北半球では時計回り，南半球では反時計回りに流れる。高気圧の地域では，快晴や晴れの天気が多い。

[3] 地表はその上にある風に摩擦を生み出す。その摩擦は，風の実際のスピードを落としたり変えたりする妨害物としての役割を果たすことがある。丘やごつごつした地形は，風の流れに海とは異なる影響を与える。それらのバリケードによる摩擦は，風を押し上げたり，下げたり，またそれらの周りを回るようにする。風の動きは，地表の抵抗を何も受けない高度の高い場所でも変化する。この位置は境界層上端と呼ばれることが多い。この境界層上端では，コリオリの力と気圧傾度力が釣り合い，

その結果地衡風が生じる。つまり，この**静止している空気は高気圧から低気圧へと移動するが，地球の自転によっても方向を変えられる**。北半球では，高気圧から低気圧へと移動する空気は右へそれていく。反対に，南半球での高気圧から低気圧へと移動する空気は左へそれていく。地衡風の動きは，空気の速度と緯度によって変わる。

[4] **大気境界層の内部では，低い位置にある風は依然地球からの摩擦に影響されるので，地衡風は存在しなくなる**。■ 摩擦がなければ，北半球では風は低気圧の中心の周りを反時計回りに，高気圧の中心の周りを時計回りに移動するだろう。■ **しかし，地表との摩擦力があることで，風が速度を落とし，大気の偏向が弱まって，気圧傾度力，つまり高気圧から低気圧へ向かう力が優勢になる。**■ 気圧傾度力がより強くなると，風は回りながら低気圧の方へ進み，ゆっくりと大気の中へ入っていく。■ 風のパターンが変化することにより雲の形成が抑制され，澄んだ青空となる。

21 正解 Ⓐ

第1段落によると，気圧は

Ⓐ 風のパターンに影響を与える

Ⓑ 空気の重さに影響を与える

Ⓒ 高度が上がるとその影響で常に増加する

Ⓓ ある表面積を押し上げる力が働く時に増加する

解説 Ⓐ 第1段落第2文で述べられていることと一致します。Ⓑ 第1段落第4文では，空気の重さに応じて気圧が変わるとあるので一致しません。Ⓒ 第1段落第5文で「気圧は通常，高度が上がるにしたがって低くなる」とあり，反対の内容です。Ⓓ 第1段落第3文に Atmospheric pressure can be defined as a force pushing down on a surface area by the weight of the air above it. とあり，「押し上げる」のではありません。

22 正解 Ⓓ

第2段落で述べられていないのはどれですか。

Ⓐ 低気圧の中心はその地域へ雨の天気をもたらす

Ⓑ 高気圧の中心は北半球では風を時計回りに吹かせる

Ⓒ 高気圧と低気圧の中心は最高と最低の位置を特定したものである

Ⓓ 高気圧は常によい天候の徴候となる

Reading

解説 NOT や EXCEPT がある問題は消去法で解くのが確実です。Ⓐ 第2段落第4文と一致します。Ⓑ 第2段落第6文と一致します。Ⓒ 第2段落第2文と第2段落第5文に一致します。Ⓓ 本文には Clear skies and fair weather are **often** in areas of high pressure. とありますが,「常に」とは述べていません。always, all などの極端な語が使われた場合，注意して本文と照らし合わせましょう。

23 **正解** Ⓑ

第3段落の deterrent という語に最も意味の近いものはどれですか。

Ⓐ 守り　Ⓑ 障害　Ⓒ 加速　Ⓓ 差異

解説 この問題のヒントとなるのは前後の文脈です。第3段落第1文から it may act as 〜 の it が指すのは The Earth's surface だと判断できます。つまり「地表が（　　）として機能するかもしれない」となります。さらに後ろを見ると,「実際の風の速度を遅くする，もしくは変える」とあります。したがって，この語は「風の実際のスピードを落とす，もしくは変える」ものであることが推測できます。このことより，最も当てはまるのは Ⓑ です。

24 **正解** Ⓐ

第3段落の it が指しているものはどれですか。

Ⓐ 動き　Ⓑ この位置　Ⓒ より高い高度　Ⓓ 摩擦

解説 it は単数名詞を指すので，複数形である Ⓒ は不適切です。また，代名詞は前に出てきたものを指すので，後ろに出てきている Ⓑ も不適切です。Ⓓ 本文に it is not affected by the friction とあり，it が影響を受けないものとして挙げられているため, 不適切です。Ⓐ は「動きが摩擦の影響を受けない」となり，文脈に合います。

25 **正解** Ⓓ

第3段落から境界層上端について推測できるものはどれですか。

Ⓐ この層の風はどちらの半球でも同じ方向に動く。

Ⓑ この層の風は天気に大きな影響を与える。

Ⓒ この層の風はコリオリと呼ばれる。

Ⓓ この層の風は下の地形に影響を受けない。

解説　Ⓐ 第３段落第８～９文の内容に一致しません。Ⓑ 第３段落に「天気」に関する記述はありません。Ⓒ 第３段落第６文に「コリオリの力と気圧傾度力が釣り合い，その結果地衡風が生じる」と述べられているので合いません。Ⓓ 第３段落第４～５文の内容に一致します。

26 **正解**　**Ⓓ**

以下の文章で，第４段落でハイライトされた文の重要な情報を表しているものはどれですか。不正解の選択肢は意味を大きく変えているか，もしくは重要な情報を含んでいません。

Ⓐ　風の影響は摩擦に負け，それが空気の流れを抑え，気圧傾度力を弱くする。
Ⓑ　風は地表の摩擦により徐々に速度を弱める。それによって気圧が最大にまで上がる。
Ⓒ　摩擦は気圧傾度力を速め，どれくらい空気が物体にぶつかるかには関係なく空気の速度を弱める。
Ⓓ　空気の流れの変化は，摩擦に負けた風と気圧傾度力によって引き起こされる。

解説　ハイライトの問題は言い換え問題です。よって，ハイライト部分と選択肢を比べます。Ⓐ「気圧傾度力が優勢になる」とあるので一致しません。Ⓑ ハイライト部分の to allow the pressure gradient force, a high to low pressure force, to become dominant は，気圧傾度力が優勢になり，風が高気圧から低気圧に流れるということなので，選択肢の後半が本文に一致しません。Ⓒ「気圧傾度力」を速めるわけではなく「どれくらい物体にぶつかるかには関係なく」とも述べられていません。Ⓓ Ⓑ で解説した通りの内容になっているので，これが正解です。

27 **正解**　**Ⓑ**

第４段落の plunging という単語と最も近い意味はどれですか。

Ⓐ　揺れる　Ⓑ　沈む　Ⓒ　増える　Ⓓ　回る

解説　設問箇所の後ろに in the atmosphere とあるので「大気の中」という文脈に当てはまる意味がくることになります。plunge は「飛び込む」などの意味を持ちます。

Reading

28 正解 Ⓐ

風のパターンに影響を及ぼすと本文で述べられていないものはどれですか。

Ⓐ 境界層上端では，静止している空気は地球の自転のために低気圧から高気圧へ動く。

Ⓑ 丘や高い建物などの大きな構造物による摩擦は方向を変える

Ⓒ 地球の自転は，空気を北半球か南半球かによって右か左にそらす。

Ⓓ 地衡風の移動は，どれくらい空気が速く動くかによって影響を受ける。

解説 Ⓐ 第３段落の At the top of the boundary layer, ... this air at rest will move from high to low pressure but also be forced to change course as a result of the Earth's rotation. と一致しません。Ⓑ 第３段落第２～３文の内容に一致します。Ⓒ 第３段落第８～９文の内容と一致します。Ⓓ 第３段落の最終文の内容に一致します。

29 正解 ３つ目

以下の文が加えられ得る場所を示す４つの■を確認しなさい。

結果として，風はやや低気圧の方へ傾く。地衡風によって地表の風の向きが変わる度合は，地形の実際の形や性質に基づいている。

この文が入るのに最も適切な位置はどこですか。

解説 文の最初にある As a consequence（結果として）がポイントになります。また，この文では low pressure に関することが述べられていることも大きなヒントとなります。この２点から最もふさわしい箇所は３つ目の■です。直前に高気圧から低気圧へ向かう力が優勢になると述べられているので，「結果として低気圧の方へ傾く」という内容は流れに合っています。１つ目や２つ目の■の箇所は，主に摩擦に関する記述なので，あてはまりません。

30 正解 Ⓐ，Ⓓ，Ⓔ

本文の要約の導入文が下に与えられています。本文の最も重要な考えを述べている選択肢を３つ選んで，要約を完成させなさい。いくつかの選択肢は，文章で述べられていないか，もしくは重要な考えではないため，要約には含まれません。この問題は２点です。

本文は風の動きとその変化をもたらす要因について論じている。

Ⓐ 大気圧はある面の上にある空気の重さによって決まり，高度が上がると減少する。

Ⓑ 大気圧は気圧計，水銀を使って計測され，気象学者はヘクトパスカルという単位で計測する。

Ⓒ 高気圧の中心の風は北半球では反時計回りに流れ，南半球では時計回りに流れる。

Ⓓ 摩擦は地表部分，境界層内部の両方において風を遅くする重要な役割を担っている。

Ⓔ 高い高度において，地衡風は地球の自転によるわずかな方向の変化を伴いながら，境界層上端で形成される。

Ⓕ もし暖かい空気圧が形成され広がったならば，気圧傾度力はよい天気をもたらすだろう。

解説 Ⓐ 本文の内容に一致し，主題である気圧の定義が述べられています。Ⓑ 確かに本文で述べられていますが，単位に関する細かな情報で要約には含まれません。Ⓒ 本文で述べられていることと逆になっています。Ⓓ 本文の内容に一致し，風の動きに影響する重要な要素について述べられています。Ⓔ 本文の内容に一致し，主題である風の動きの性質について述べられています。Ⓕ 天気についての記述は最後の部分でしか述べられていないため，要約には含まれません。

Vocabulary

- □ **altitude** = 高度，標高
- □ **aeronautics** = 航空学
- □ **meteorologist** = 気象学者
- □ **friction** =摩擦，摩擦力
- □ **terrain** = 地形，地域
- □ **gradient** = 傾斜，傾斜度
- □ **deflection** = ゆがみ
- □ **molecule** = 分子
- □ **mercury** = 水銀
- □ **clockwise** = 時計回りに
- □ **rugged** = 起伏の激しい
- □ **geostrophic** = 地衡的な
- □ **latitude** = 緯度
- □ **twirl** = くるくる回る

Questions 31-40

全訳

炭酸飲料

[1] 炭酸飲料のささやかな始まりは，天然のミネラルウォーターの中の泡が，二酸化炭素としても知られるカルボニウムというガスに由来することを科学者が発見した時まで遡ることができる。多くの人が炭酸ミネラルウォーターを健康や医療目的で飲んだ。炭酸飲料はもともと17世紀に，炭酸が入っていない水，つまり二酸化炭素がまったく含まれていない水から作られた。それは，水，レモン，甘味料，蜂蜜から作られた。これが今日広く知られているレモネードである。

[2] 1767年，ジョセフ・プリストリー博士のおかげで，人工的に作られた炭酸水が初めて登場した。彼はビール醸造所で，水をある入れ物から，発酵用の大きな桶の近くにある別の入れ物に移すことによって実験をした。彼は発酵用の桶のガスを水がよく吸収することを発見した。1806年に初めて，フィリップ・シング・フィジック博士というアメリカ人が，患者に飲ませる目的で炭酸水に味をつけた。■ これにより，炭酸水の味がよくなった。しかし，二酸化炭素を水の中に満たすことに特化した装置が発明されるまで，炭酸飲料は広く普及しなかった。■ その後，炭酸飲料は大量生産できるようになった。この装置はジョン・マシューズという化学者によって作られた。炭酸飲料はもともと医療を目的としたものであり，容器から注いでいた。■ しかし，そのさわやかな味のため，炭酸飲料は急速に人気の飲み物になった。■ 1830年に炭酸飲料はボトルに入れられ，さらに人気が出た。

[3] 現代において炭酸飲料はどのように作られるのだろうか。まず，缶やボトルの品質が検査される。傷があったり，へこんでいたり，その他望ましくないものは何でも除外される。その後，炭酸飲料に独特な味と香りを加える甘味料が調べられ，品質を確かめられる。炭酸飲料の1缶に7パーセントから14パーセントの砂糖が含まれている。低カロリー，もしくは無糖タイプの炭酸飲料には，アスパルテーム，スクラロース，アセスルファムＫやタラマチンが液体の砂糖の代わりに使われている。以前はサッカリンが好まれたが，サッカリンはがんを引き起こすということがわかった。水は最も重要な素材であるので，味を悪くするものがないように，複雑な浄化過程を経る。これは色や，粒子，におい，アルカリ，細菌の痕跡を取り去ることも含んでいる。時には凝集によって水を蒸留する必要性もあるかもしれない。凝集により，通常のろ過では小さすぎてとらえることができないものもすべて吸収することができるからである。凝集とは，タンクに水を通して，硫酸第二鉄や硫酸アルミニウムを使い，水からこしとられた綿状の固まりやその結果生じる固体を作ることである。

[4] 甘味料，香味料や純水は，二酸化炭素ガスと混合されて缶に詰められ，ただちに密封される。通常，香味料は3つに分けられる —— 天然香味料，擬似天然香味料，人工香味料である。天然香味料は，果物のような，本物の原料からなる。擬似天然香味料は，天然の香味を真似るために，化学製品を使う。人工香味料は，自然にあるもののような味ではない化学香味料である。最後に，酸や防腐剤，着色料や添加物が加えられる。防腐剤，添加物，酸は，炭酸飲料の貯蔵寿命を保証し，腐敗を防ぐ。色がつくと，製品は魅力的になる。しかし，新しい保存方法が開発されているため，防腐剤は徐々に使われなくなってきている。

[5] 炭酸飲料の人気の味には，オレンジ，ジンジャーエールとレモンがある。しかし，1880年代に，2つの成分が炭酸飲料に加えられ，その歴史全体が変わることとなった —— コーラナッツとコカの葉である。ボリビアの先住民はこれを噛んで幻覚を引き起こしたという。1886年に，ジョン・ペンバートンはコカとコーラを炭酸飲料に混ぜ入れ，最もよく知られている人気の飲料ができた。それがコカコーラである。それは，医学的な利点があるともてはやされた。今日，200カ国以上の人々が炭酸飲料を飲み，毎年1280億リットルもの量を消費している。

31 **正解** Ⓑ

第1段落の humble beginnings という表現に最も近い意味はどれですか。

Ⓐ 前途有望な始まり方　Ⓑ 地味な起源

Ⓒ 控えめな時代　Ⓓ 最初の発見

解説 2つの単語から成る表現の意味が問われた場合，それぞれの単語の意味を持つ選択肢が正解となります。humble は「控えめな，質素な」，beginnings は「始まり」という意味なので，humble が simple と言い換えられ，beginnings が origin に言い換えられている Ⓑ が正解となります。

32 **正解** Ⓐ

第2段落にある apparatus という単語に最も近い意味はどれですか。

Ⓐ 機械　Ⓑ 薬　Ⓒ 材料　Ⓓ 化学薬品

解説 設問箇所の後ろがヒントです。「二酸化炭素を水の中に満たすために作られた」とあり，さらに動詞が was invented なので，「発明された」ものであるとわかります。また，設問箇所の2文後に This piece of equipment とあり，指示語の This が apparatus を指していることが文脈からわかります。apparatus と equipment は同意語で，このこともヒントとなります。

33 **正解** Ⓐ

第3段落から炭酸飲料を作ることに関して推測できるのはどれですか。

Ⓐ 最高の品質を保証するため，水や甘味料は検査される。

Ⓑ サッカリンは長く炭酸飲料を作るために使用されている。

Ⓒ 水は浄化のために沸騰させることもあった。

Ⓓ 製品を作る際に，独特な味のみが受け入れられるので，ガイドラインが重要である。

解説 Ⓐ 第3段落第4文と第8文と一致します。Ⓑ 第3段落第7文と一致しません。Ⓒ 浄化のためにされるのはろ過や凝集であって，沸騰とは述べられていません。Ⓓ ガイドラインに関する記述は第3段落にはありません。

34 **正解** Ⓒ

第4段落の phased out という表現に最も近い意味はどれですか。

Ⓐ 好まれた　　Ⓑ 調合して作られた

Ⓒ 取り除かれた　　Ⓓ 適応した

解説 この問題は However が大きなヒントとなります。However は逆接を表す語なので，前後の文意は反対になります。設問箇所は「保存料がゆっくりと（　　）されている」という意味で，3文前の Finally, acids, preservatives, colors and additives are added in the end. から直前の文までの内容と相反する内容になると考えられます。したがって，設問箇所は added（加えられた）の反対を意味すると判断できます。

35 **正解** Ⓓ

第4段落で香味料について述べられているのはどれですか。

Ⓐ 天然香味料では本格的な製造法が用いられるが，擬似香味料では用いられない。

Ⓑ 天然香味料は本物の果汁を使うが，人工香味料は機能性を高めた果汁を使う。

Ⓒ 擬似香味料は本物に似たもので，人工香味料は本物を真似たものである。

Ⓓ 人工香味料は化学的に作られるが，自然の味とは異なる。

解説 第4段落で香味料について述べられている箇所は，第2～5文です。Ⓐ 本文に製造法についての記述はありません。Ⓑ 人工香味料は化学香味料であると述べられており，果汁は使われていないため，誤りです。Ⓒ 人工香味料は「自然にあるもののような味がまったくしない」とあり，一致しません。Ⓓ 第4段落第5文の内容に一致します。

36 **正解** **Ⓑ**

1880年代に，2つの成分が炭酸飲料に加えられ，その歴史全体が変わることとなった —— コーラナッツとコカの葉である。ボリビアの先住民はこれを噛んで幻覚を引き起こしたという，と第5段落で筆者が述べているのは，以下の目的のためです。

Ⓐ 新しい炭酸飲料によってボリビアの歴史が変わった証拠を示すため
Ⓑ 2つの成分によって炭酸飲料が進化した証拠を示すため
Ⓒ 新しい炭酸飲料の始まりに関する分析を示すため
Ⓓ 新しい炭酸飲料を作るためにボリビア人がした貢献を立証するため

解説 引用部分で中心に述べられているのは「2つの成分」なので，なぜこの2つの成分を取り上げたかを念頭に入れて問題を解きます。Ⓐ 新しい炭酸飲料によってボリビアの歴史が変わったとは述べられていません。炭酸飲料に加えられた2つの成分によって炭酸飲料の歴史が変わりました。Ⓑ 中心である2つの成分について述べられているのでこれが正解です。Ⓒ このような分析はなされていません。Ⓓ「ボリビア人が新しい炭酸飲料を作るのに貢献した」とは述べられていません。

37 **正解** **Ⓓ**

第5段落の resulting in という語句に最も近い意味はどれですか。

Ⓐ ～という原因からなる　Ⓑ ～に影響を与える
Ⓒ ～から回復する　Ⓓ ～につながる

解説 間違えやすいのが，result in と result from の違いです。同じ result という単語が使われていますが，この2つの意味は逆です。from は「原因」を表し，in は「結果」を表すので，ここでは「結果」を表す Ⓓ が正解です。

38 正解 Ⓒ

以下の中で炭酸飲料の起源について本文で述べられていないものはどれですか。

Ⓐ 最初，人工的な炭酸飲料は飲み物として意図されたものではなかった。

Ⓑ レモネードは炭酸飲料の最初の種類と考えられた。

Ⓒ 炭酸飲料は化学薬品として紹介された後，飲み物として人気が出た。

Ⓓ 炭酸水は発酵用の桶から始まったが，後に機械によって作られた。

解説 この問題のような EXCEPT がある問題は，消去法で解くのが確実です。Ⓐ 第2段落最後から3文目の内容に一致します。Ⓑ 第1段落第3～5文の内容に一致します。Ⓒ 炭酸飲料の人気が出たのは，化学薬品として紹介された後とは述べられていません。最初は医薬品として使われていました。Ⓓ 第2段落第2文と第6文後半の内容に一致します。

39 正解 4つ目

以下の文が加えられ得る場所を示す4つの■を確認しなさい。

その飲み物はとても魅力的だったので，人々は家に持って帰りたかった。

この文が最も適切な位置はどこですか。

解説 この問題のヒントは appealing（魅力的）です。つまり，飲み物が魅力的であるという内容の近くにこれが入ると推測できます。このことについて述べられているのは3つ目と4つ目の■の間の it caught on quickly as a popular drink ですが，3つ目の■の後ろには However がきていて，ここに入れると意味が反対になってしまいます。

40 正解 Ⓐ，Ⓑ，Ⓓ

本文の要約の導入文が下に与えられています。本文の最も重要な考えを述べている選択肢を3つ選んで，要約を完成させなさい。いくつかの選択肢は，文章で述べられていないか，もしくは重要な考えではないため，要約には含まれていません。この問題は2点です。

本文は炭酸飲料の起源を，今日売られている人気のある飲み物の生産とともに論じている。

Ⓐ 炭酸飲料には炭酸を含まないものもあり，今日レモネードとして知られているものに似ていた。

Ⓑ 炭酸飲料はもともとは患者のためのものであったが，結果としてそのアイディアは爽快な飲み物の素地となった。

(C) 1830年に，炭酸水は発酵用の桶から移され，味付けされ，人気のある飲み物が作られた。

(D) 入れ物の製造や水の浄化，適切な甘味料の選択に十分な注意が払われなければならない。

(E) 浄化された水や香味料，甘味料が二酸化炭素と共に封じられ，添加物や着色料，酸，保存料と混ぜ合わせられた直後に，缶は密封される。

(F) コカの葉とコーラナッツの効果が発見された後，コカコーラは人気の炭酸飲料となった。

解説 (A) 第１段落の最後の３文の内容に一致します。(B) 第２段落後半部分の内容に一致します。(C) 1830年の出来事としてこのようなことは述べられていません。(D) 第３段落の前半部分に一致します。(E) 密封の方法については第４段落で述べられていますが，重要な内容ではなく，補足的な細かい情報なのでこの要約を問う問題には不適切です。(F) 第５段落でコカコーラについて述べられていますが，幻覚を引き起こす作用の発見はコカコーラの人気とは関係ないので誤りです。

Vocabulary

□ ferment ＝ ～を発酵させる	□ vat ＝ 大桶
□ brewery ＝ 醸造所	□ dent ＝ ～をへこませる
□ distill ＝ ～を蒸留する	□ coagulation ＝ 凝固
□ sieve ＝ ～をふるいにかける	□ ferric sulphate ＝ 硫酸第二鉄
□ flock ＝ 綿毛状沈殿	□ hallucination ＝ 幻覚症状，幻覚
□ spoilage ＝ 損傷	

Reading

Listening Section

Questions 1-5

スクリプト

042

Listen to a conversation between a student and a professor.

Student : Good morning, Professor. Did you ask to see me?

Professor : Yes, I told the exam proctor to bring you here. Do you know why you are here to see me?

S : Well, the exam proctor told me that she thought I was cheating and I had to see you. **But honestly, I wasn't cheating.**

P : **I'm not here to accuse you of cheating.** That is not my role. **However, I am obligated at this point, to provide you with the Code of Student Behavior and Disciplinary Procedures.** **Could you please read section 6, paragraph 1?** 2

S : Plagiarism or any other forms of cheating in examinations, midterms or academic work will face strict academic discipline, such as being suspended or expelled from the college. Cheating in examinations or tests includes: copying from another student or bringing unapproved materials to exams, such as cheat sheets or cell phones. Sitting an exam for another student; that is, claiming to be another student while sitting an exam, is also considered cheating. Finally, there will be serious consequences for students that have taken part in cheating on examinations or term assignments. **Under college regulations, cheating is considered a disciplinary crime.** **All cases will be reported to the Department Head for further action to be determined.** **Students that have been found cheating will have the fact recorded permanently on their transcripts.**

P : Do you understand what you have just read?

S : Yes, I do. You are telling me the definition of cheating and the consequences for such actions. However, I wish to argue against any allegations that I was involved with cheating on the exam. I can assure you that I was not even thinking of cheating.

P：Well, I have provided you with the rules and regulations found in the Code of Student Behavior and Disciplinary Procedures. As well, I would like to give you another resource; that is to contact **the Student Advocates Office, whose role is to assist you in resolving any academic issues on campus**. They are a mediating body and will speak for you, provide advice about your options, help connect you with people that will address your issues, go with you to any related meetings and assist you with understanding your rights and responsibilities should you be accused of personal or academic wrongdoings.

S：Thank you for the information. Will the Student Advocates Office clear my name? I'm new to the university and I don't know where the Student Advocates Office is located. **Can you help me?** As you may understand, I am quite anxious and nervous. I was not doing anything with my school bag. I just put it down next to my desk and started to write my exam. Then, all of a sudden, **the exam proctor took it and told me to stop writing**. Next thing I knew, I had to come and see you. I didn't know what was happening. **In fact, nobody informed me either before or during the exam session that I was not allowed to bring my bag into the exam room**.

P：Is that so? Then, this may be a misunderstanding or failure to carry out proper procedures on the part of the exam proctor in the classroom. Well, since this is the case, **I will accompany you to the Student Advocates Office**. **I can explain to them what has happened and I will talk to one of the counselors there**. **If they do not think that there is enough evidence, then you have no cause for worry**. This issue will be dropped right away and it will not appear on your school record.

S：Great! **Can we go now, so that this can be resolved** as soon as possible?

P：Sure, let me get my jacket.

Listening

全訳

学生と教授の会話を聞きなさい。

学生：おはようございます，教授。お呼びになりましたか。

教授：ええ，試験監督にあなたをここへ連れて来るように頼んだのです。なぜここに呼ばれたかわかりますか。

S：ええと，試験監督は僕が不正行為をしたと思ったようで，それで教授の所に行くように言われました。でも本当に，僕は不正行為をしていません。

P：不正行為の件であなたを責めるつもりはありません。それは私の役目ではありませんから。ですが，現時点で私には「学生の行動及び懲戒手続き規定」についてあなたに話す義務があります。第６条第１項を読んでください。**2**

S：試験，中間試験や大学の課題における盗作行為，またはいかなる形の不正行為も，停学または退学などの厳格な学業上の懲戒処分とする。試験やテストにおける不正行為とは，他の学生の答案を写したり，カンニングペーパーや携帯電話といった，試験に許可されていない物を持ち込んだりすることである。他の学生の代わりに試験を受けること，つまり，試験を受ける際に他の学生に成りすますことも不正行為と見なされる。最終的に，試験や期末課題において不正行為に関わった学生は深刻な結果を招くことになる。大学規則のもと，不正行為は学則違反と見なされる。いかなる場合についても学部長に報告され，今後の処置が決定される。不正行為が発覚した学生の成績証明書には，その件が永久に記載されることとなる。

P：今読んだことがわかりましたか。

S：不正行為の定義と，そのような行為が招く結果について教えてくださったのですね。でも，試験で不正行為に関わったという疑惑には反論したいと思います。誓って言いますが，不正行為を行おうとなど思ってさえいませんでした。

P：では，「学生の行動及び懲戒手続き規定」に記載されている規則や規定については提供しました。それから，他にも伝えておきたいことがあります。それは，学内で起こるどんな学業上の問題でも解決できるよう学生を手助けする役目を担っている学生支援課と連絡を取ることです。個人的な不正行為や学業上の不正行為で告発された場合，課が仲介者となって学生を弁護したり，どんな選択肢があるかをアドバイスしたりするのです。また，問題を処理してくれる人を紹介したり，関連する会議に同行したり，学生自身が権利や責任を理解するサポートをしたりします。

S：情報をありがとうございます。学生支援課が僕の疑いを晴らしてくれますか。僕は大学に入ったばかりで学生支援課の場所を知りません。教えていただけますか。お気づきかもしれませんが，すごく不安で緊張しているんです。スクールバッグを使って何かしようとはしていませんでした。ただ自分の机の横にバッグを降ろして，試験を始めただけです。そうしたら突然，試験監督が試験を取り上げて，書くのをやめるよう僕に言ったのです。気づいたら，教授の所に行かなければならないことになっていました。何があったのか理解できませんでした。実は，自分のバッグを試験教室に持ち込んではいけないということを，試験前にも試験中にも誰からも知らされていなかったんです。

P：それは本当ですか。それなら今回の件は誤解か，または教室で適切な手順を踏まないという試験監督者のミスだったのかもしれません。そういうことなら，学生支援課まで一緒に行きましょう。学生支援課で何があったのか説明して，課のカウンセラーに話します。もし，十分な証拠がないと課が判断したなら，あなたは何も心配しなくていいですよ。今回の件はすぐに取り下げられて，あなたの成績証明書にも残らなくなるでしょう。

S：よかった！今から行ってもいいですか。そうすればできるだけ早く解決できますよね。

P：もちろん。上着を取ってきますね。

1 正解 (D) 043

この会話の主題は何ですか。

(A) 教授は，学生が試験で不正行為を行ったことを明らかに責めている。

(B) 学生は不正行為をしているところを見つかり，それを認めた。

(C) 教授は，学生が試験で不正行為をしたと疑うのに十分な証拠を握っている。

(D) 学生は不正行為をするつもりはなく，何の規則に違反したのか気がついていなかった。

解説 主題を問う問題は，冒頭部分が大きなヒントとなることが多いです。(A) 最初の方で教授が I'm not here to accuse you of cheating. と言っていることから，本文に当てはまりません。(B) 学生は But honestly, I wasn't cheating. と述べ，不正行為を認めていません。(C) 教授が十分な証拠を持っているとは言われていないので，本文の内容に一致しません。(D) 学生が中ほどで I can assure you that I was not even thinking of cheating と述べ，後半で In fact, nobody informed me ... that I was not allowed to bring my bag into the exam room. と述べているのと一致します。

2 正解 (D) 044

会話の一部をもう一度聞いて，質問に答えなさい。

（スクリプト・訳の下線部参照）

教授の次の発言は何を意味していますか。（　　参照）

(A) 学生が試験で不正行為をしたことを責めたい。

(B) 学生に試験の読解能力を向上させる必要がある。

Listening

Ⓒ 教授の判断が公平なものであることを学生に示す必要がある。

Ⓓ 学生が標準方針のどこに従っていなかったかを指摘している。

解説 発言者の意図を問う問題は，前後の文がカギとなります。直前で I'm not here to accuse you of cheating. と述べられていることから Ⓐ は当てはまりません。また，責めるつもりはないということは，ここで判断を下すつもりはないということなので，Ⓒ の fair with her judgment も合いません。Ⓑ 学生の読解能力に関しては前後の文で述べられていません。直後の文で，Could you please read section 6, paragraph 1? と読むべき箇所を指定していることから Ⓓ が正解になります。

3 **正解** Yes：(1)，(2)，(4)　No：(3)，(5)　045

それぞれの文が会話の内容を表しているか示しなさい。

各文について，正しいボックスをクリックしなさい。

(1) 不正行為の問題が持ち上がっているが解決していない。

(2) いかなる不正行為も，学生の学業成績表に永久に残る。

(3) 不正行為の証拠として，学生の試験が没収された。

(4) 学生支援課は学生の権利を守る役割を果たす。

(5) 学生は，個人の持ち物の持ち込みが許可されていないことを知っていた。

解説 内容一致問題では，本文で述べられたことと述べられていないことをしっかり分けて解きましょう。

(1) 全体を通して，不正行為の問題が取り上げられています。後半で学生支援課に行き，If they do not think that there is enough evidence, then you have no cause for worry. と述べられていて，まだ解決していないので，Yes です。(2)「学生の行動及び懲戒手続き規定」に Students that have been found cheating will have the fact recorded permanently on their transcripts. と述べられているので Yes です。(3) 試験が取り上げられたと述べられていますが，不正行為の証拠としてとは言われていないので No です。(4) the Student Advocates Office, whose role is to assist you in resolving any academic issues on campus 以降で学生支援課の役割が述べられており，その内容と一致するので Yes です。(5) In fact, nobody informed me ... that I was not allowed to bring my bag into the exam room. と学生が述べていることから No です。

4 **正解** **Ⓓ** 046

この会話の内容はどのように構成されていますか。

Ⓐ 受験の際，許可されている物と許可されていない物について，教授と学生が討論している。

Ⓑ 試験に個人の持ち物の持ち込みが許可されていると，学生が教授に納得してもらおうとしている。

Ⓒ 大学の規則に違反した場合の結果について，教授と学生が話し合っている。

Ⓓ 間違った疑惑をどう解決したらよいか，学生が教授に相談している。

解説 Ⓐ 試験の時に何が許可されていて，何が許可されていないかは議論されていません。Ⓑ 持ち物の持ち込みについて教授を説得しているわけではなく，知らなかったと述べられています。Ⓒ 学生は不正行為を認めていないので，結果について話し合っているとは言えません。Ⓓ 本文は，不当に不正行為を責められたことに対して教授に相談する内容なので，これが正解になります。Can you help me?, Can we go now, so that this can be resolved など，学生が教授に直接的に助けを求める発言があることにも注意しましょう。

5 **正解** **Ⓐ** 047

この会話の最後で教授が遠回しに言っているのはどれですか。

Ⓐ 彼女は学生の事情の説明を信じている。

Ⓑ 彼女は学生の記録が悪影響を受けるだろうと思っている。

Ⓒ 彼女は学生が一人で状況に対処できると信頼している。

Ⓓ 彼女は学生が自分の状況を完全に理解していることに確信が持てない。

解説 設問に imply という語があるので，遠回しに述べられていることを答えます。このような推測問題では，直接的な答えはないので，最も近い答えを選ぶことが必要になります。特に注意すべきはリスニングの最後の方で，教授が I can explain to them ... I will talk to one of the counselors や you have no cause for worry. This issue will be dropped right away and it will not appear on your school record. などと述べていることです。ここで教授が生徒の味方をしているのがわかります。つまり，学生の話を信じたことになるので，Ⓐ が正解になります。

Vocabulary

- □ **proctor** ＝ 試験監督
- □ **accuse A of B** ＝ AをBで非難する
- □ **be obligated to** ***do*** ＝ ～する義務がある
- □ **disciplinary** ＝ 懲戒の，規律の
- □ **plagiarism** ＝ 盗用，剽窃
- □ **allegation** ＝ 主張，申し立て
- □ **advocate** ＝ 支持者，支援者
- □ **mediate** ＝ 仲介する

Questions 6-11

スクリプト　048

Listen to part of a lecture in an archaeology class.

Professor：

Since this is our first class, we're going to focus on the basics and start off with mummies, which I'm sure, most of you have a bit of background knowledge of. But for the sake of those who do not, in short, **mummies are dead bodies that have been naturally preserved through severe low temperatures or extremely dry conditions**. **They can also be preserved artificially through the use of chemicals**. Unlike skeletons or fossils, mummies retain their natural body tissue and sometimes, their internal organs. Deterioration is prevented either naturally or through human intervention. Today, I would like to talk about several kinds of mummies.

The oldest mummy to date is the Spirit Cave man, found buried in a cave in the desert area of Nevada in the United States. He dates back to 7400 BC and died in his mid 40s. **He was well preserved because of the dry climate**.

What about the most famous mummy? Well, the most renowned mummy that was naturally preserved is Ötzi the Iceman. In 1991, he was found nestled in a glacier on the border between Austria and Italy. He has been dated to about 3300 BC, and was about 30 to 45 years old when he died.

You have all probably heard of the Egyptian mummies. The ancient Egyptians are most famous for their practice of preserving human bodies and the techniques they used. The embalming of bodies started about

3000 BC, and was a preparation for immortality. In the beginning only the royal family could use embalming because it was so expensive, but the practice caught on and became popular, so that by 1550 BC, many could afford the option of embalming. The Egyptians dried the corpse for forty days then removed the internal organs, but left the heart intact inside the body because it was believed to be the origin of all thought. The head may have been stuffed with sawdust. The corpse was then bathed in alcohol to destroy any remaining bacteria and covered in salt. The body was stuffed to make it look better, with padding inserted to give the appearance of living flesh. It was then ready for decoration, including makeup. The body was perfumed and then coated in warm resin. Finally, it was wrapped in layer upon layer of linen strips. Experts estimate that over a period of 3000 years, the Egyptians produced over seventy million mummies. Today, mummification is no longer the custom, as many Egyptians became Christians between 400 and 700 AD.

So far, I've mentioned only adults. Well, not all the mummies that have been discovered are those of adults. In 1972, the mummies of two children were found in Greenland. These were an infant and a four-year-old boy. Mummies of children are also found in Peru, where children were sacrificed in rituals and then placed in the Andes Mountains. The mountains were dry and cold, thus preserving the bodies very well. Children were often brought to the priests as religious offerings and it was believed that after death, the child would become a deity for the people. Usually sacrifices were performed in response to a natural disaster, such as an earthquake or famine.

What you probably don't know is that not all cultures made mummies for the purpose of preserving the bodies for the afterlife. It was said that in Arab cultures, mummies were soaked in honey and then used as oral medication. People voluntarily provided their bodies for this purpose, giving up food and consuming only honey. When these individuals reached the point where they were defecating and urinating only honey, they died and were then put into a coffin filled with honey. After a century, this concoction, taken orally, was used as treatment for fractured bones and bruises. However, this story may be only a legend and therefore should be taken with a grain of salt. 9

全訳

考古学の講義の一部を聞きなさい。

教授：

初回の講義なので，基本的なことに焦点を当てて，ミイラの話から始めよう。ミイラについては，ほとんどの人が少しは知っていると思う。しかし，知らない人のために簡単に述べると，ミイラとは，極度の低温あるいは極端に乾燥した状態で自然保存された死体のことである。また，化学薬品を使って人工的に保存されることもある。骸骨や化石とは異なり，ミイラには，元の体内組織が残ったままであり，そして，場合によっては内臓もそのままである。自然条件，または人が手を加えることで，腐敗は抑えられている。今日はいくつかの種類のミイラについて講義しようと思う。

今までで最も古いミイラは，スピリットケーブマンであり，アメリカのネバダ州の砂漠地帯にある洞窟に埋まっているのが見つかった。紀元前7400 年のもので，40 代半ばで死亡した男性である。乾燥した気候のおかげで保存状態がよかった。

最も有名なミイラはどうだろうか。自然保存されていた最も有名なミイラは，アイスマンのエッツィーである。1991年，オーストリアとイタリアの国境にある氷河に横たわっているのが発見された。紀元前3300年頃のもので，死亡時30歳から45歳の間くらいであった。

エジプトのミイラについては全員が聞いたことがあるだろう。古代エジプト人は人体保存の慣習があったこと，そしてそれに用いられた技術で最もよく知られている。人体のミイラ作りは紀元前3000年頃から始まり，永遠の命への準備として行われた。初期には，費用がかかったため，王族しかミイラになれなかったが，この慣習は人気を博し，紀元前1550年までには多くの人がミイラになることを選べるようになった。エジプト人は，死体を40日間乾燥させた後，内臓を取り出した。しかし，心臓はあらゆる思考の元となると考えられていたので，そのまま体内に残した。頭にはおがくずを詰めたりもしたようだ。その後，残った細菌を殺すため死体をアルコールに漬け，塩で覆った。見栄えがよくなるように体に詰め物をして，芯を入れて生きている肉体のような外見を与えた。これで化粧を含めた装飾の準備が整った。体には香りをつけ，温かい樹脂を塗った。最後に，細長い亜麻布を何重にも巻いた。専門家によると，3000年にわたって，エジプト人は7000万体以上のミイラを作ったと推定される。紀元400年から700年の間に多くのエジプト人がキリスト教信者になったため，現在ではミイラ作りはもはや慣習ではなくなっている。

ここまでは，大人のミイラについてだけ話したが，発見されたミイラのすべてが大人だったわけではない。1972年に2人の子どものミイラがグリーンランドで発見された。そのミイラは乳児と4歳の男の子だった。ペルーでも子どものミイラが発見された。ペルーでは子どもは儀式の生贄となり，アンデス山脈に置かれていた。アンデス山脈は乾燥していて寒冷なため，体の保存状態も非常によかった。子どもたちは宗教的な捧げ物として聖職者に捧げられることが多く，死後は人々の神となると信じられていた。生贄を捧げる行為は一般的に，地震や飢饉といった自然災害の度に行われた。

おそらく知られていないだろうが，すべての文化におけるミイラ作りの目的が，来世の人生のために体を保存しておくことだったわけではない。アラブ文化では，ミイラを蜂蜜に漬けて経口薬として使用していたと言われている。人々は，そのために自ら体を提供し，食事をせず，蜂蜜のみを摂取した。こういった人々が蜂蜜だけを排便したり排尿したりするようになった時，死に至り，蜂蜜で満たされた棺桶に入れられる。100年経ってから，この調合薬は，口から摂取され骨折や打撲の治療に使われた。しかし，この話はただの伝説かもしれないので，割り引いてとらえるべきである。9

6 **正解** Ⓐ　049

この講義から全体的にどのような結論が導き出せますか。

Ⓐ ミイラ化は古代より自然あるいは人が作った概念であった。
Ⓑ ミイラは，個人的もしくは奇行的目的で保存された本物の人間である。
Ⓒ 歴史上，ミイラの種類はさまざまであり，すべてのミイラはさまざまな方法で人工的に保存された。
Ⓓ よい保存状態の死体は，人々が来世を信じたという証拠である。

解説 Ⓐ ミイラについて that have been naturally preserved と自然にできることの説明があり，They can also be preserved artificially through the use of chemicals と人工的な方法の説明もあるため，これが正解。Ⓑ eccentric purpose ということは述べられていません。Ⓒ 自然にミイラ化した場合もあり，「すべてのミイラは人工的に」という部分が不適切です。Ⓓ「死後」については，アラブの例を挙げる前に言及されているのみなので，講義全体の主題にはなりません。

7 **正解** Ⓒ 050

ミイラの保存過程について正しいものはどれですか。

Ⓐ スピリットケイブマンの保存方法は長く複雑である。

Ⓑ エジプトのミイラは細菌を殺すためにおがくずに覆われていた。

Ⓒ ペルーの気候はそこで見つかった死体を保存するのに役立った。

Ⓓ アラブの文化では，宗教的な理由のため，ミイラ化するのにハチミツを使った。

解説 この問題は詳細を問う問題なので，具体的な情報に注意して聞く必要があります。特に具体的な名称が出てきたら，必ずノートテイキングをして情報をまとめておくようにしましょう。ここではSpirit Cave manやEgyptian, Peru, Arabという語句に関わる情報が重要です。まずⒶのスピリットケイブマンは長く複雑な保存方法という言及はありません。Ⓑについては，講義では細菌を殺すためにはアルコールを使ったと述べているので不可。ⒸはPeruという単語に注意して聞いて，その周辺から判断します。Mummies of children are also found in Peru ... The mountains were dry and cold, thus preserving the bodies very well.から正解になります。Ⓓはthey died and were then put into a coffin filled with honey. After a century, this concoction, taken orally, was used as treatment for fractured bones and bruises.から宗教的な理由ではなく，医療的な目的といえます。

8 **正解** Ⓑ 051

教授はエジプトのミイラについて何と述べていますか。

Ⓐ 人体をミイラにする習慣は，来世に望みをつなぐ選択肢の1つとして庶民の間でも行われた。

Ⓑ 人々は永遠の命を真剣にとらえていたため，体を乾燥させ，詰め物をして浸し，香りを付けた。

Ⓒ 死体保存に凝った方法を使ったのは，体を生き生きとした状態に保つためである。

Ⓓ 人体は見栄えを良くするために蜂蜜に浸された。

解説　この問題は「エジプトのミイラ」と指定があるので，エジプトのミイラに関する部分のみから答えます。Ⓐ afterlife に関してはエジプトのミイラの箇所では触れられていません。immortality は「不死」を意味します。Ⓑ ミイラの製造過程に関するものであり，エジプトのミイラについて述べられた講義と一致するのでこれが正解になります。スクリプトの You have all probably heard of the Egyptian mummies から始まる段落の色の部分を参照してください。Ⓒ to keep the bodies fresh ということは述べられていないので不正解です。Ⓓ ミイラができるまでには見栄えを良くする工程を経ていますが，蜂蜜については経口薬を作る目的で使われたと説明されているので，不適切です。

9 **正解** Ⓒ　052

講義の一部をもう一度聞いて，質問に答えなさい。
（スクリプト・訳の下線部参照）
なぜ教授はこう言いましたか。（　　参照）

Ⓐ この伝説にはそれほど信ぴょう性はないかもしれないが，信じるに値すると学生に知ってもらいたいと思っている。
Ⓑ 教授はこの伝説について慎重な姿勢を示しており，口伝えで広がった話ではないかと思っている。
Ⓒ この伝説を裏付ける十分な証拠があるか疑問視しており，学生もこの話を真剣に捉えないほうがよいと思っている。
Ⓓ 現在，この伝説は重要ではないので，学生はこの伝説を信じるべきではないと思っている。

解説　ここでは，この話が「ただの伝説かもしれない」と述べられており，信ぴょう性に疑問があることがわかります。その後に therefore（それゆえ）という語があり，should be taken with a grain of salt と述べられています。信ぴょう性がなく，それゆえどのように捉えるべきかと考えると，Ⓒ が適切だと推測できます。with a grain of salt が選択肢の lightly に相当します。Ⓐ「…だが，信じるに値する」は逆接の関係なので不適切。Ⓑ のような教授の推測は述べられていません。Ⓓ「重要ではない」「信じるべきではない」といった強い疑念は示されていません。

10 **正解** **Yes：(1)，(3)　　No：(2)，(4)**　　053

教授は講義でミイラについてのこれらの点について述べていますか。

各文について正しいボックスをクリックしなさい。

(1) 子どもたちは大災害の時期には神への捧げ物にされた。

(2) すべてのミイラは極端に暑い気候か寒い気候によって保存することができた。

(3) アラブ文化では，ミイラは治療薬の一種として使われた。

(4) エジプトでは，体を乾燥させる前に，体に詰め物をして浸した。

解説 (1) Mummies of children are also found in Peru, where children were sacrificed in rituals ... と Usually sacrifices were performed in response to a natural disaster ～ から Yes になります。(2) all のように極端な語が使われる場合，本当に「すべて」か慎重に確認しましょう。講義の前半で severe low temperatures と低い気温については述べられていますが，高い気温については述べられていないので，No です。(3) After a century, this concoction, taken orally, was used as treatment for fractured bones and bruises. と述べられているので Yes です。(4) The Egyptians dried the corpse for forty days then removed the internal organs, ... The head may have been stuffed with sawdust. という記述と順序が逆なので No です。

11 **正解** Ⓒ　　054

ミイラの保存方法として述べられていなかったものはどれですか。

Ⓐ 細長い亜麻布で巻く

Ⓑ 蜂蜜で満たした棺桶の中に沈める

Ⓒ 心臓におがくずを詰める

Ⓓ 寒い山中に体を置き去りにする

解説 NOT 問題は消去法で解くのが最も確実性が高いと言えます。Ⓐ it was wrapped in layer upon layer of linen strips と述べられているので問題ありません。Ⓑ they died and were then put into a coffin filled with honey に一致します。Ⓒ「頭におがくずを詰めた」との言及はありますが，心臓については詰めたとは述べられていないため，これが正解です。Ⓓ 子どものミイラについて placed in the Andes Mountains とあり，アンデス山脈は寒冷だと述べられていたため，講義に一致します。

Vocabulary

□ archeology = 考古学	□ mummy = ミイラ
□ tissue = 組織	□ deterioration = 悪化，低下
□ intervention = 干渉，介入	□ be nestled = ～にうずめられる
□ glacier = 氷河	□ embalm = ～に防腐処置をする
□ corpse = 死体	□ intact = 完全な，損なわれないで
□ sawdust = おがくず	□ padding = 詰め物
□ resin = 樹脂	□ deity = 神，神格
□ famine = 飢饉	□ afterlife = 来世
□ soak = ～を浸す	□ defecate = ～を排出する
□ urinate = ～を尿として排出する	□ coffin = 棺
□ concoction = 調合薬	

Questions 12-17

スクリプト　055

Listen to part of a discussion in a civil engineering class.

Professor : Our topic today is an integral component of civil engineering, that is, the study of soil. Can anyone tell me an essential part of soil engineering?

Perry : I can answer that. **Many civil engineers are interested in preventing landslides in areas where there are many mountains.**

Pr : That is correct. Now can anyone add to that?

Elle : Since **we are interested in avoiding landslides**, then it makes sense that something is needed to obstruct the movement of soil into residential areas.

Pr : Very good. So today, **we will talk about retaining walls, which hinder or hold back soil and water on hills, to be specific**. Sometimes it is not feasible to change the slope angles and therefore, **a wall is necessary to** prevent soil from falling onto a highway or into a residential area.

Pe：These walls usually range anywhere from 2 feet to as high as 25 feet tall.

Pr：Very good, Perry. You've done your homework. In fact, there have been documented cases where the wall was 49 feet tall.

Merina：Wow, that's very tall. Where is this wall?

Pr：This wall is located in Ladera Ranch in California. There are 8,500 homes on 16 square kilometers of land. The area, although beautiful, has a high risk of earthquakes. Most of California, as you all know, is prone to earthquakes. There are two faults that the Ladera Ranch is unfortunate enough to be situated on, the Newport-Inglewood fault and the Elsinore fault.

E：Dr. Peters, why were other opinions not considered? It would be quite ugly to build a wall surrounding a community.

Pr：Elle, it made more sense to erect a wall because it was less expensive and they could not incorporate gradual slopes to hold back the soil because there wasn't enough space. Also, the government did not approve of the use of gradual slopes.

M：I read in a journal that the savings were astronomical, over $1 million.

Pr：Good sleuthing, Merina! Continuing on, as you may know, there are many types of retaining walls. **There are concrete walls, pre-cast walls, modular block walls, mechanically stabilized earth walls or other walls made of timber, brick or stone**.

Pe：Well, it's obvious what concrete walls are made of, but what are pre-cast walls?

Pr：Perry, if you look at page 34 in Chapter 6 of your textbook, you will find that **pre-cast walls are defined as walls that are formed elsewhere and put together at the site**. Usually, when there is a shortage of time and the walls must be in place quickly, the engineers use pre-cast walls. 15

M：What are modular block walls?

Pr：I was just coming up to that. **Modular block walls are the most popular type of wall used; they are made of concrete and they interlock**. Then they are placed over a pad. You can use this type of wall even if there is a shortage of space, and it won't look terrible. **It is cheap and simple to use**; most of the time, you will see it used for shorter walls.

Pe：Dr. Peters, can you tell us about mechanically stabilized earth walls?

Pr：Yes, Perry. **A Mechanically stabilized earth wall** is a composite solid structure consisting of facing elements, soil mass and reinforcement. **The wall system is very versatile, and special design can allow for nearly any geometry**. In fact, the Ladera Ranch wall is a mechanically stabilized earth wall. This brings us to the last group of walls, those that are made of other materials such as wood, brick, or stone. **Such walls are usually meant for landscaping purposes**. Now, if you turn to page 55 in Chapter 7 of your textbook, you will see some pictures of the walls that we have just discussed. **Can anyone tell me where you can find an example of a retaining wall in Vancouver?**

全訳

土木工学の講義でのディスカッションの一部を聞きなさい。

教授：今日の主題は土木工学の必須要素である，土質の研究について学びたいと思います。土質工学に何が必要不可欠かわかる人はいるかしら。

ペリー：僕が答えます。**多くの土木技術者は，山の多い地域で地すべりを防ぐことに着目しています**。

教授：そうですね。他に付け足すことのある人はいますか。

エレ：**地すべりが起こらないようにする**には，居住地域への土の侵入を防ぐものが何か必要だと考えるのが理にかなっています。

教授：そうですね。そこで今日は，**擁壁について話をしましょう**。**擁壁とは，具体的に言えば，土や水を妨げたり山側に押し戻すものです**。場合によっては傾斜の角度を変えられないこともあるので，**道路や居住地域に土が滑り落ちるのを防ぐために，壁が必要**になります。

Pe：こういった壁の高さは，通常2フィートから，高いもので25フィートもあるんですね。

教授：そうですね，ペリー。宿題をやってきたようですね。実は，壁の高さが49フィートと記録されている実例もあるんですよ。

メリナ：わあ，すごく高いですね。その壁はどこにあるんですか。

教授：その壁はカリフォルニア州のラデラランチにあります。そこには16キロの土地に8,500の住宅があります。とても美しいですが，地震の危険性が高い地域です。知ってのとおり，カリフォルニア州のほとんどの地域は地震が起きやすいです。不運なことに，ラデラランチはニューポート・イングルウッド断層とエルシノア断層という2つの断層の上に位置しています。

E：ピーターズ博士，どうして他の意見は考慮されなかったのでしょうか。地域の

Listening

周りに壁を造るなんて本当に見苦しいと思います。

教授：エレ。壁を建設する方が理にかなっていたのですよ。というのも，費用が少なくて済むし，十分な場所がなくて土を押し戻すための穏やかな斜面は造れなかったんです。それに，政府が穏やかな斜面の利用を許可しなかったの。

M：機関誌で読んだのですが，100万ドル以上もの膨大な額の節約になったそうですね。

教授：よく調べたわね，メリナ！ 話を続けると，知ってのとおり，擁壁には多くの種類があるの。コンクリート擁壁，プレキャスト擁壁，モジュール式ブロック積擁壁，補強土壁，そして材木や煉瓦，石といったその他の種類の壁です。

Pe：ええと，コンクリート擁壁が何でできているかはすぐにわかりますが，プレキャスト擁壁とは何ですか。

教授：ペリー，教科書の第６章の34ページを見れば，プレキャスト擁壁は他の場所で作られて現地で組み立てる壁だと定義されているわ。通常，期間が限られていて壁の建設を急がなければならない時に，技術者はプレキャスト擁壁を用いるのよ。15

M：モジュール式ブロック積擁壁とは何ですか。

教授：今，ちょうどそのことについて言おうと思っていたところだったわ。モジュール式ブロック積擁壁は最もよく用いられる壁で，コンクリート製で連結させて使います。これを土台の上に設置するのよ。こういった壁は場所が狭くても造れる上に，見た目も悪くないわ。そして，安くて使いやすいの。多くの場合，低い壁を建設する際に用いられるわ。

Pe：ピーターズ博士。補強土壁についても説明してください。

教授：そうね，ペリー。補強土壁は，壁面材や土塊，補強からなる複合的な固い構造です。この壁のシステムはとても多用で，特別な設計がほぼどんな形状の表面にも可能です。ラデラランチでは，実は，補強土壁が使われているのよ。これから，最後の種類の壁について説明するわ。木や，煉瓦や石といった他の素材で作られた壁よ。そういった壁は通常，景観をよくする目的で使われるわ。さあ，教科書の第７章の55 ページを開いたら，今話したような壁の写真がいくつかあるわ。バンクーバーにある擁壁の例がどこに載っているかわかる人はいるかしら。

12 **正解** Ⓓ　056

このディスカッションの内容はどのように構成されていますか。

Ⓐ 地すべりのさまざまな原因が説明されている。

Ⓑ 擁壁を建設した場合の効果と緩やかな斜面を建設した場合の効果を比べている。

Ⓒ さまざまな種類の擁壁を使い分ける合理性について論じている。

Ⓓ 地すべりを防ぐための擁壁の種類が，素材や構造により分類されている。

解説 この問題では全体的に考えて議論の内容がどのような構成になっているかを理解しましょう。まず，最初の部分をしっかりと聞き取ることが必要です。Many civil engineers are interested in preventing landslides ～ や Since we are interested in avoiding landslides, we will talk about retaining walls, which hinder or hold back soil and water on hills ... と述べられ，その後は retaining walls の種類ごとに説明されています。したがって正解は Ⓓ になります。Ⓐ 地すべりの原因については述べられていません。Ⓑ gradual slopes に関しては一部でしか述べられていないので，全体の構成が問われている問題では不適切です。Ⓒ 合理性について話し合われているのではないので不適切です。

13 **正解** Ⓑ　057

擁壁が使われている方法に関して正しいものはどれですか。

Ⓐ プレキャスト擁壁は，それらが使われる場所から離れた場所で組み立てられる。

Ⓑ モジュール式ブロック積擁壁は費用とスペースの面で利点がある。

Ⓒ 補強土壁は地面から土を持ち上げる。

Ⓓ 木の壁やレンガの壁や石の壁は，利用可能な壁の中で最も強い。

解説 この問題は詳細を問う問題なので，具体的な名詞を聞き取ることがポイントとなります。ここではいろいろな壁の種類の名称を分類してノートテイキングすることが必要です。Ⓐ のプレキャスト擁壁は pre-cast walls are defined as walls that are put together at the site と言われていますので不可。Ⓑ は Modular block walls are the most popular type of wall used と It is cheap and simple to use とあるので正解になります。Ⓒ は Mechanically stabilized earth walls の説明にありません。Ⓓ は景観をよくする目的で使われるという説明のみで，詳しい説明はなく，最も強いとは述べられていないので正解になりません。

14 **正解** Ⓑ　　058

擁壁の用途として正しくないものはどれですか。

Ⓐ 水と土を，山へ押し戻す防塞となる。

Ⓑ 土を押し戻すために緩やかな斜面を造るよりも，費用がかかる。

Ⓒ 地震が起きた時，居住区域や道路に地すべりが起こるのを防ぐ。

Ⓓ 通常，山岳地帯にあり，地盤を安定させるために用いられる。

解説 NOT 問題では本文で述べられているものを消去していきます。Ⓐ 教授が we will talk about retaining walls, which hinder or hold back soil and water on hills と述べているので一致します。Ⓑ 教授が述べた it made more sense to erect a wall because it was **less expensive** and they could not incorporate gradual slopes to hold back the soil because there wasn't enough space と内容が一致しないので，これが正解になります。Ⓒ 教授が a wall is necessary to prevent soil from falling onto a highway or into residential area と述べているのに一致します。Ⓓ ペリーが冒頭で Many civil engineers are interested in preventing landslides in areas where there are many mountains. と述べたことに当てはまります。

15 **正解** Ⓐ　　059

会話の一部をもう一度聞き，質問に答えなさい。

(スクリプト・訳の下線部参照)

この学生の質問について教授はどう思っていますか。

Ⓐ 学生が怠けて，授業に出席する前に教科書を読んでこなかったと思っている。

Ⓑ 学生は上の空で，教科書をもっとよく見るべきだと思っている。

Ⓒ 答えが難しい場合でも，学生がよく努力していると思っている。

Ⓓ 他の学生も知りたいと思うようなことについて，この学生はよい質問をしていると思っている。

解説 ここは教授の声のトーンがヒントとなります。声のトーンから教授はマイナスの意味でこれを述べたことがわかります。よって，よい意味の Ⓒ と Ⓓ は消去できます。Ⓑ は absent-minded が合いません。学生が「上の空」なら，質問はしないはずなので，正解は Ⓐ になります。

16 正解 B, C　060

壁の特徴について，ディスカッションではどのようなことが述べられていますか。

答えを2つ，クリックしなさい。

A　49 フィート以上の高さの壁があるが，多くの場合，壁の高さは平均して 25 フィートである。

B　モジュール式ブロック積擁壁は，経済的で組み立てるのも簡単なので有用である。

C　補強土壁は，ほぼどんな形状の平面にも合うよう設計することができる。

D　壁はすべてコンクリートのブロック製で，断層のある地域内に建設されている。

解説　A These walls usually range anywhere from 2 feet to as high as 25 feet tall. と述べられており，平均 25 フィートとは述べられていないので一致しません。B It is cheap and simple to use に一致します。ここでは，cheap が economical に言い換えられているのがポイントです。C 教授の最後の発言で The wall system と述べられているのが，Mechanically stabilized earth walls にあたり special design can allow for nearly any geometry の部分と一致します。D 後半で木や煉瓦の壁について述べられているので，All が合っていません。このように all や always といった極端な語が使われている選択肢は要注意です。

17 正解 (C)　061

クラスでは次に何をすると考えられますか。

(A) 教科書の中でラデラランチを探す

(B) 教科書の中で地すべりの事故について調べる

(C) ある場所での壁の事例を確認する

(D) 教科書を一緒に読む

解説　設問に「次にしそうなこと」とあるので，最後の部分から判断して最も可能性のある選択肢を選ぶことが重要です。(A) ラデラランチではなくバンクーバーの事例を探すとあるので不適切です。(B) 最後の箇所から事故について調べるかはわかりません。(C) an example が選択肢では an instance と言い換えられ，in Vancouver が in a certain place と言い換えられていて，正しい内容です。(D) 最後の部分で you will see some pictures of the walls と教授が言っていますが，「読む」ということには当てはまりません。

Vocabulary

□ **integral** = 不可欠な，必須の	□ **component** = 要素
□ **soil** = 土，土壌	□ **landslide** = 地すべり
□ **feasible** = 実行できる，実現可能な	□ **be prone to** = ～を被りやすい
□ **astronomical** = けた外れに大きな，天文学的な	
□ **sleuth** = 追跡する，調べる	□ **pre-cast** = あらかじめ成型した
□ **timber** = 材木，木材	□ **interlock** = 連結する

Questions 18-22

スクリプト 062

Listen to part of a conversation between two students.

Paul：Hi Sammi, **get a load of the latest assignment! Dr. Anderson must think that we have no other coursework to do!**

Sammi：Hey Paul. I just can't believe how many books are assigned to this class! I was talking to my sister who took English 101 from Dr. James last year and she said the reading and writing assignments were nowhere near our course load.

P：Well, look at this. **Every week, we have to find and read one piece of literature**. **Following that, we have to write a summary of 250 words to summarize what we read and then 150 words of critical analysis**. Every week! That means we have to read 12 books and write 12 summaries.

S：Not only that, it says that **we have to submit a final essay that does a comparative analysis of all the literature works based on theme**. All the books have to have a theme and be written during a specific time period. For example, during the Victorian age, novels were commonly used for entertainment, so there was a lot of emphasis on black comedy, chaotic passion and complicated entanglements. There were many famous books written in the Victorian era, including Emily Brontë's *Wuthering Heights*, Charlotte Brontë's *Jane Eyre*, William Makepeace Thackeray's *Vanity Fair* and Lewis Carroll's *Alice in Wonderland*.

P：I just don't know what to choose, I'm so lost and confused. There are so many assignments and the next one is due in a few days. I still haven't chosen a theme yet. The Victorian period is interesting, but the language is hard to understand because it's not like contemporary English.

S : Look on the bright side. It says on the syllabus that as long as we submit the assignment, we will get 5%, which goes towards the final grade. So that means if we submit all 12 assignments, we'll pass the course. The midterm is only worth 10% and the final, a mere 20%. The final essay is 10%. That means that the summaries make up the majority of the grade. I could fail everything, but if I hand in all my summaries, I will get an OK grade for this course. 19

P : I never thought of it that way. So what theme should I choose? Like I said, the Victorian era doesn't work for me. I need something more contemporary. Any suggestions?

S : Actually, I really don't like contemporary writings. They are not romantic enough for me. However, off the top of my head, I can suggest fiction writers. How about Margaret Atwood, who is most famous for *Cat's Eye* and *The Handmaid's Tale*? Tom Clancy has also written some very good novels, including *Patriot Games* and *Hunt for Red October*, both of which were made into movies.

P : Yes, I could handle modern fiction, but I much prefer science fiction. I find it more exciting.

S : Really? Science fiction? I don't understand it, it makes me fall asleep! However, I know that Ray Bradbury has written some good novels, including *Fahrenheit 451* and *The Martian Chronicles*. Other than that, I am not familiar at all with science fiction.

P : I'm sure you've heard of Stephen Baxter, who wrote *The Time Ships*. The book won a few major science fiction awards, including the John W. Campbell Memorial Award.

S : No, **I have to profess my ignorance; I don't really know who he is**. But that's OK. It seems that you have found your niche and **I've always been partial to the Romantic period in literature history, so it's settled**. Do you want to go to the Main Library and look up the books? I came in my car today, so I can give you a lift home and you won't have to carry all those heavy books.

P : That sounds great, thanks so much! Coffee is on me!

Listening

全訳

2人の学生の会話の一部を聞きなさい。

ポール：やあ，サミー。今回の宿題の量を見てよ！ アンダーソン博士は僕らには他の授業の勉強なんてないとでも思っているに違いないね！

サミー：ええ，ポール。この授業でどれだけたくさんの本を課されていることか，まったく信じられないわね！ 去年，ジェームズ博士の英語101を取っていた姉と話していたんだけど，課題の読みものもレポートも，私たちの量と比べたら何でもなかったって言っていたわよ。

P：まあ，これを見てよ。毎週，文学作品を1つ取り上げて読まなければいけない。それから，それについて250語の要約と150語の批評的な分析をしなきゃいけない。毎週だよ！ ということは，12冊読んで，12本の要約を書かなければならない。

S：それだけじゃなくて，全部の文学作品についてテーマに沿って比較分析した最終エッセイも提出しなきゃいけないって書いてあるわ。どの本にもテーマがあって，ある特定の時代に書かれたものでないといけないんだって。たとえばビクトリア期なら，小説は普通，娯楽のためのものだったから，ブラックコメディーや，カオス的な情熱，複雑な人間関係に非常に重点が置かれていたでしょ。ビクトリア期には有名な本がたくさん書かれていて，エミリー・ブロンテの『嵐が丘』，シャーロット・ブロンテの『ジェーン・エア』，ウィリアム・メークピース・サッカレーの『虚栄の市』，ルイス・キャロルの『不思議の国のアリス』などがあるわよね。

P：何を選んだらいいかさっぱりわからないよ。すごく迷うし，悩むよ。やらなきゃいけない課題がありすぎるし，次のはあと数日で提出期限がくるんだよね。なのに，まだテーマも決めてないんだ。ビクトリア朝時代はおもしろいけど，言葉が現代英語と違うから理解しづらいんだよな。

S：前向きに考えてみましょうよ。シラバスによると，課題を提出しさえすれば5パーセントの評価がもらえて，それが最終的な成績評価に加算されるわ。ということは，12個の課題全部を提出すれば，単位は取れるってことよ。中間試験はたったの10パーセントだし，期末試験もほんの20パーセントだわ。最終エッセイは10パーセントよ。つまり，要約が成績の大半を占めていることになるわ。すべての試験に落ちることだってあり得るけど，でももし要約課題を全部出せば，この授業に関しては可の成績がもらえるのよ。**19**

P：そんなふうには考えてもみなかったな。じゃあ，僕はどんなテーマを選んだらいいかな。さっきも言ったけど，ビクトリア期は向いていなんだ。もっと現代的なものじゃないと。何かお勧めはあるかな。

S：実は，私，現代文学はあんまり好きじゃないのよ。私にはロマンチックさが足りなくてね。でも，ちょっと思いついたんだけど，フィクション作家ならお勧めできるわ。マーガレット・アトウッドとかどうかしら。『キャッツ・アイ』とか『侍女の物語』で有名だけど。トム・クランシーも『パトリオット・ゲーム』とか『レッド・オクトーバーを追え』とか，とてもよい小説を書いているわ。両方とも映画化されたわね。

P：うん，現代小説だったら僕でもいけるかもしれないな。でも，SF小説の方が断然好きだな。もっとワクワクするよ。

S：本当に？ SF小説が？ 私にはわからないわ。SF小説を読んでいると寝ちゃうし！ でも，レイ・ブラッドベリは結構いい小説を書いているって知っているわ。例えば，『華氏451度』とか『火星年代記』とか。それ以外だったら，SF小説は全然知らないわ。

P：『タイム・シップ』を書いたスティーヴン・バクスターなら知っているだろ。あの本は，ジョン・W. キャンベル記念賞をはじめとするいくつかの有名なSF大賞を受賞したしね。

S：いいえ，**自分の無知を告白しなきゃ**。**それが誰だかいまいちピンとこないわ**。でも，気にしないで。あなたはあなたで自分の得意分野を見つけたみたいだし，**私はいつだって文学史の中ではロマン派時代を偏愛してきたし，万事解決ね**。中央図書館まで行って本を探さない？ 私，今日は車で来てるから，家まで送れるわ。それなら重たい本を全部持ち歩く必要もないでしょ。

P：それはいいね。どうもありがとう！ コーヒーおごるよ！

18 **正解** Ⓐ　　　　063

この男性は英語101の授業の負担についてどう感じていますか。

Ⓐ 要求が多くて難しいと思っている。

Ⓑ やりがいがあっておもしろいと思っている。

Ⓒ あまりに大変で，特殊だと思っている。

Ⓓ つまらなくて時間の無駄だと思っている。

解説　この問題では最初の箇所をしっかりと聞き取り，理解することが重要です。最初で get a load of the latest assignment! Dr. Anderson must think that we have no other coursework to do! と述べられています。ここから彼の課題に関する発言はマイナスの意味であることがわかります。そのためプラスの意味の Ⓑ が消せます。また，その後の発言を通して Ⓓ の「つまらない」ということは述べられていないので，これも一致しません。Ⓒ overwhelming は一致するのですが，peculiar が合いません。したがって，正解は Ⓐ です。

19 **正解** Ⓓ　　064

会話の一部をもう一度聞き，設問に答えなさい。

（スクリプト・訳の下線部参照）

この女性が課題について感じていることを最もよく表しているのはどれですか。

Ⓐ 課題は１つ１つは大したものではないから楽しめるだろうし，簡単にこなせるだろう。

Ⓑ 12 個も課題があるので，正確にこの課題をこなすのは大変だろう。

Ⓒ 課題は時間がかかりすぎてこなせないだろうし，やり遂げるに値する配点でもないだろう。

Ⓓ 課題をこなすのには努力が必要だが，１つ１つ提出することで授業の単位を取ることはできるだろう。

解説 この問題はまず Look on the bright side. という発言が重要です。ここからよい意味，プラスの意味で言われていることがわかります。したがって，マイナスの意味を持つ Ⓑ と Ⓒ が消せます。また，Ⓐ で述べられている enjoyable という意味合いは表れていないので正解にはなりません。Ⓓ の後半部分（but 以下）は if I hand in all my summaries, I will get an OK grade for this course と述べられている箇所に一致します。よって，正解は Ⓓ です。

20 **正解** Yes：(2)，(4)　　No：(1)，(3)　　065

以下のそれぞれが課題に含まれるか示しなさい。

それぞれの記述について正しいボックスをクリックしなさい。

(1) ビクトリア期のテーマを選び，自分の言葉で要約する

(2) 毎週，自分で選んだ小説を読み，要約と分析を提出する

(3) 読んだ本すべてにテーマを考え出し，最終エッセイにおいてそのテーマを組み合わせる

(4) 12 週間かけて読んだ本すべてを比較する比較分析を書く

解説 これはノートテイキングをしっかりして，情報を書き取っていれば解ける問題です。(1)「ある特定の時代」の例として，ビクトリア朝が挙げられていますが，必ず選ぶわけではないので当てはまりません。(2) 女性の Every week, we have to find and read one piece of literature. ... write a summary ～ and then ... critical analysis. と言っているので Yes です。(3) making up themes や combining them in the final essay とは言われていないので No です。実際には，we have to submit a final essay that does a comparative analysis of all the literature works based on theme と「テーマに基づいて作品を比較分析する」ことが求められています。(4) これは (3) と同じ箇所から Yes です。

21 **正解** **A**, **C** 066

自分の課題のテーマについて女性は何と言っていますか。

答えを2つ，クリックしなさい。

A 自分のテーマをすでに選んでいる。

B 違うテーマにしたいが，SF小説は退屈で，現代小説はロマンチックではない。

C 自分の課題に『タイム・シップ』という本は選ばない。

D 男性に提案した2つのテーマのうち，どちらにするか決められない。

解説 この問題は女性に関することが問われているので，女性の発言から正解を選びます。A I've always been partial to the Romantic period in literature history, so it's settled と述べているので当てはまります。B 後半部分については述べられていますが，前半部分の She wants to choose a different theme については言われていないので当てはまりません。C 男性が *The Time Ships* という SF のことを聞いた時，女性は No, I have to profess my ignorance; I don't really know who he is. と述べているので，彼女はこの本を課題に選ばないことがわかります。D Aと同じ箇所から女性は1つに決めているので不適切です。

22 **正解** **(B)** 067

課題についてどんな結論を導くことができますか。

(A) 10 パーセントと見なされるものである。

(B) リサーチと批評的に考えることの両方が必要とされるものである。

(C) 最終エッセイに追加されるものである。

(D) 自分自身のやり方や興味を探究することを学生に要求するものである。

解説 この問題は課題の概要が問われているので，全体の内容から正解を選ぶようにしましょう。Ⓐ 課題の評価は「10 パーセント」ではなく「5パーセント」だと女性が言っているのでこれは正解になりません。Ⓑ we have to write a summary ～ and then ... critical analysis と述べられているので正解です。Ⓒ 女性の Not only that ... we have to submit a final essay ...という発言から，課題は the final essay に追加として出されているものではありません。Ⓓ their own style ということについては述べられていないので不適切です。

Vocabulary

- □ **comparative** = 比較による
- □ **entanglement** = もつれた状況
- □ **profess** = ～を明言する
- □ **niche** = 最適の場所
- □ **partial** = とても好きな

Questions 23-28

スクリプト 068

Listen to part of a lecture in a psychology class.

Professor：

For the rest of this lecture, we are going to focus on manipulative behaviors, starting with the most basic —— reverse psychology. I'm sure that most of you have some idea of what reverse psychology is; we've certainly heard it very often in modern day language. But, for the sake of clarification, **I will define reverse psychology as persuading someone to do exactly the opposite of what they had originally intended**. For instance, one of the most famous examples is Tom Sawyer, when **he convinces his friends that painting a fence is rewarding, and not hard work**. Not only did Tom coax his friends into helping him paint the fence, but they also had to pay him for the privilege.

You may wonder why we say reverse psychology is manipulative. Well, reverse psychology is a form of 'tricking' people into doing something that they may not necessarily want to do in the first place. We do this in order to 'get our way', even though the other person was not initially willing to let us have our way. But is reverse psychology truly manipulative? It is not overtly aggressive, where what we want is apparent in our behavior, attitude, words and actions. No, **reverse psychology is covertly aggressive, meaning that it hides its true intent**. Sounds confusing? **To paint you a better picture**, we can say that **reverse psychology is a form of mind-control and deceit.** **26** **It is a quiet technique to get what you want**, a mind game. What you're doing is confusing and distorting reality for the other person. **It is manipulation of another person in such a way that they don't feel manipulated at all**.

When you copy the other person's stance by complying with what they say even though you really disagree, then that is reverse psychology. For instance, Jill may say to Jack when she wants to break up with him, "I think we should just be friends." Jack does not want Jill to leave him, but if he pleads with her not to leave him, he will appear weak and Jill will be glad she decided to break up with him. So he uses reverse psychology and responds by saying: "You are right, I think that is a good idea. We're not suited to be any more than just friends." This makes him appear stronger, and hurts Jill's pride; she doesn't want him to want to break up with her. In the end Jill will probably decide not to break up with Jack, which is what he wanted all along.

Reverse psychology is often used to handle children. A parent who wants a child to eat something that she doesn't like very much may try suggesting: "I bet you can't eat those carrots in 30 seconds! I bet you can't even finish all those carrots!" Stung by the perceived accusation that a task is beyond her ability, the child will eat up the carrots just to show that the parent is wrong. Of course, the parent is happy to be wrong, because the nutritious carrots are now inside the child's tummy, and the carrot-hating child is happy at having won the 'bet'. To take another example, perhaps the child doesn't want to do her chores. The parent might say: "I guess you can't wash the dishes. I'd better do them, because you don't know how to do them properly." Again, stung by the perceived accusation of a lack of ability, the child will then do her best to show just how well she can wash the dishes. Again, a happy parent and a happy child —— even though the child ended up doing something she didn't initially want to do.

Reverse psychology is often used in the workplace. One of the current dilemmas that recruiters and human resources personnel face during the interview process is checking for references. **If an individual is lazy and unproductive, his present employer may want to give him a really good reference just to get rid of him**. On the other hand, if a staff member is practically indispensable and a real asset to the company, then the supervisor may give her a terrible reference, so that she will not be hired by anyone else. This is a shrewd measure to retain quality staff and eliminate inferior ones.

What happens when people realize that you are using reverse psychology on them? Well, they may feel used and manipulated, and no longer want to deal with you. You will lose their trust and they will distance themselves from you to avoid being manipulated again. They may get really angry and seek revenge.

So having given you a short synopsis of the manipulative behaviors, I want you to break into groups of four and come up with examples of reverse psychology and the circumstances in which it is beneficial to all parties involved. You have thirty minutes.

全訳

心理学の講義の一部を聞きなさい。

教授：

この講義の残り時間では，操作的行動に焦点を当てます。まずは一番基本的なものから始めましょう。すなわち，反心理学です。ここにいる皆さんのほとんど全員が反心理学について何らかの知識を持っていることでしょう。私たちは確かに，今風の言葉の中で反心理学という言葉をとても頻繁に耳にしてきました。けれども，あえて明確にするために，**元々意図したこととは正反対のことをするように誰かを説得することであると，反心理学を定義しましょう**。たとえば，トム・ソーヤが最も有名な例の１つとして挙げられます。**彼は，フェンスにペンキを塗ることはやりがいがあり，それに大変な作業ではないと友人を納得させました**。彼は友人たちを丸めこんでフェンスを塗るのを手伝わせただけではなく，友人たちは彼にお礼を支払わねばならなかったのです。

なぜ反心理学が操作的だと言われるのか，皆さん不思議に思われるかもしれません。反心理学は，そもそも必ずしもやりたかったわけではないことをやるように人を「はめる」ことの一種なのです。相手が最初は私たちの思う通りにさせるつもりなどなかったとしても，「自分の思い通りにする」ために私たちはこれを使うのです。けれども，反心理学は本当に操作的なのでしょうか。反心理学は，何をしたいのかがそぶりや態度，言葉や行為に現れてしまっているような，あからさまな攻撃性はありません。そうではなく，本当の意図を隠しているわけで，密かな攻撃性があるのです。難しく聞こえるでしょうか。より明確なイメージを描くために，反心理学はマインドコントロールや詐欺の一形態だと言うこともできます。**26** 欲しいものを手に入れるための静かな技，心理戦なのです。相手にしてみればよくわからない，現実を歪曲するようなことをするのです。つまり，反心理学は，操作されているとは微塵も思わないような方法で他の人を操作することなのです。

本当は賛成していないとしても，相手の言うことに従ってその人のスタンスをコピーする，それこそが反心理学です。たとえば，ジルはジャックと別れたい場合，「私たち，ただの友人でいたほうがいいんじゃないかしら。」と言うでしょう。ジャックはジルに捨てられたくないけれど，捨てないでくれと懇願したとしたら，その姿はジルの目に弱々しく映ってしまい，ジルはジャックと別れると決めてよかったと思うでしょう。だから，ジャックは反心理学を使い，こう言って答えるのです。「そうだね，よい考えだ。俺たちはただの友人でいるのが一番だな。」そうすると，ジャックは強く見えるし，ジルのプライドを傷つけます。つまり，ジルはジャックに自分と別れたいとは思ってほしくなくなるのです。結局，ジルはジャックと別れないと思い直すでしょうし，それこそジャックがはじめから望んでいたことなのです。

反心理学は子どもの世話をする時によく使われます。親は子どもにあまり好きではないものを食べさせたい時，こう言ってみるでしょう。「このニンジン，まさか30秒で食べられるわけないよね！ そもそも全部食べ切ることだってできないわね！」やらなければならないことが自分の能力を超えていると責められているとわかる言葉にチクリとやられて，親の言うことは間違いだと証明するためだけに子どもはニンジンを食べ切るでしょう。もちろん，栄養豊富なニンジンが子どものお腹の中に収まってしまったのだから，親にしてみれば間違いでうれしいし，ニンジン嫌いのその子どもにしても「賭け」に勝ってうれしいのです。もう1つ例を挙げます。家の手伝いをしたくない子どもがいるとします。親は「あなた，食器なんて洗えないでしょう。私が自分でやった方がいいわね。だって，あなたはちゃんとしたやり方がわからないんだもの。」と言うでしょう。ここでも，能力がないこと責められているとわかる言葉にチクリとやられて，子どもは自分がどんなにちゃんと食器を洗えるのかを示すためだけに一生懸命になるのです。そして，ここでも，親も子どもも満足します。――子どもにしてみれば，もともとはやりたくなかったことを結局やっているのにもかかわらずです。

反心理学は仕事の場でもよく用いられます。採用担当者や人事担当職員が面接をする過程で直面する今時のジレンマの１つに，推薦状を点検することがあります。ある人が面倒くさがりで生産性に乏しいとしたら，その人を現在雇用している人は，その人を辞めさせるためだけにとても都合のよい推薦状を本人に渡してやりたいでしょう。反対に，ある従業員が欠くことのできないほど優れた存在で本当の意味で会社の宝であるような場合，管理者はひどい推薦状をその本人にあげることで，他のどこへ行っても雇ってもらえなくなるでしょう。これは，質の高い従業員を確保し，劣った従業員を排除するための抜け目ない手段なのです。

もし皆さんが，相手に反心理学を使っていることを気づかれたとしたらどうなるでしょうか。相手はたぶん，利用されているとか操作されていると感じ，皆さんとはもうかかわりたくないと思うでしょう。皆さんは信用を失うでしょうし，相手はまた操作されるのを避けるために距離をとろうとするでしょう。心底腹を立て，やり返そうと狙う人もいるかもしれません。

さあ，操作的な行動についてざっと概説したところで，皆さん，４人組を作って，反心理学の例とどんな時にそれが当事者たち全員にとってためになるのかについて，アイディアを出し合ってください。30 分差し上げます。

23 正解 Ⓑ 069

講義の中で情報はどのように提示されていますか。

Ⓐ 反心理学を使って気難しい人と付き合う方法が説明されている。
Ⓑ どのように反心理学が，最初の意図に反して人々に何かをさせるために使われるかの実例が説明されている。
Ⓒ 反心理学が使われる時の人々の感情の分析が示されている。
Ⓓ 反心理学を用いてさまざまな集団を混乱させる方法の例が検証されている。

解説 この問題は，講義全体の構成を問う問題なので，細かい情報を述べているものは消去するようにしましょう。Ⓐ difficult people とありますが，講義では difficult people という特定はなされていません。Ⓑ この講義は反心理学に関してで，トムソーヤや恋人，子供のしつけを例に挙げて説明しているのでこの選択肢が正解になります。Ⓒ 講義の中で感情の分析はされていません。Ⓓ どのように人々を混乱させるかについては述べられていません。

24 正解 B，D 070

反心理学の操作的な方法について，教授はどのような点を指摘したいのですか。答えを２つ，クリックしなさい。

A 反心理学は，たとえ自分が間違っている場合でも，他人が自分を崇拝するように仕向けるのに効果的である。

B 反心理学は，攻撃的なところを見せないで望みどおりにする，人をだます方法である。

C 反心理学は，人の感情やふるまいのあからさまな意図を表現している。

D 反心理学は，他人が知らないうちに出し抜く戦略的な行為である。

解説 A making people idolize you とは述べられていないので正解になりません。B reverse psychology is covertly aggressive, meaning that it hides its true intent の部分や we can say that reverse psychology is a form of mind-control and deceit, it is a quite technique to get what you want などの部分に当てはまるので正解です。C 教授は meaning that it hides its true intent と述べていて，the obvious intentions of one's emotions and demeanor に一致しないので正解にはなりません。D It is manipulation of another person in such a way that they don't feel manipulated at all. という箇所や講義全体で述べられている反心理学自体の意味から一致するので正解です。

25 正解 Yes：(2)，(4)　　No：(1)，(3)　　071

次のそれぞれが反心理学を利用した操作について正しいか示しなさい。

各文について正しいボックスをクリックしなさい。

(1) 反心理学を子どものしつけに使う時，親は子どもを無能にしてしまうかもしれない。

(2) 反心理学は，他人の元々の願望や欲望を操作するのに使うことができる。

(3) 反心理学は，脅迫したり恥をかかせたりするのに使われる時，非常に効果的だ。

(4) 仕事の場において，反心理学は面倒な従業員を排除するために有効だ。

解説 (1) 子どもについて述べられている後半から判断すると，reduce the child to incompetence とまでは述べられていないので，この文は No です。(2) 最初の方で述べられた reverse psychology as persuading someone to do exactly the opposite of what they had originally intended に一致するので Yes。(3) used to intimidate or humiliate とは述べられていないので No。(4) workplace に関して述べられている終盤から考えます。If an individual is lazy and unproductive, his present employer may want to give him a really good reference just to get rid of him. などに一致するので，Yes になります。

26 **正解** Ⓒ ◀ 072

講義の一部をもう一度聞き，質問に答えなさい。

（スクリプト・訳の下線部参照）

次のように言った時，教授は何を意味していますか。（ 参照）

Ⓐ 絵の技術を上げるために

Ⓑ 誤解を防ぐために

Ⓒ より理解しやすくするために

Ⓓ 私が言っていることを訂正するために

解説 この問題のヒントは直前にある Sounds confusing? です。そして，設問箇所の後で異なる表現で言い換えていることを踏まえて考えましょう。Ⓐ「難しく聞こえるでしょうか」の後に「絵の技術を上げるため」というのは当てはまりません。発言の意図を問う問題では，字面のままの選択肢はひっかけの選択肢の可能性があるので注意しましょう。Ⓓ「訂正する」が入るとすると，前に間違ったことを言ってしまった表現がくるはずです。「難しく聞こえるでしょうか」は間違えたことを述べた表現ではないので，これは正解になりません。したがって，正解は Ⓑ か Ⓒ に絞れます。設問に better という語があるので，よい意味の表現であることがわかります。Ⓑ は「誤解を防ぐ」という消極的な表現ですが，これに比べると Ⓒ は「より理解しやすくする」とあり，よい意味で使われています。よって，Ⓒ の方がふさわしいと言えます。また，Ⓒ にも比較級があることからこの選択肢の方がより正解に近いと言えます。

27 **正解** Ⓓ ◀ 073

以下のうち，反心理学について当てはまらないものはどれですか。

Ⓐ あることをすると見返りがあると誰かを説得すること

Ⓑ 誰かの考えに自分は完全に賛成しているのだとその人に伝えること

Ⓒ 支配されているとは感じないこと

Ⓓ 心理戦において，人をだますために自分の意図をあからさまにはっきりと表すこと

解説 NOT 問題ですから本文で言われていることを消していきましょう。Ⓐ トム・ソーヤの事例の he convinces his friends that painting a fence is rewarding と一致します。Ⓑ 教授が反心理学の説明として，When you copy the other person's stance by complying with what they say even though you really disagree, then that is reverse psychology. と述べているのに一致します。Ⓒ 反心理学について，教授は It is manipulation of another person in such a way that they don't feel manipulated at all. とも述べているので問題ありません。Ⓓ 教授が reverse psychology is covertly aggressive, meaning that it hides its true intent と言っている内容と逆なので，これが正解です。

28 **正解** Ⓐ 074

この講義から，どのような結論を導くことができますか。

Ⓐ 反心理学は，有利に働くかもしれないが裏目に出がちであるということ
Ⓑ 反心理学は，他の人から人気を集めるための抜け目のない方法であるということ
Ⓒ 反心理学は，精神状態に危険を及ぼすので使用上注意が必要だということ
Ⓓ 反心理学は，不信につながり，他の人を敵に回すこともあり得るということ

解説 この問題は講義全体の結論を問う問題なので，文章全体に共通する選択肢を選びます。Ⓐ 講義では反心理学は相手を操作し自分に有利になるように仕向けるものだと説明してから，相手に知られた場合のマイナス面についても述べているのでこれが正解になります。Ⓑ popularity（人気）に関しては述べられていないので一致しません。Ⓒ「精神」にとって危険であるとも述べられていません。Ⓓ 最後の方で述べられているのみで，講義全体に関するものではないので正解にはなりません。

Vocabulary

□ coax ＝ ～を説得する	□ manipulative ＝ 操作的な
□ overtly ＝ 明白に	□ covertly ＝ 隠れて，密かに
□ deceit ＝ いつわり，詐欺	□ distort ＝ ～をゆがめる
□ comply with ～ ＝ ～に従う	□ chore ＝ 雑用，いやな仕事
□ shrewd ＝ そつがない，利口な	□ synopsis ＝ 概要，大意
□ portray ＝ ～を表現する	□ demeanor ＝ ふるまい

Listening

Speaking Section

1

問題

075

あなたは，65歳で人を退職させるべきだと思いますか。説明には具体的な詳細を含めてください。

解答例

080

① **I don't think** people should be made to retire at 65. **The primary reason for my opinion is that** ② it is better for them to keep working. Nowadays, people are healthier and live longer for several reasons such as medical progress and better nourishment. After retirement at 65, they may feel bored staying at home all the time. Their work allows them to communicate with people and make good use of their time. **Another reason is** that ③ the falling birthrate in our country has led to workforce shortage. As a result, people over the age of 65 are in demand as an important workforce. Senior citizens over the age of 65 have lots of work experience that can benefit their communities. **For these reasons**, ④ **I believe** people should not be made to retire at 65.

解答例全訳

①私は65歳で人は退職させられるべきではないと考えます。そう考える第1の理由は，②彼らにとって働き続ける方がいいからです。最近では医学の進歩や栄養状態の向上などの理由で，人々はより健康で長生きします。65歳の定年以後，彼らはずっと家にいるのは退屈と感じるかもしれません。働くことで，他の人と情報交換をし，時間を有効に使うことができます。もう1つの理由は③私たちの国の出生率低下が労働不足を招いているということです。その結果，重要な労働力として65歳以上の人々が求められています。65歳以上の高齢者には，地域社会に利益をもたらすことのできるたくさんの仕事の経験があります。これらの理由から，④私は65歳で人は退職させられるべきではないと思います。

解説 最初に自分の立場を明確に述べます（①）。ここでは65歳の退職に対し，「反対」の立場を表明しています。その後，２つの理由を挙げ，自分の意見に説得力を与えていきます（②，③）。ここでは「自分のために働く」ことと「労働力不足」に着目してまとめました。最後に，最初に述べた自分の意見をもう一度述べて締めくくります（④）。解答例では，意見や理由を述べる際の定型表現に色がついています。こういった表現はまとめて覚えておくとよいでしょう。

2

リーディング全訳

大学は，寮の新しい規則を作ろうとしています。寮に掲示された通知を読んでください。では，読み始めなさい。

寮の新しい規則

１月10日より，平日の午後９時以降及び週末の午後10時以降は，いかなる場合も居住棟に訪問者が入れなくなることを，ノースフィールドに住む学生の皆さんにお知らせいたします。特に女子寮では，どのような訪問者に対しても宿泊設備は提供できません。この新しい規則に違反していることが見つかった学生は全員，しかるべき処分を受け，居住権が剥奪されます。また，無許可の場所に訪問者が駐車をすると違反切符が切られ，車がレッカー移動されることもお伝えします。

リスニングスクリプト

076

Now listen to two students discussing the notice.

Woman：Look at the posting! That's so unfair!

Man：Well, there have been many disruptions in the past few months. At the boys' dormitory, someone had a party and they all got drunk. One boy started a fight with the students downstairs who were complaining that the party was making too much noise.

W：Well, we shouldn't all be penalized for someone else's antics. My best friend lives quite far away from campus, but she works in the lab until midnight. Since it's too late for her to go home, she usually stays with me.

M：Yes, it's unfortunate that everyone is punished. But **when you have strangers coming in and out of the dormitories, everyone is at risk**. Sometimes valuables are stolen and I've heard of cases of girls being sexually assaulted.

W：But it feels like we are in jail!

M：I know, why don't you try switching to the Mansford Dormitories? They have fewer restrictions.

W：Really? That's great! I'll look into it.

リスニング全訳

通知について議論している２人の学生の話を聞いてください。

女性：通知を見て！ とても不公平だわ！

男性：まあ，**ここ数カ月の間，いろいろと混乱があった**からね。男子寮では，誰かがパーティーを開いて，全員が酔っぱらっていたんだよ。パーティーがうるさすぎると文句を言った下の階の学生たちと喧嘩を始めた男子もいたんだよ。

W：でも，他の誰かがふざけた行動をとったことで，私たち全員が罰せられるべきではないわ。私の親友は，大学からかなり遠くに住んでいるけど，真夜中まで研究室で作業しているの。家に帰るのにはあまりに遅いから，彼女はいつも私の部屋に泊まっていくのよ。

M：そうだね，全員が罰せられるのは不運なことだね。でも，**寮に知らない人が出入りしていると，全員が危険にさらされている**んだよ。時々，貴重品が盗まれることがあるし，性的被害に遭った女子の話も聞いたことがあるよ。

W：でも，それじゃまるで刑務所にいるみたいよ！

M：わかるよ。マンスフォード寮に移ってみたらどうかな。あそこは規則がここより少ないよ。

W：本当？ それは素晴らしいわ！ 調べてみるわね。

問題

男性は，寮の計画について意見を述べています。彼の意見を述べ，彼がその意見を持つ理由を説明しなさい。

解答例　081

① The man states that the dormitory's plan not to allow visitors to enter the dormitory late at night is good. The reason that he feels this way is ② when you have strangers coming in and out of the dormitory, everyone is at risk. For example, in the past, there have been noisy parties in the dormitory. People got drunk. Then someone started a fight with other students downstairs who had complained that they were too noisy. The man also feels ③ that the plan will help everyone avoid risks such as valuables being stolen or girls being sexually assaulted. ④ Therefore, the man thinks that the plan is designed to benefit all of the students in the dormitory.

解答例全訳

①男性は，夜遅く寮に訪問者が入ることを許可しない計画はよいことだと述べています。彼がそのように思う理由は，②知らない人が寮に出入りすると全員が危険にさらされるからです。たとえば，過去には，寮でうるさいパーティがありました。人々は酔っぱらい，その時，一人が，彼らがうるさすぎると文句を言った下の階の学生たちと喧嘩を始めました。また，男性は③その計画によって，貴重品の盗難や，女性の性的被害の危険を回避する手助けになると思っています。④したがって，男性はその計画が，寮の学生全員のためになるように考えられていると思っています。

ここをメモ！

Reading：no visitors are allowed to enter the dorm, especially girls'

Listening：

・when you have strangers coming in and out of the dormitories, everyone is at risk

・One boy started a fight with the students downstairs who were complaining that the party was making too much noise.

・Sometimes valuables are stolen / girls being sexually assaulted

解説 最初に「問題点」と「(それに対する) 話者の意見」を述べます (①)。ここでは掲示物のタイトルになっている New Rules For the Dormitory (寮の新しい規則) で，訪問者の制限が問題となっています。(時間が過ぎると課題文は画面から消えてしまいます。素早く要点をとらえ，大切なポイントをメモしておきましょう。) また，会話文の there have been many disruptions in the past few months といった発言から，男性が知らない人が寮に入ることをよく思っていないと予想できますので，それを加えてまとめます。男性はさらに具体例を挙げて賛成の理由を説明していますので，その部分をメモし，解答にまとめます (②，③)。最後に男性の意見をもう一度はっきりと述べ，全体を締めくくりましょう (④)。解答例からわかるように，リスニングで聞こえてきた表現を借りて解答を述べるのは有効な手法です。うまく活用できるよう，ノートテイキングをしましょう。

Vocabulary

- □ **accommodation** = 宿泊設備
- □ **accordingly** = それに応じて
- □ **tow** = (船・車など) を引っ張る
- □ **penalize** = ～を罰する
- □ **violate** = ～に違反する
- □ **termination** = 終了，最後
- □ **disruption** = 混乱
- □ **antic** = 悪ふざけ

3

リーディング全訳

フィリピン人の生活についての文章を読んでください。では，読み始めなさい。

フィリピン人の生活

現在，**フィリピンの人口の３分の１以上が貧困線より下で生活している**。そのうちの半分近くは，１日２ドル未満で生活している。人口の 10分の１以上は失業中である。この国はさまざまな理由により貧しい。天然資源は豊富にあるが，**農業中心の経済が貧困の原因**になっている。工業製品の輸出による工業化への試みは，エリートの間にだけ富を生み出した。**高い出生率は貧困の特質**だが，家族計画の取り組みは人口の大多数がローマカトリック教徒であるため，教会の反対にあった。**サイクロンなどの天災は，国を苦しめ，貧困を恒久化している**。

リスニングスクリプト　077

Now listen to part of a talk in an economics class. The professor is discussing the other end of the poverty line.

Professor：

OK, so you've all just read a passage that indicates the level of poverty in the Philippines. Last class, you watched a video on the consequences of poverty that the poor face every day, including disease, malnutrition, illiteracy, etc. Remember? But, of course, not everyone is impoverished. Hey, in fact, believe it or not, **three Filipino bigwigs are on the list of the world's richest men**, each with fortunes that exceed $1 billion USD. Isn't that incredible? OK, **one of them is Henry Sy, who owns shopping malls**; and **there are plans to build an additional ten malls**. Isn't that amazing? **Another is Lucio Tan**, **who controls Philippine Airlines and the Philippine National Bank**. And, **the third one is Jaime Zobel de Ayala, who has real estate, banks and telecommunication businesses under his belt**. Now, **two of them made their fortunes at the expense of the poor**, with Henry Sy using laborers, and Lucio Tan annihilating impoverished communities and imposing unfair practices on his staff. Jaime Zobel de Ayala had political assistance, which greatly helped his business and career.

リスニング全訳

経済学の講義の一部を聞いてください。教授は，貧困線の対極にあるものに関して論じています。

教授：

それでは，皆さん全員，フィリピンにおける貧困の度合いを示す文章を読みましたね。前回の講義では，病気や栄養失調，非識字やその他の問題など，貧しい人々が毎日直面する貧困の結果に関するビデオを見ました。覚えていますか。しかしもちろん，誰もが貧乏というわけではありません。実際，信じがたいかもしれませんが，**3人のフィリピンの実力者たちが世界の長者番付に載っていて**，それぞれが10億USドルを上回る財産を所有しています。信じがたいことですよね。さて，**実力者のうちの1人はヘンリー・シー**です。彼は**ショッピングモールを所有**しています。そして，**さらに10軒のモールを建設する計画があります**。驚くべきことですね。**もう1人はルシオ・タンです。彼はフィリピン航空とフィリピン国立銀行を支配しています。**

そして，3人目はハイメ・ゾベル・デ・アヤラです。彼は不動産や銀行，通信事業を支配下に置いています。さて，彼らのうち2人は，貧しい人を犠牲にして富を築きました。ヘンリー・シーは労働者を不当に利用しました。ルシオ・タンは貧困コミュニティを壊滅させ，不公平な労働を自分のスタッフに強要しました。ハイメ・ゾベル・デ・アヤラは政治的な援助を受け，それによって彼の仕事と経歴は大いに助けられました。

問題

教授は，フィリピンの貧困と，対照的に3人の男性が大富豪であることを説明しています。3人のフィリピンの実力者が果している役割を含め，フィリピンの経済状況について説明してください。

解答例 082

Although the country is rich in natural resources, ① over a third of the population lives below the poverty line and suffers from disease, malnutrition and illiteracy. There are a number of reasons why the Philippines remains poor, including ② widespread unemployment, an agrarian economy, a high birth rate and ③ frequent natural disasters. ④ Attempts to industrialize and boost the export of manufactured goods have benefited only a privileged elite. The three rich men have made a lot of money in contrast to the poor people. ⑤ Henry Sy owns many shopping malls and plans to build more, using laborers. ⑥ Lucio Tan, who controls Philippine Airlines and the Philippine National Bank, destroys poor people's communities. The people who work for him suffer because he does not treat them fairly. ⑦ Jaime Zobel owns property, banks and telecommunication businesses, and receives help from politicians in his business.

解答例全訳

この国は天然資源が豊富ですが，①住民の3分の1以上が貧困線より下で生活しています。そして，病気，栄養失調と無学に苦しんでいます。②広範囲にわたる失業，農業経済，高い出生率と③頻繁な天災を含め，フィリピンが貧しいままである理由はいくつかあります。④工業化して，工業製品の輸出を促進する試みは，特権的なエリートだけに利益をもたらすものになりました。3人の富豪は，貧しい人々と対照的に大金を稼ぎました。⑤ヘンリー・シーは多くのショッピングモールを所有していて，労働者を不当に利用し，さらに多くのショッピングモールを建設する予定です。⑥フィリピン航空とフィリピン国立銀行を掌握するルシオ・タンは，貧しい人々のコミュニティを破壊します。彼は労働者を公正に扱わないので，彼のもとで働く人々は苦しんでいます。⑦ハイメ・ゾベルは不動産，銀行と通信会社を所有しており，事業において政治家から援助を受けています。

ここをメモ！

Reading：

・currently, over 1/3 of the population of the Philippines lives below the poverty line

・agrarian economy, industrialization (exports of manufactured goods generated wealth only among the elite), a high birth rate, natural disasters

Listening：

Henry Sy ― owns shopping malls; plans to build an additional 10 malls; using laborers

Lucio Tan ― controls Philippine Airlines, the Philippine National Bank, annihilating impoverished communities, imposing unfair practices on his staff

Jaime Zobel ― has real estate, banks and telecommunication businesses political assistance helped business and career

解説　最初に課題文の要点を述べます（①～④）。課題文については，まったく同じ表現を使うのはなるべく避け，うまく言い換えながらまとめていきましょう。続いて講義で加えられた新情報を述べます（⑤，⑥，⑦）。講義では３人のフィリピンの実力者について，具体的に説明していました。３人それぞれについて，具体的な事業や貧困との関係に触れながら，解答を組み立てていきましょう。ここも解答の準備時間は短いため，本文で使われた英文を借り，簡潔に解答を組み立てるのがよいでしょう。

Vocabulary

- □ **agrarian** ＝ 農業の
- □ **plague** ＝ ～を苦しめる
- □ **perpetuate** ＝ ～を永続させる
- □ **malnutrition** ＝ 栄養失調
- □ **impoverish** ＝ ～を貧乏にする
- □ **bigwig** ＝ 実力者，大物

4

リスニングスクリプト

Listen to part of a talk in a linguistics class. 078

Professor :

Little do we know, **there are currently over 2,000 English words that have made their way into the Japanese language system**. The many transformations that English words encounter when converted into Japanese include: rephonalization, shortening, speech part modification, and semantic modification. For example, a restaurant is known as "resutoran" pronounced "re-su-to-ran". All loanwords are usually written in Katakana, the Japanese characters used for writing foreign words. Well, let's say that you are in a Japanese fast food restaurant in Japan and scanning the menu, you will probably recognize familiar food items such as "furaido poteto" meaning "fried potatoes" or French fries and "kare raisu" for curry rice. Pretty interesting, right? Considering such options, can English loanwords be detrimental for Japanese speakers studying English? Well, it boils down to determining **whether the language transfer has a positive or negative result**. On the one hand, **students who are able to recognize base words** such as "baketsu", pronounced "ba-ke-tsu" meaning bucket, and "ramune", pronounced "ra-mu-ne" meaning lemonade, **will have an advantage**. On the other hand, **the difference in pronunciation between the base word and the loanword can be an obstacle**. Students unaware of the correct stress patterns will use it as a normal English word. However, research has found that **first-time learners will normally have fewer problems memorizing new lexical items bearing some similarity to loanwords**. This is similar to the concept of cognitive learning, where a connection is established between something which is known and another thing which is to be learned. In doing so, students are able to associate new material with something that is familiar.

リスニング全訳

言語学の講義の一部を聞いてください。

教授：

現在，日本語の体系の中へ入ってきた英単語が2,000以上あることを，私たちはほとんど知りません。日本語に変わる際，英単語が遭遇する多くの変化には，再音声化，短縮，品詞の変化と意味的な変化が含まれます。例えば，restaurant は「レストラン」で re-su-to-ran と発音されると知られています。すべての借用語は通常カタカナで書かれます。カタカナは外国語を書くために使われる日本語の文字です。あなたは日本にあるファストフード店にいるとします。メニューにざっと目を通し，おそらく，fried potatoes，すなわち French fries を意味する「フライドポテト」や，curry rice を意味する「カレーライス」などのおなじみの食品に気づくでしょう。とてもおもしろいですね。これらの選択肢を考えたとき，英語の借用語は，英語を勉強する日本語話者にとって有害になり得るのでしょうか。つまり，言語転移がプラスの結果をもたらすかマイナスの結果をもたらすかということです。bucket を意味し ba-ke-tsu と発音する「バケツ」や，lemonade を意味し ra-mu-ne と発音する「ラムネ」のように，学生に元になっている語がわかる場合には利点がある一方で，元になっている語と借用語の間での発音の違いは障害になり得ます。正しい強勢のパターンを知らない学生は，普通の英単語として（誤った発音のまま）その単語を用いるからです。しかし，初めての学習者にとって，借用語に何らかの類似性を持っている新しい語彙項目を記憶することは，通常は問題が少ないということが研究で明らかになりました。これは認識学習の概念と類似します。認識学習では，知っていることとこれから学ぶ他のものとのつながりが確立されます。そうすることで，学生は新しいものをよく知っているものと関連づけることができます。

問題

講義の要点と事例を使い，教授によって示された借用語使用の2つの側面を説明してください。

解答例 083

① There are currently over 2,000 English words that have made their way into the Japanese language system. ② The language transfer has a positive or negative result. ③ The negative result is that the difference in pronunciation between the base word and the loanword can be an obstacle. Students unaware of the correct pronunciations will pronounce an English word wrong. ④ The positive result is that it can also be said that since loanwords often have similar pronunciation, this is good for Japanese people who are learning English because the base words are easier to memorize. This concept is similar to cognitive learning, where there is a relation between what has to be learned and something that is already familiar to the individual. In other words, it is easier for a student to learn English when he already understands the base words.

解答例全訳

①現在，日本語の体系の中に2,000 以上の英単語が入ってきています。②言語転移には，プラスの結果とマイナスの結果があります。③マイナスの結果は，元になっている語と借用語との間にある発音の差が障害となり得ることです。正しい発音に気づいていない学生は，英単語を間違って発音するでしょう。④プラスの結果は，借用語が類似した発音であることが多いので，元となる語は暗記するのがより簡単になり，英語を学んでいる日本人にとってよいと言えることです。この概念は認識学習と類似しています。認識学習では，学ばなければならないことと，個人にとってすでになじみがあることの間には関係があります。言い換えると，すでに元になっている語を知っている場合，学生にとって英語を学ぶことはより簡単です。

ここをメモ！

- 2,000 English words into the Japanese language system
- The language transfer has a positive or negative result.

positive →

a similar pronunciation

⇒ they are easier to memorize

negative →

the difference in pronunciation between the base word and the loanword

解説　まずは講義の主題をおさえます（①）。ここは講義の最初ではっきりと「借用語」の話であるとわかりますから，まとめやすいでしょう。講義ではこの後，借用語の具体例が細かく続きますが，設問から大切なのは「借用語使用の２つの側面」だということを読み取り（②），レストランやバケツなどの具体例にあまりとらわれすぎないようにしましょう。解答では続いて，要点に対する positive と negative の両側面をまとめます（④，③）。特に positive な側面については，さらに first-time learners will normally have fewer problems memorizing new lexical items bearing some similarity to loanwords と続いていますから，こちらについても補足ができるとよいでしょう。なお，ここでは，positive な側面に補足情報をいれるため，positive を後にしていますが，通常は講義の順序通りにまとめてよいでしょう。講義では多くの具体例や情報が述べられていますが，解答の際には細かいことは含めず，ポイントを絞って簡潔な英文を組み立てましょう。

Vocabulary

- □ loanword ＝ 借用語
- □ rephonalization ＝ 再音声化
- □ detrimental ＝ 有害な

II

Writing Section

1

リーディング全訳

今日では，多くの家庭電気製品が**光起電力エネルギーと呼ばれる電源**によって電力を供給されている。これは**太陽光エネルギーを電気に変換する方法**である。それは，安価で持続可能な発電方法として引き合いに出されることが多い。その機能は次のとおりである。太陽光は光子という太陽エネルギーの粒子を含んでいる。これらの光子が，一般に太陽電池として知られ，家の屋根あるいはその他の広々とした屋外の場所に設置されている光起電力電池に吸収される。これが，完全に充電された電池内の電荷に類似した，一連の電荷を発生させるのである。

光起電力変換にはいくつかの利点がある。1つには，**比較的安価である**ことだ。当然ながら太陽光にお金はかからないし，さらに利用者が光起電力電池やそのほかの装置にいったん初期投資してしまえば，必要な保守は比較的少なくて済む。

またこのシステムは**環境に優しい**。化石燃料やそのほかのエネルギー源とは異なり，二酸化炭素のような副産物を発生させない。太陽に依存しているため，このシステムは一般に，最も自然で持続可能な利用できるエネルギー形態の1つであると考えられている。

最後に，光起電力エネルギーは驚くほど**信頼性が高い**。安定して継続した太陽光を受ける地域では，常に電力の生成を期待することができる。太陽光が弱い地域でも，新型の光起電力システムには，悪天候の際でも引き続き家庭で電力を利用できるように，エネルギーを貯蔵するための電池やそのほかの追加機能が搭載されている。そのうえ，従来のエネルギー送電網が分断される場合にも，このシステムは運転可能な状態を保つのである。

リスニングスクリプト

079

Now, listen to part of the lecture in a science class.

Professor:

We hear a lot about **the benefits of photovoltaic energy systems**. They are certainly cheap to operate and good for the environment — for the most part. But **there are some aspects to them that their proponents do not always talk about**. You may want to consider their disadvantages before you install a solar panel on the roof of your home.

First of all, it's true that solar power is virtually free when it's working; but **the initial cost of setting up a photovoltaic system is quite expensive**. Even if you get money back from the government in the form of green energy subsidies, the cheapest systems today cost over ten thousand dollars, including the panels themselves and installation. And the system will probably only last about ten years. If cost is your reason for installing a PV system in your home, you should calculate how much you already spend on electricity before making that investment.

Second, there are certainly some environmental advantages to PV, but there are also some hidden disadvantages that people don't always think about. Now that solar cells have become more popular, they are being manufactured in larger quantities. **The manufacturing process uses resources and generates carbon dioxide and other harmful waste products**. Plus, the cells may contain harmful chemicals, and after ten years they must be disposed of, **which will generate more waste**.

Finally, **if you don't live in a place that receives lots and lots of sunlight every day of the year, photovoltaic may not be a very efficient form of energy for you**. And while some companies sell batteries that can store solar energy when the sun's not out, these are big, bulky, and still very expensive.

A photovoltaic system may be the right choice for your home, but you'd better do your research first.

リスニング全訳

それでは，科学の講義の一部を聞いてください。

教授：

私たちは**光起電力エネルギーシステムの利点**についてはよく耳にしています。確かに運転コストは安く，環境には優しいですね一ほとんどの場合においてはですが。しかし**このシステムには，その支持者たちが必ずしも口にするとは限らない側面がいくつかあります**。自宅の屋根に太陽電池板を設置する前に，このシステムのデメリットを考慮に入れた方がいいかもしれません。

第1に，太陽光発電は稼動している時には実質的にお金がかからないのは事実ですが，**光起電力システムを設置する初期費用はきわめて高い**です。グリーンエネルギーの補助金という形で政府からお金の払い戻しを受けるとしても，現在最も安価なシステムでも，電池板本体と設置を含めて1万ドル以上かかります。しかもそのシステムは，おそらく10年ほどしか持ちこたえないでしょう。自宅に光起電力システムを設置する理由が費用ならば，そのシステムへの投資を行う前に，これまでに電気にどれくらいのお金を費やしているか計算した方がよいでしょう。

第2に，光起電力には環境に関して利点がいくつかあることは確かですが，人々が必ずしも考えるわけではない隠れたデメリットもいくつか存在します。今や太陽電池はいっそう普及が進んだため，大量に生産されています。製造過程では，資源が費やされ，二酸化炭素やそのほかの有害な廃棄物が生成されています。さらに，この電池には有害な化学物質が含まれている可能性があり，10年後には処分しなければならず，そのことでさらに廃棄物の生成が増えることになります。

最後に，年間を通じて大量の太陽光を受ける場所に住んでいるのでなければ，あなたにとって光起電力はあまり有効なエネルギー形態ではないかもしれません。それに，太陽が出ていない時に太陽光エネルギーを貯蔵できる電池を販売する企業もありますが，これらは大型でかさばり，やはり非常に高価です。

光起電力システムは，あなたの家にとって正しい選択となるかもしれませんが，まずは最初に調査をするべきです。

問題

今聞いた講義の論点を要約しなさい。その際，課題文で挙げられているどの論点にどのように反論しているかを必ず説明しなさい。

解答例

① The reading passage talks about benefits of photovoltaic energy. The lecture, however, challenges these claims.

First, the professor states that ② photovoltaic systems are not so cost-effective. According to the professor, it costs at least ten thousand dollars to set up a solar panel. Besides, the system is unlikely to last more than ten years. This contradicts the reading passage, which stresses that energy from the sun is free and therefore photovoltaic is a less expensive option.

Second, the professor argues that ③ photovoltaic systems can damage the environment. She says that manufacturing solar cells leads to generation of carbon dioxide and harmful waste. She points out that this may pose a threat to the environment as more solar cells are produced.

This goes against the reading passage, which talks about how generally beneficial photovoltaic energy is for the environment.

Finally, the professor says ④ photovoltaic power generation tends to be inefficient. This is especially the case in areas that do not receive a lot of sunlight throughout the year. **The professor also points out** that even though batteries to store solar energy are available, they are expensive. **This disagrees with the reading passage**, which calls photovoltaic energy reliable and focuses on helpful new technologies.

All in all, ⑤ the reading passage promotes photovoltaic energy, while the lecture cautions people to research it carefully before investing in it.

解答例全訳

①課題文は，光起電力エネルギーの利点について語っている。しかし講義では，それらの主張に異議を唱えている。

第1に，教授が明言しているのは，②光起電力システムはそれほど費用効率が高いわけではないということだ。教授によると，太陽電池板を設置するのに最低でも1万ドルかかるという。そのうえ，このシステムが10年を超えてもつ可能性は低い。このことは，太陽から得るエネルギーにお金はかからないのだから，光起電力は費用が安くなる選択肢であると強調する課題文を否定している。

第2に，教授は③光起電力システムが環境を損なう可能性があると論じており，太陽電池の製造が，結果的に二酸化炭素や有害な廃棄物の生成につながると述べている。教授が指摘しているのは，そのことが，太陽電池の製造が増えるにつれて，環境に脅威を与えるかもしれないということだ。それは，光起電力エネルギーが，概してどれほど環境に有益であるかについて語っている課題文に反している。

最後に，教授は④光起電力による発電は非効率になる傾向があると述べている。このことは，年間を通じて大量の太陽光を受けない地域で，とりわけ当てはまっている。教授はまた，太陽光エネルギーを貯蔵するための電池が利用できるとしても，それらは高価であるとも指摘している。このことは，光起電力エネルギーを信頼できるものであるとみなし，さらに役に立つ新技術に重点を置く課題文と意見を異にしている。

全体として，⑤課題文は光起電力エネルギーを奨励しており，一方で講義は人々に，それに投資する前に慎重に調査するよう注意を促している。

解説 まず課題文の内容に軽く触れます（①)。ここは「光起電力エネルギーの利点」というテーマを明確にし，簡単な要約をする程度でかまいません。**重要なのは講義における話者の反論をうまくまとめあげることです。**費用の問題，環境に対する影響，光起電力エネルギーは実は非効率的である，この3点を軸に反論していました（②，③，④)。この3つを中心に，具体例や詳細情報を入れながらまとめましょう。ただし，課題文で出てきた表現をそのまま使うことは減点対象となる可能性があるので，効果的に言い換えましょう。簡単な方法の1つに，設問で使われている単語の反対の意味の単語を否定する方法があります。今回は次のように言い換えています。

・費用について　講義：expenseive 解答例：② not so cost-effective

・環境について　講義：disadvantages 解答例：③ damage the environment

・効率性について　講義：not very efficient 解答例：④ inefficient

普段から語彙学習の際は，同意語や反意語も一緒に覚えるようにしましょう。最後にまとめとして，課題文と講義の内容を対比し，締めくくりましょう（⑤)。また解答例中の色がついている表現は，課題文と講義の内容を説明する際に使用しています。このような表現は出題テーマが変わっても使用できますので，覚えておきましょう。

Vocabulary

- ☐ **photovoltaic** ＝ 光起電性の
- ☐ **convert** ＝ ～を変換する
- ☐ **sustainable** ＝ 持続可能な
- ☐ **grid** ＝ 配電網
- ☐ **cell** ＝ 電池
- ☐ **photon** ＝ 光子
- ☐ **proponent** ＝支持者
- ☐ **subsidy** ＝ 補助金，助成金
- ☐ **bulky** ＝ かさばった

2

問題

あなたは次の主張に賛成ですか，それとも反対ですか。10代の若者にとって学生の間に働くのはよいことである。具体的な理由や例を用いて自分の意見を裏付けなさい。

解答例

Many teenagers work part time while they are in high school, university or college. ① Some people do not think that they can achieve a good balance between schoolwork and a part-time job. **However,** ② **I agree with the idea** that teenagers who have jobs while they are still in school are doing the right thing, because ③ there are many advantages to be gained and lessons to be learned from working. First, it gives teenagers a sense of responsibility. Second, they can learn about relationships at work through a part-time job. Last, they can learn how to control money.

First of all, ④ teenagers will develop a sense of responsibility from a part-time job because they have to get to work on time and carry out their duties in a dependable manner. For example, if they are late for work, someone else has to cover for them. If they do a halfway job, someone else has to finish the job instead. These situations will cause a lot of trouble to other people, so to avoid them, they will acquire a sense of responsibility.

Secondly, ⑤ teenagers can learn about relationships with their work colleagues. It is good for them to learn about the working relationships while they are still students because they are different from relationships between friends or within a family. In order to understand the importance of relationships with co-workers and a positive work environment, they need to experience these things firsthand, at work.

Finally, ⑥ teenagers can learn how to manage their own money through a part-time job. They will try to use their money well after working hard. This could be saving for a big treat, such as a car trip. Others may choose to just save money and learn fiscal management. It is a very important thing for them to learn how to use their money, because schools usually do not teach that. They can learn about money through working.

All in all, ⑦ working is a good idea for teenagers because of the multiple benefits it brings. It teaches them to be responsible, communicate well, and manage money effectively.

解答例全訳

多くの10代の若者は高校生や大学生のときにアルバイトをしている。①学業とアルバイトを両立することはできないと考える人もいる。しかし，②私はまだ学生であるうちから仕事をしている10代の若者は正しいことをしているという考えに同意する。なぜならば，③仕事からは得られる多くの利点や学ぶことのできる教訓があるからだ。まず仕事をすることは10代の若者に責任感を与える。第２に，アルバイトの仕事を通じて職場での人間関係について学ぶことが可能である。最後に，お金の管理方法について学ぶことができる。

まず第１に，④若者は定刻に職場へ着き，信頼に足る方法で仕事をやり遂げなければならないため，アルバイトをすることで責任感を身につけていくのである。例えば，もし彼らが仕事に遅れたら，他の人が代わりに彼らの仕事をやらなければならない。もし中途半端な仕事をしたら，他の人が代わりに終えなければならない。このようなことをすれば，他の人に迷惑をかけてしまうため，それを避けるために，彼らは責任感を身につけるだろう。

第２に，⑤彼らは職場の人との関係について学ぶことができる。友人同士や家族内の人間関係と職場の人間関係は異なるため，まだ学生の間に職場の人間関係について学ぶのは良いことである。同僚との関係や良い職場環境の重要性を理解するためには，彼らは仕事で直接これらのことを経験する必要がある。

最後に，若者は⑥アルバイトを通して自分のお金を管理する方法を学ぶことができる。一生懸命働いた後はお金を有効に使おうとする。これは自動車旅行などの大きな楽しみのために貯金する，などということでもある。単に貯金をして財務管理を学ぶことを選択する人もいるかもしれない。お金の使い方は学校では教えてくれないため，10代の若者にとってこのようなことを学ぶことは大変重要である。若者は仕事を通して，お金について学べるのである。

⑦このようなさまざまな利益をもたらしてくれることから，若者が仕事をするのは概ねよいことだと言える。仕事は，責任感をもつこと，十分にコミュニケーションをとること，そして効率的に資金管理をすることを教えてくれるのである。

解説　まず,「序論」で自分の意見を明確に伝えます。自分の意見を第1文に書く方法や,最初に一般論を述べて（①）その後で伝える方法があります。今回は一般論として自分の考えとは異なる内容を入れ,この後にHowever という反意語を持ってきて,自分の考えを述べ（②),その根拠を簡単に説明しています(③)。この導入部分である一段落で挙げる自分の考えは,簡潔でかまいません。1文や多くても2文程度が良いでしょう。第2パラグラフ以降の「本論」で,序論で挙げた理由をしっかりと展開していきます（④〜⑥)。it gives teenagers a sense of responsibility に対し,どのような行動を通じて学び得るのかを展開しているのが第2パラグラフです。they can learn about relationships at work through a part-time job には第3パラグラフで仕事以外の人間関係との対比から根拠を裏付けています。第4パラグラフでは they can learn how to control money に対し,具体例を挙げて説明を加えています。解答を書き終わった後,指定されている語数に満たない場合は,この第2〜第4パラグラフで十分な具体例を盛り込めていないと考えましょう。具体例を入れる場合には自分の体験や時事的なこと,客観的事実などを伝える方法がありますが,特に自分の体験を具体的に述べると説得力があります。また,実際に体験したことであれば比較的書き進めやすいのではないでしょうか。以上をまとめ,最終パラグラフで結論を述べます(⑦)。ここでは序論の内容を違う言葉に言い換えて締めくくるとよいですね。

【音声吹き込み】
Howard Colefield（アメリカ），Josh Keller（アメリカ）
Jack Merluzzi（アメリカ），Helen Morrison（アメリカ）
Nadia Jaskiw（カナダ），Jon Mudryj（カナダ）
Anita Sugunan（カナダ），Emma Howard（イギリス）
Jennifer Okano（アメリカ）

【執筆・校閲協力】
（問題執筆）Winnie Ma，Kevin Gelnz，中尾千奈美
（翻訳）　泉あすか，小野田恭子，ドナルド章子，西田直子
（校閲）　岡崎恭子，日和加代子

書籍のアンケートにご協力ください

抽選で図書カードをプレゼント！

Ｚ会の「個人情報の取り扱いについて」はＺ会Webサイト(https://www.zkai.co.jp/home/policy/)に掲載しておりますのでご覧ください。

TOEFL iBT® TEST 入門完全パッケージ

初版第1刷発行……………………2020年10月10日

著者………………………………杉原充
発行人……………………………藤井孝昭
発行………………………………Ｚ会
〒411-0033　静岡県三島市文教町1-9-11
TEL 055-976-9095
https://www.zkai.co.jp/books/
装丁………………………………末房志野
本文イラスト……………………蓮見美紀
DTP………………………………株式会社 デジタルプレス
録音・編集………………………一般財団法人 英語教育協議会（ELEC）
印刷・製本………………………日経印刷株式会社

ISBN978-4-86290-342-6 C0082

Z-KAI

模試問題

TOEFL iBT® TEST 入門完全パッケージ

単語＋セクション別攻略＋模試

杉原 充 著

模試　問題

・TOEFL iBT® TEST 1回分の模試を掲載しています。
・本模試の試験時間は，合計で約3時間です。

Reading Section　4題　72分
Listening Section　5題　約41分
Speaking Section　4問　約14分
Writing Section　2問　50分

・Listening，Speaking，Writingでは，Web上の音声ファイルを聴いて解答してください。
https://service.zkai.co.jp/books/zbooks_data/dlstream?c=5355
ダウンロード版には，2種類のファイルがあります。
統合ファイル　模試を通しで解く場合は，統合ファイルをご利用ください。
Listening →ML042-074
Speaking →MS075-078
Writing　→079
個別ファイル　模試を個別に解く場合，または復習の際などにご利用ください。
042～079
上記ダウンロード以外にストリーミング再生も可能です。

・解答・解説は，本体 p.192 ページからです。

Reading Section

Questions 1-10

Origins of Domestic Services in Hong Kong

Anyone who surmises that domestic services in Hong Kong are a novelty, a symbol of the nouveau riche or an emblem of a prosperous city, should think again. Female household domestic workers have always been the familiar icons in conventional Chinese culture. In the past, these women were manifested as 'little maids' or 'nannies'.

Little maids were girls bartered or transferred into another family to provide domestic services without receiving monetary compensation, and in return, they would be clothed, nourished and hopefully married off when they reached the age of eighteen. Little maids have existed for a long time in Chinese culture. Some families would claim them as adopted daughters. Owning a little maid was so accepted that it was not privy to the rich; conventional families were also able to have their own little maids. The life of little maids was toilsome as they faced ceaseless working hours, various abuses and other types of atrocities.

Nannies were different from little maids. In the early twentieth century, the waning of the silk industry no longer commanded the labor of single women and many turned to domestic services for their livelihoods. Most women were duly skilled in household services. They took vows of lifelong spinsterhood and professed never to marry anyone and this translated into economic independence. It also made it convenient for the women to persevere as the financial support of their birth families. These women migrated to Hong Kong as the economic and social climate recuperated rapidly and offered their services in the household, most importantly, in child rearing.

The phenomenon of domestic help is not a new notion for Chinese families in Hong Kong. It was accepted, acknowledged and allowed. In fact, it was almost even customary to have domestic help inside the home and this was perpetuated in popular culture, as stories sometimes even revolved around domestic helpers in movies and television series. There was the loyal and industrious nanny with her long braid, the steadfast housekeeper who ran the house in a spic and span fashion, the little maid with a heart of gold who ends up with a better life just because she was so beguiling and doting.

There was also a drive for domestic services in Hong Kong since its colonization during the turn of the twentieth century. Hong Kong flourished in trade and underwent the stages of industrialization; manufacturing in the 1950's and 1960's and tertiary services from the 1970's and onwards. Women became more educated; this combination meant that numerous women took advantage of the labor opportunities outside the home, and needed someone to tend to their children while guaranteeing that household responsibilities were carried out. The employability of women alluded that there was supplementary income to hire outside help. In fact, it was a prudent arrangement to contract outside help, not only because of the extra revenue, but because space in Hong Kong is so finite, that it made living with an extended family extremely challenging, if not almost infeasible.

Although the concept of domestic services was not inconceivable, the face of domestic services was certainly altering. The practice of owning little maids was outlawed after World War II because it was, however one would put it, a thinly veiled form of slavery. The nannies became deficient and there were no replacements, and they were at times, quite insufferable, terribly indocile and very difficult to get along with, acting more as an elderly member of the family rather than household help. Local women turned their noses up at domestic household work because it instigated feelings of slavery and inferiority. Enter the migrant workers, who stepped in to fill this service gap and have unremittingly redefined the nature of domestic services in Hong Kong.

1 The word privy in paragraph 2 is closest in meaning to

(A) alone
(B) excited
(C) exclusive
(D) popular

2 In paragraph 3, which of the following is stated about the reason for many single women turning to domestic labor?

(A) It was an indication of loyalty.
(B) It resulted from the decline of the silk industry.
(C) It was made possible for them to provide for their adopted families.
(D) It gave them a sense of freedom.

3 The word this in paragraph 4 refers to

(A) culture
(B) domestic help
(C) Chinese families
(D) the home

4 The phrase a spic and span fashion in paragraph 4 is closest in meaning to

(A) a quick and rough behavior
(B) an elegant and majestic style
(C) an offensive and lazy attitude
(D) an orderly and clean manner

5 Which of the following can be suggested from paragraph 4?

(A) Even families with average income hired little maids.
(B) All little maids were stereotyped as a loyal worker with a long braid.
(C) Little maids became popular after they first appeared in the movies.
(D) Owing little maids and nannies became a well-preserved status symbol.

6 Which of the sentences below expresses the essential information in the highlighted sentence in paragraph 5? Incorrect choices change the meaning in important ways or leave out essential information.

Ⓐ Only high quality of education for women enabled them to work outside.

Ⓑ The boom in the economy generated extra revenue that allowed both educated women and domestic workers to have a better standard of living.

Ⓒ As women took jobs outside the home, housework and child rearing became a challenge, but because of the extra income, money wasn't a problem.

Ⓓ After Hong Kong's industrialization, many women decided to support their families by becoming a nanny.

7 According to paragraph 5, at the turn of the twentieth century, Hong Kong women sought for job opportunities

Ⓐ as trade flourished and industrialization became evident

Ⓑ as household responsibilities underwent a gradual transformation

Ⓒ as the extended family increased

Ⓓ as labor opportunities for domestic help deteriorated

8 According to paragraph 6, after World War II

Ⓐ nannies were replaced with little maids

Ⓑ women in Hong Kong began to think of domestic household work as important.

Ⓒ nannies became an important part of the family

Ⓓ the practice of owning little maids became illegal

9 What is stated in paragraph 6 about migrant workers?

Ⓐ They hired little maids even though the war had ended.

Ⓑ They were rated second class to the citizens of Hong Kong.

Ⓒ They were deemed preferable to the ill-mannered nannies.

Ⓓ They changed the image of Hong Kong.

10 **Directions**: Complete the table below by indicating answer choices that summarize the most important ideas of the passage. **This question is worth 3 points.**

Early 20th Century	Middle of the 20th Century
▶ ▶ ▶	▶ ▶

Answer Choices

Ⓐ The weakening of the silk industry increased the amount of available domestic help.

Ⓑ Domestic workers were abused and lived unbearable lives with their adopted family.

Ⓒ Nannies supported their families by taking lifetime employment in household services.

Ⓓ The support of all spinsters was guaranteed through lifelong domestic service.

Ⓔ Women joining the workforce made it necessary for households to hire domestic help.

Ⓕ Hong Kong developed dramatically in the area of manufacturing.

Ⓖ The concept of domestic help was not new at that time for most Chinese families.

Questions 11-20

Sleepwalking

Sleepwalking, otherwise known as somnambulism, is a disorder prone to affect over 10% of humans in their lifetime. Sleepwalking can occur at any age but will increase as a person gets older. Sleepwalking occurs when the person awakes from Slow Wave Sleep (SWS). SWS is a stage of non-rapid eye movement (NREM) sleep, a stage when an individual engages in deep sleep. When a person is engaged in sleepwalking, studies have found that their brain wave patterns consist of patterns that are similar to those of a conscious person, but also of those found in a person who is in a deep sleep. The person is capable of performing ordinary everyday activities, but with less than full use of the brain's decision-making abilities. Furthermore, the person will have no recollection of his/her actions when awoken. Various circumstances can give rise to sleepwalking, but the causes will depend on age. Most sleepwalking incidents are not harmful, yet some people may inflict injury on himself or herself; the frequency of sleepwalking depends on age. From childhood to adolescence, the sufferers tend to sleepwalk as a result of psychological problems while adult sufferers sleepwalk because of stress, anxiety, fatigue or even substance abuse.

Children tend to spend most of their sleeping hours in the deep sleep mode, but as they grow older, their sleeping patterns change to the light sleep mode. Most children outgrow their sleepwalking habits. However, there remains the tendency for some to continue sleepwalking into adolescence. This is mainly caused by genetics; it is common for the teenagers of parents who have sleepwalked in their adolescence to follow in their parents' footsteps. Adults with a sleepwalking tendency will probably be affected with this disorder for the rest of their lives. However, unlike children, they may require sufficient psychological treatment, antidepressants, tranquillizers and relaxation techniques to control the disorder.

■ Sleepwalking symptoms vary and may include anything from

quiet walking to more active types of activities, including cooking, washing clothes, gardening or even driving. ■ The sleepwalker could simply sit up all of a sudden and appear to be noticeably awake, get up and walk about, go to the bathroom and engage in similar activities. The sleepwalker will appear to be in a trance, with eyes open in a blank stare. ■ Although their eyes may be wide open, sleepwalkers do not focus the same way they do when awake. Most of the time, they think that they are in a different room or in a different place. The sleepwalker may try to avoid eye contact with anybody trying to communicate with him/her. More severe cases of sleepwalking involve frantic attempts to escape or moving restlessly about the house. ■ Sleepwalking is not a serious problem until it gets to a point where the episodes are frequent or so severe that it will inflict harm on the sleepwalker. At this point, contacting a doctor is advisable.

The best way to handle a sleepwalker basically is to steer him/her back to bed. The one thing to keep in mind is that the sleepwalker will usually try to get back up to accomplish unfinished business. It is best to handle the problem by using words of encouragement that will convince them that what they were trying to do has been accomplished. Sleepwalkers are usually receptive to suggestions as anything they hear may lead to a change in their behavior. Most sleepwalkers do not talk or try to communicate. However, if a sleepwalker talks in his/her sleep, it is best to find out what message they are trying to get across. Asking short simple questions is advisable as they will be answered in direct short statements; anything more complicated is likely to elicit something incomprehensible.

11 The expression prone to in paragraph 1 is closest in meaning to

Ⓐ prior to

Ⓑ likely to

Ⓒ reluctant to

Ⓓ indicated to

12 It is NOT stated in paragraph 1 that

Ⓐ a person with this disorder will not remember the incidents when awoken

Ⓑ a person engaged in sleepwalking may act like a normal person at times

Ⓒ a person will have different reasons for sleepwalking depending on age

Ⓓ a person sleepwalking will experience less than normal brain wave patterns

13 According to paragraph 2, children

Ⓐ could be recovered only by a special treatment

Ⓑ could show the same active types of sleepwalking behaviors as his/her parents

Ⓒ could outgrow the sleepwalking habits gradually

Ⓓ could follow his/her parents around the house when sleepwalking

14 The expression gets to a point in paragraph 3 is closest in meaning to

Ⓐ forms a reason

Ⓑ reaches a stage

Ⓒ targets the fact

Ⓓ reveals truth

15 The word inflict in paragraph 3 is closest in meaning to

Ⓐ induce

Ⓑ transmit

Ⓒ dispense

Ⓓ anticipate

16 It can be inferred from paragraph 3 that sleepwalkers

Ⓐ are aware of their own surroundings at any time

Ⓑ usually endanger lives of other people around them

Ⓒ will try to escape if approached by someone present

Ⓓ will appear to be in a trance-like stage as they engage in activities

17 Which of the sentences below expresses the essential information in the highlighted sentence in paragraph 4? Incorrect choices change the meaning in important ways or leave out essential information.

Ⓐ It is best to ask short questions because sleepwalkers cannot talk clearly.

Ⓑ Being knowledgeable with the right questions to ask will coax the sleepwalker to answer promptly and properly.

Ⓒ Ambiguous questions are not easy for the sleepwalker to respond to; one must always try to cooperate and be understanding.

Ⓓ The focus of each question asked to a sleepwalker should not be widely diversified; otherwise, it will lead to incomprehensible answers.

18 Which of the following is NOT true according to the passage?

Ⓐ Sleepwalkers can easily be persuaded to return to bed so encouragement is necessary.

Ⓑ Sleepwalkers will often engage in everyday activities and may seem normal.

Ⓒ Children will usually outgrow sleepwalking whereas adults may need treatment.

Ⓓ The frequency of sleepwalking depends on age but the cause is always the same.

19 Look at the four squares [■] that indicate where the following sentence could be added to the passage.

This may be a consequence of a very peculiar dream or the manifestation of abnormal neurological activity.

Where would the sentence best fit?

20 **Directions**: An introductory sentence for a brief summary of the passage is provided below. Complete the summary by selecting THREE answer choices that express the most important ideas in the passage. Some sentences do not belong in the summary because they express ideas that are not presented in the passage or are minor ideas in the passage. **This question is worth 2 points.**

This passage discusses the factors on sleepwalking.

O
O
O

Answer Choices

(A) Sleepwalking is a serious mental disorder which affects people with problems.

(B) Sleepwalking is more frequent for older people.

(C) Sleepwalking occurs when a person is aroused from a light sleep.

(D) People who sleepwalk will function at less than full capacity in their brains.

(E) People involved with sleepwalking will engage in activities with open eyes.

(F) Giving sleepwalkers advice will be harmful and can disturb their routine.

Questions 21-30

Wind and Air Pressure

What is the secret behind the force and flow of wind? Variations of air pressure will lead to the formation of different wind patterns. Atmospheric pressure can be defined as the force pushing down on a surface area by the weight of the air above it. As the weight of the atmosphere increases, the pressure will also increase; however, the reverse is also true, as the weight of the atmosphere decreases, the pressure will also decrease. Air pressure normally lessens with height. With the increase in altitude, air molecules will decrease in number, and this in turn, lowers the air pressure. When the weather is cold, the air contracts and pressure is lower; in contrast, warmer air expands, leading to higher pressure. There are various ways of measuring air pressure. Normally, air pressure is measured with a barometer, but in aeronautics and on television weather reports, air pressure is measured in inches of mercury (Hg). Meteorologists measure in hectopascals (hPa), the unit representing pressure found on weather maps.

With reference to low and high pressure, we normally consider the differences between these two types of pressures. A low-pressure center is the area where the air pressure is measured at its lowest in comparison to its surroundings. A low-pressure center is usually marked with an "L", with winds flowing counter-clockwise in the northern hemisphere and clockwise in the southern hemisphere. Cloudy weather and precipitation are very likely in areas of low pressure. A high-pressure center is the area where the air pressure is measured at its highest in comparison to the areas encompassing it. A high-pressure center is usually marked with an "H", with winds flowing clockwise in the northern hemisphere and counter-clockwise in the southern hemisphere. Clear skies and fair weather are often in areas of high pressure.

The Earth's surface is responsible for exerting friction on the wind above it; it may act as a deterrent to slow down or change the actual speed of the wind. Hills and rugged terrains influence the flow of the wind differently from the ocean. The friction from these barricades will force the wind to move up, down and around them. The movement of the wind also changes in higher elevations where it is not affected by the friction of any surface areas. We often refer to this position as the top of the boundary layer. At the top of the boundary layer, Coriolis and pressure gradient forces are balanced, resulting in geostrophic winds. That is, this air at rest will move from high to low pressure but also be forced to change course as a result of the Earth's rotation. In the northern hemisphere, the air moving from high to low pressure is diverted to the right. In contrast, the air moving from high to low pressure in the southern hemisphere is diverted to the left. The movement of geostrophic winds will depend on the speed of the air and its latitude.

Within the boundary atmospheric level, low-level winds are still affected by friction from the Earth, causing geostrophic winds to become nonexistent. ■ Without friction, winds would be moving counterclockwise around the center of low pressure systems and clockwise around the center of high pressure systems in the northern hemisphere. ■ However, with the force of the surface friction, the wind slows down and the deflection of air weakens to allow the pressure gradient force, a high to low pressure force, to become dominant. ■ When the pressure gradient is stronger, winds twirl towards the lower pressure system causing a slow plunging action in the atmosphere. ■ The alternation in the wind patterns suppresses cloud formation, resulting in clear blue skies.

21 According to paragraph 1, air pressure

Ⓐ will make an influence on wind patterns

Ⓑ has an effect on the weight of air

Ⓒ multiplies consistently with the impact of higher elevations

Ⓓ increases when force pushes up on a surface area

22 It is NOT mentioned in paragraph 2 that

Ⓐ low pressure centers will cause rainy weather to the region
Ⓑ high pressure centers have winds flowing clockwise in the northern hemisphere
Ⓒ high- and low-pressure centers pinpoint the maximum highs and lows
Ⓓ high-pressure will always be an indication of nice weather

23 The word deterrent in paragraph 3 is closest in meaning to

Ⓐ defense
Ⓑ impediment
Ⓒ acceleration
Ⓓ difference

24 The word it in paragraph 3 refers to

Ⓐ the movement
Ⓑ this position
Ⓒ higher elevations
Ⓓ friction

25 What can be inferred from paragraph 3 about the top of the boundary layer?

Ⓐ Wind at this level moves in the same direction regardless of the hemisphere.
Ⓑ Wind at this level affects the weather noticeably.
Ⓒ Wind at this level is called Coriolis.
Ⓓ Wind at this level is not affected by the terranian below.

26 Which of the sentences below expresses the essential information in the highlighted sentence in paragraph 4? Incorrect choices change the meaning in important ways or leave out essential information.

Ⓐ The impact of wind loses to friction, which subdues the flow of air and allows the pressure gradient force to be weaker.
Ⓑ Wind will gradually slow down due to the surface friction, causing pressure to build up to the maximum level.

Ⓒ Friction can speed up the pressure gradient force and decrease the speed of air regardless of how much it hits an object.

Ⓓ The diversion of air is caused by the wind surrendering to friction and the pressure gradient force.

27 The word plunging in paragraph 4 is closest in meaning to

Ⓐ rocking

Ⓑ sinking

Ⓒ multiplying

Ⓓ turning

28 The passage indicates that all the following have an effect on wind patterns EXCEPT

Ⓐ At the top of the boundary layer, the air at rest will move from low to high pressure because of the Earth's rotation.

Ⓑ Friction from huge structures such as hills or tall buildings will change the course.

Ⓒ The rotation of the Earth will divert the air to the right or left depending on the hemisphere.

Ⓓ The passage of geostrophic winds will be affected by how fast the air moves.

29 Look at the four squares [■] that indicate where the following sentence could be added to the passage.

As a consequence, the wind tilts lightly towards lower pressure; the amount of deviation the surface wind has in compliance with geostrophic winds is based on the actual form and nature of the terrains.

Where would the sentence best fit?

30 **Directions**: An introductory sentence for a brief summary of the passage is provided below. Complete the summary by selecting the THREE answer choices that express the most important ideas in the passage. Some sentences do not belong in the summary because they express ideas that are not presented in the passage or are minor ideas in the passage. **This question is worth 2 points.**

The passage discusses the wind movement and factors which contribute to its changes.

O
O
O

Answer Choices

Ⓐ Atmospheric pressure depends on the weight of air above a given surface and will decrease in higher elevations.

Ⓑ Air pressure is measured with barometers, with mercury and in hectopascals by meteorologists.

Ⓒ High-pressure center winds follow a counter-clockwise direction in the northern hemisphere and a clockwise direction in the southern hemisphere.

Ⓓ Friction plays an important role in slowing down winds both at the surface of the Earth and within the boundary layers.

Ⓔ In higher elevations, geostrophic winds are formed at the top of the boundary layer, with the course changing slightly due to the Earth's rotation.

Ⓕ The pressure gradient forces will enhance good fine weather if warm air pressure builds up and expands.

Questions 31-40

Soda Pop

Soda pop can trace its humble beginnings back to the time when scientists determined that the bubbles in natural mineral water came from gas carbonium, also known as carbon dioxide. Many drank the bubbly mineral water for health and medicinal purposes. Soda pop was originally made in the 17th century from water that was not carbonated; that is, without any carbon dioxide. It was made of water, lemon and a sweetener, honey. This is widely known today as lemonade.

In 1767, artificially produced carbonated water made its first appearance, compliments of Dr. Joseph Priestley. He experimented by transferring water from one container to another near the fermenting vats at a brewery. He discovered that water easily absorbed the gas from the fermenting vats. It was not until 1806, that an American named Dr. Philip Syng Physick added flavor to the carbonated water that he had designated for a patient. ■ This was to make the drink taste better. However, soda pop was not widely available until an apparatus specifically made to charge carbon dioxide into the water was invented. ■ Then soda pop could be mass produced. This piece of equipment was designed by a chemist by John Mathews. Soda pop originally was intended for medicinal purposes and was served from fountains. ■ However, it caught on quickly as a popular drink for its refreshing taste. ■ In 1830, soda pop was bottled and became even more popular.

How is soda pop made in the modern world? First, cans or bottles are examined for quality. Any that are damaged, dented or otherwise unsuitable are eliminated. Then sweeteners, which provide the distinct taste and flavor of soda pop, are tested and ensured of quality. A can of soda pop contains seven to fourteen percent of sugar. For low calorie or sugar-free types of soda pop, aspartame, sucralose, acesulfame K and thaumatin are used instead of liquid sugar. Previously, saccharin was preferred, but it was found to cause cancer.

Water is the most important ingredient and therefore undergoes a complex filtering process for purity so that there is nothing that interferes with the taste. This includes the removal of color and traces of particles, odors, alkaline and bacteria. Sometimes there may be the need to distill water through coagulation, which absorbs all the matter that is too small to be sieved using normal filtering processes. Coagulation involves forcing water through a tank that uses ferric sulphate or aluminum sulphate to form the flocks or the resulting solids filtered from the water.

Sweetener, flavoring and the purified water are then combined with carbon dioxide gas into the cans, which are sealed right away. There are normally three categories of flavoring — natural, simulated natural and artificial. Natural flavoring comes from real ingredients, such as fruit. Simulated natural flavoring uses chemicals to mimic natural flavors. Artificial flavoring is chemical flavors that do not taste like anything that is natural. Finally, acids, preservatives, colors and additives are added in the end. Preservatives, additives and acids ensure the shelf life of the soda pop and prevent spoilage. Coloring adds appeal to the product. However, preservatives are slowly being phased out as new methods of preservation are being developed.

Popular flavors of soda pop include orange, ginger ale and lemon. However, in the 1880s, two ingredients were added to soda pop that changed the entire course of history — cola nuts and coca leaves; natives from Bolivia chewed on these to induce hallucinations. In 1886, John Pemberton combined coca and cola into the soda pop, resulting in the most recognizable and popular drink — Coca Cola. It was touted for medicinal benefits. Today, residents of over 200 countries drink soda pop, consuming an incredible 128 billion liters each year.

31 The phrase humble beginnings in paragraph 1 is closest in meaning to

Ⓐ promising start
Ⓑ simple origin
Ⓒ modest era
Ⓓ initial discovery

32 The word apparatus in paragraph 2 is closest in meaning to

Ⓐ machine
Ⓑ drug
Ⓒ ingredient
Ⓓ chemical

33 What can be inferred from paragraph 3 about the making of soda pop?

Ⓐ Water and sweeteners are examined to ensure their highest quality.
Ⓑ Saccharin has long been used to make soda pop.
Ⓒ Water has sometimes been boiled to purify.
Ⓓ Only the distinctive taste will be acceptable in making the product so guidelines are important.

34 In paragraph 4, the phrase phased out is closest in meaning to

Ⓐ preferred
Ⓑ formulated
Ⓒ eliminated
Ⓓ adapted

35 What is stated in paragraph 4 about the flavoring?

Ⓐ Natural flavoring uses a genuine recipe but the simulated flavoring does not.
Ⓑ Natural flavoring uses real juices but artificial flavoring uses enhanced juices.
Ⓒ Simulated flavoring resembles the real thing whereas artificial flavoring imitates it.
Ⓓ Artificial flavoring is chemically produced but tastes different from natural flavor.

36 The author mentions in the 1880s, two ingredients were added to soda pop that changed the entire course of history — cola nuts and coca leaves; natives from Bolivia chewed on these to induce hallucinations in paragraph 5 in order to

Ⓐ provide proof on how the history of Bolivia can be altered by new soda pop

Ⓑ provide evidence on the evolution of soda pop based on two ingredients

Ⓒ provide an analysis on the founding of a new soda pop

Ⓓ provide support for the contribution of Bolivians to make new soda pop

37 The phrase resulting in in paragraph 5 is closest in meaning to

Ⓐ resulting from

Ⓑ affecting on

Ⓒ recovered from

Ⓓ leading to

38 The passage indicates that all of the following are origins to soda pop EXCEPT

Ⓐ Artificial soda pop was not meant as a beverage in the beginning.

Ⓑ Lemonade was considered the first type of soda pop drink.

Ⓒ Soda pop became popular as a drink after it was introduced as a chemical.

Ⓓ Carbonated water originated in fermenting vats but later made with an apparatus.

39 Look at the four squares [■] that indicate where the following sentence could be added to the passage.

People wanted to take the drink home with them because it was so appealing.

Where would the sentence best fit?

40 **Directions**: An introductory sentence for a brief summary of the passage is provided below. Complete the summary by selecting THREE answer choices that express the most important ideas in the passage. Some sentences do not belong in the summary because they express ideas that are not presented in the passage or are minor ideas in the passage. **This question is worth 2 points.**

This passage discusses the origins of soda pop with the production of the popular drink sold today.

O
O
O

Answer Choices

Ⓐ Soda pop was not always carbonated but was similar to what is known as lemonade today.

Ⓑ Soda pop was originally intended for patients but its idea resulted in the makings of a refreshing drink.

Ⓒ Carbonated water was transferred from fermenting vats and then flavoring was added to make the popular drink back in 1830.

Ⓓ Careful attention must be given to the manufacturing of the container, the purification of water and the choosing of the right sweeteners.

Ⓔ Cans are sealed right after the purified water, flavoring and sweetener are locked in with the carbon dioxide and combined with additives, colors, acids and preservatives.

Ⓕ Coca Cola became a popular soda pop after a discovery of the benefits in coca leaves and cola nuts.

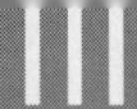

Listening Section

Questions 1-5

Now get ready to answer the questions.
You may use your notes to help you answer.

1 What is the main focus of this conversation? 043

Ⓐ The professor is clearly accusing the student of cheating on the exam.
Ⓑ The student has been caught cheating and admitted it.
Ⓒ The professor has enough evidence to suspect the student for cheating on the exam.
Ⓓ The student had no intention of cheating and was unaware of what rule he had violated.

2 Listen again to part of the conversation. Then answer the question.
What does the professor refer to when she says this: 044

Ⓐ She wants to blame the student for cheating on the exam.
Ⓑ She needs the student to improve his reading skills on the exam.
Ⓒ She needs to show the student that she is being fair with her judgment.
Ⓓ She indicates where the student has not followed the standard policy.

3 Indicate whether each statement below describes the content of the conversation. 045

For each sentence, click in the correct box.

	Yes	No
(1) The issue of cheating is being confronted but not resolved.		
(2) Any cheating will permanently be written into the students' records.		
(3) The student's exam has been confiscated as evidence of his cheating.		
(4) The Student Advocates Office serves to protect the students' rights.		
(5) The student was aware that personal materials were not allowed.		

4 How is the information in this conversation organized? 046

Ⓐ The professor and student debate about what is and is not acceptable when taking exams.

Ⓑ The student tries to convince the professor that personal items are allowed into the exam.

Ⓒ The professor and student are discussing the consequences of an academic offense.

Ⓓ The student is consulting with the professor on how to resolve a wrong accusation.

5 What does the professor imply at the end of the conversation? 047

Ⓐ She believes the student's account of his story.

Ⓑ She thinks that the student's record will be adversely affected.

Ⓒ She trusts the student to handle the situation on his own.

Ⓓ She is unsure that the student fully comprehends his situation.

Questions 6-11

048

Archaeology	Spirit Cave man	Ötzi

Now get ready to answer the questions.
You may use your notes to help you answer.

6 What overall conclusion can be drawn from the lecture? 049

(A) From ancient times, mummification was either a natural or a man-made concept.

(B) The mummies were real humans preserved for personal and eccentric purposes.

(C) History has a variety of mummies; all of them were artificially preserved in different ways.

(D) The well preserved corpses are evidence that people believed in life after death.

7 Which is true about the processes for preserving mummies? 050

(A) The method for preserving the Spirit Cave man is long and complex.

(B) Egyptian mummies were covered in sawdust to kill bacteria.

(C) The climate of Peru helped to preserve the bodies found there.

(D) Arab cultures used honey in mummification for spiritual reasons.

8 What does the professor say about Egyptian mummies? 051

(A) The custom of embalming bodies was done to commoners as a desired option for an afterlife.
(B) The body was dried, stuffed, bathed and perfumed because people took immortality seriously.
(C) The meticulous method of preserving corpses was a way to keep the bodies fresh.
(D) The body was soaked in alcohol in order to make it look better.

9 Listen again to part of the lecture. Then answer the question. 052
Why does the professor say this:

(A) He wants the students to know that the legend may not be as true as it seems but can be believable.
(B) He is wary of this legend and thinks that the story may have been spread from word of mouth.
(C) He doesn't know if there is enough evidence to back up this legend so students should take it lightly.
(D) He thinks that the students should not believe this legend based on its insignificance with the present.

10 Does the professor make each of these points about the mummies in his lecture? 053

For each sentence, click in the correct box.

	Yes	No
(1) Children were used as offerings to the gods during catastrophic times.		
(2) All mummies could be preserved through extremely hot or cold climates.		
(3) Mummies in Arab cultures were consumed as a form of drug.		
(4) In Egypt, the body was stuffed and bathed before it was dried.		

11 What was NOT mentioned as a way to preserve mummies? 054

(A) Wrapping them in linen cloth strips
(B) Submerging them into a honey coffin
(C) Stuffing the hearts with sawdust
(D) Leaving the bodies in the cold mountains

Questions 12-17

055

Civil Engineering

retaining walls

Now get ready to answer the questions.
You may use your notes to help you answer.

12 How is the information in the discussion organized? 056

(A) Various causes of landslides are described.
(B) The efficiency of using retaining walls is compared with building gradual slopes.
(C) The rationality of using various types of retaining walls is discussed.
(D) The types of retaining walls to prevent landslides are categorized according to the materials and structures.

13 Which is true about the ways retaining walls are used? 057

(A) Pre-cast walls are assembled at a site separate from where they are used.
(B) Modular brick walls offer advantages for cost and space.
(C) Mechanically stabilized earth walls lift dirt from the ground.
(D) Wood, brick, and stone walls are the strongest walls available.

14 What is NOT true about the purposes of retaining walls? 058

(A) They act as a barricade to hold back water and soil on hills.

(B) They are more expensive than using gradual slopes to hold back the soil.

(C) They prevent landslides in residential areas and highways during an earthquake.

(D) They are usually present in mountainous areas and used to stabilize the soil there.

15 Listen again to part of the discussion. Then answer the question.
How does the professor feel about the student's question? 059

(A) She feels that the student is lazy and did not read the textbook before coming to class.

(B) She feels that the student is absent-minded and should look at the textbook more often.

(C) She feels that the student is making the effort when the answer is quite difficult.

(D) She feels that the student is asking a good question that all students will be interested in knowing.

16 What is stated in the discussion about the features of the types of walls? 060

Click on two answers.

[A] There are walls higher than 49 feet tall but most are an average of 25 feet tall.

[B] Modular block walls are useful because they are economical and easy to assemble.

[C] Mechanically stabilized earth walls can be designed to allow for almost any geometry.

[D] All of the walls are made of concrete blocks and are built within areas of earthquakes faults.

17 What is the class most likely to do next? 061

(A) To find Radera Ranch in the textbook

(B) To examine the accidents of landslides in the textbook

(C) To check an instance of the walls in a certain place

(D) To read the textbook together

Questions 18-22 062

Now get ready to answer the questions.
You may use your notes to help you answer.

18 How does the man feel about the course load in English 101? 063

(A) He thinks it is too demanding and difficult.

(B) He thinks it is challenging and interesting.

(C) He thinks it is overwhelming and peculiar.

(D) He thinks it is boring and a waste of time.

19 Listen again to part of the conversation. Then answer the question. 064
Which sentence best expresses how the woman feels about the assignment?

(A) The assignment will be enjoyable and a cinch to do because each one is not worth much.

(B) It would be hard to do this assignment correctly because there are 12 assignments.

(C) The assignment will take too much time to do and part marks will not be worth for its completion.

(D) It takes effort to do the assignment but the submission of each one will allow her to pass the course.

20 Indicate whether each of the following is part of the assignment. 065

For each phrase, click in the correct box.

	Yes	No
(1) Choosing a Victorian theme and summarizing it in one's own words		
(2) Reading a weekly novel of one's choice and submitting a summary and analysis		
(3) Making up themes for all the books read and combining them in the final essay		
(4) Writing a comparative analysis to compare all books read throughout the 12 weeks		

21 What does the woman say about a theme for her assignment? 066

Click on two answers.

A　She has already selected a theme of her choice.

B　She wants to choose a different theme but science fiction is boring and modern fiction is not romantic.

C　She is not going to choose the book *The Time Ships* for her assignment.

D　She cannot decide between two themes which she has suggested to the man.

22 What conclusion can be drawn about the assignment? 067

(A) It is something that will be counted 10%.

(B) It is something that involves both research and critical thinking.

(C) It is something that will be added to the final essay.

(D) It is something that requires students to explore their own style and interest.

Questions 23-28

068

Psychology

manipulative

Now get ready to answer the questions.
You may use your notes to help you answer.

23 How is the information in the lecture presented? 069

(A) Ways to deal with difficult people by using reverse psychology are described.

(B) Examples of how reverse psychology could be used to make people do against their first intention are described.

(C) Analysis of people's emotion when reverse psychology is used is shown.

(D) Examples of how reverse psychology is used to confuse different groups of people are examined.

24 What points does the professor want to make about the manipulative ways of reverse psychology? 070

Click on two answers.

[A] Reverse psychology is effective in making people idolize you even when you are wrong.

[B] Reverse psychology has a deceptive way of getting what one wants without showing aggression.

[C] Reverse psychology portrays the obvious intentions of one's emotions and demeanor.

D　Reverse psychology is a strategic play to take advantage of others under their ignorance.

25 Indicate whether each of the following is true about manipulation in the application of reverse psychology? 071

For each sentence, click in the correct box.

	Yes	No
(1) When using reverse psychology to discipline children, the parent may reduce the child to incompetence.		
(2) One can use reverse psychology to manipulate the other person's initial wish or desire.		
(3) Reverse psychology is extremely effective when used to intimidate or humiliate.		
(4) At the workplace, reverse psychology works to eliminate troublesome workers.		

26 Listen again to part of the lecture. Then answer the question. 072

What does the professor mean when he says this:

Ⓐ To improve your painting skills
Ⓑ To prevent a misunderstanding
Ⓒ To make it easier to comprehend
Ⓓ To correct what I am saying

27 Which of the following does NOT work with reverse psychology?

Ⓐ Convincing someone that doing something is rewarding 073
Ⓑ Telling someone you are in total agreement with their idea
Ⓒ Not feeling that a person is being controlled
Ⓓ Being overly explicit in your intentions to deceive a person with mind games

28 What conclusion could be drawn from the lecture? 074

Ⓐ That reverse psychology may be advantageous but has the tendency to backfire
Ⓑ That reverse psychology is a shrewd way to gain popularity with people
Ⓒ That reverse psychology is dangerous to the mental condition and should be used with caution
Ⓓ That reverse psychology could lead to mistrust and turn people against you

Speaking Section

Question 1

075

Do you think that people should be made to retire at age 65? Include specific details in your explanation.

Preparation Time: 15 seconds

Response Time: 45 seconds

Question 2

076

The university is planning to make new rules for the dormitory. Read the notice posted by the dormitory. Begin reading now.
Reading Time: 45 seconds

New Rules For the Dormitory

Effective January 10th, students living at Northfield are advised that under no circumstances are visitors allowed in the residential buildings after 9 p.m. on weekdays and 10 p.m. on weekends. There will be no overnight accommodations for any guests, especially in the girls' dormitories. Any student caught violating this new regulation will be disciplined accordingly and subject to termination of residence privileges. Students are also advised that visitors parking in unauthorized areas will be ticketed and their vehicles towed away.

Now listen to two students discussing the notice.

The man expresses his opinion of the dormitory's plan. State his opinion and explain the reasons he gives for holding that opinion.

Preparation Time: 30 seconds

Response Time: 60 seconds

Question 3

077

Read the passage about the Filipinos' lives. Begin reading now.
Reading Time: 45 seconds

Filipinos' lives

Currently, over one third of the population of the Philippines lives below the poverty line, with almost half surviving on less than $2 per day. More than one tenth of the population is unemployed. The country is poor for many reasons. Although rich in natural resources, the primarily agrarian economy contributes to poverty. Industrialization attempts through exports of manufactured goods generated wealth only among the elite. High birth rates are an attribute of poverty, but family planning efforts were met with resistance from the Church, as the majority of the population is Roman Catholic. Natural disasters such as tropical cyclones plague the country and perpetuate poverty.

Now listen to part of a talk in an economics class. The professor is discussing the other end of the poverty line.

The professor describes poverty in the Philippines and, in contrast, how extremely rich three men are. Explain the economic situation in the Philippines, including the role played by the three Filipino bigwigs.

Preparation Time: 30 seconds

Response Time: 60 seconds

Question 4

078

Listen to part of a talk in a linguistics class.

Using points and examples from the talk, explain the two sides of loanword usage presented by the professor.

Preparation Time: 20 seconds

Response Time: 60 seconds

Writing Section

Question 1

079

Reading Time : 3 minutes

Nowadays, many home appliances are powered by a power source called photovoltaic energy. This is a process that converts solar power into electricity. It is often cited as an inexpensive and sustainable method of generating electricity. Here is how it works: Sunlight contains photons, which are particles of solar energy. These photons are absorbed into the photovoltaic cells, which are commonly known as solar cells, placed on the roof of a house or other spacious outdoor area. This generates a series of charges similar to those in a fully-charged battery.

Photovoltaic conversion has several advantages. For one, it is relatively inexpensive. Sunlight, of course, is free, and once the user has made the initial investment in the photovoltaic cells and other equipment, it requires relatively little maintenance.

The system is also environmentally-friendly. Unlike fossil fuels and other sources of energy, it generates no by-products, such as carbon dioxide. Because it relies on the sun, it is usually considered one of the most natural and sustainable forms of energy available.

Finally, PV energy is surprisingly reliable. In areas that receive regular and consistent sunlight, it can always be counted on to produce power. Even in areas with less sunlight, new photovoltaic systems have batteries and other added capabilities to store energy so that homes can still use power when the weather is bad. What is more, they remain operable during times when the traditional energy grids experience disruption.

Now, listen to part of the lecture in a science class.

Now get ready to answer the following question.
You can use your notes to help answer the question.

Question: Summarize the points made in the lecture you just heard, being sure to explain how they challenge specific arguments made in the reading passage.

Response Time : 20 minutes
Length : 150 - 225 words

Question 2

Question: Do you agree or disagree with the following statement? It is a good idea for teenagers to have jobs while they are still students. Use specific reasons and examples to support your answer.

Response Time : 30 minutes
Length : over 300 words

MEMO